Consideration in Intellectual Property Licences

Europäische Hochschulschriften

European University Studies
Publications Universitaires Européennes

Reihe II **Rechtswissenschaft**

Series II Law

Série II Droit

Band/Volume **5572**

Michael Nauta

Consideration in Intellectual Property Licences

Eine Arbeit zur rechtlichen Behandlung von Leistungsstörungen infolge von Leerübertragungen im englischen Lizenzrecht mit vergleichenden Bezügen zum deutschen Recht

PL ACADEMIC RESEARCH

Bibliografische Information der Deutschen Nationalbibliothek
Die Deutsche Nationalbibliothek verzeichnet diese Publikation in der Deutschen Nationalbibliografie; detaillierte bibliografische Daten sind im Internet über http://dnb.d-nb.de abrufbar.

Zugl.: Köln, Univ., Diss., 2012

D 38
ISSN 0531-7312
ISBN 978-3-631-64906-0 (Print)
E-ISBN 978-3-653-03960-3 (E-Book)
DOI 10.3726/978-3-653-03960-3

PL Academic Research ist ein Imprint der Peter Lang GmbH.
Peter Lang – Frankfurt am Main · Bern · Bruxelles · New York · Oxford · Warszawa · Wien

Dieses Buch wurde vor Erscheinen peer reviewed.

www.peterlang.com

Für meinen Vater und meine Schwester

Vorwort

Die vorliegende Arbeit wurde im Sommersemester 2011 von der Rechtswissenschaftlichen Fakultät der Universität zu Köln als Dissertation angenommen. Für die Veröffentlichung wurden Rechtsprechung und Literatur bis Juli 2013 berücksichtigt.

Danken möchte ich in erster Linie meinem hochgeschätzten Doktorvater Herrn Prof. Dr. Heinz-Peter Mansel, Direktor des Instituts für internationales und ausländisches Privatrecht der Universität zu Köln, für die zahlreichen Gespräche während der Entstehung der Arbeit und die Erstellung des Erstgutachtens. Danken möchte ich auch Herrn Prof. Dr. Michael Grünberger LL.M. (NYU), Lehrstuhlinhaber des Lehrstuhls für Bürgerliches Recht, Wirtschafts- und Technikrecht der Universität Bayreuth, der das Zweitgutachten erstellt hat. Herrn Professor Lionel Bently von der University of Cambridge bin ich für die wegweisenden Ratschläge und Anmerkungen zum englischen Recht zu großem Dank verpflichtet. Der Dr. Wilhelm Westhaus-Stiftung danke ich für den großzügigen Zuschuss zur Finanzierung der Forschungsaufenthalte in London. Bei Herrn Philipp Gnatzy möchte ich mich für die Unterstützung bei der Literaturrecherche zum englischen Recht bedanken. Frau Sarah Zech und Herrn Thiemo Soester danke ich für die Ratschläge und Korrekturanmerkungen.

Schließlich möchte ich meinem Vater für die immerwährende außerfachliche Unterstützung danken. Ihm sowie meiner Schwester ist diese Arbeit gewidmet.

Michael Nauta
München, im Oktober 2013.

Inhaltsverzeichnis

Einleitung

Die vorliegende Arbeit behandelt die Frage der wirksamen Erfüllung bei Nichtexistenz bzw. nachträglicher Nichtig- oder Unwirksamkeitserklärung eines Schutzrechtes des Geistigen Eigentums. Dabei wird die Brücke zwischen dem Recht des Geistigen Eigentums und dem Schuldrecht geschlagen.

Lizenzverträge werden als gewagte Geschäfte bezeichnet.[1] Sie bergen auf der Tatsachenebene ein höheres Risikopotential in sich als herkömmliche Verträge, da der Gegenstand eines Lizenzvertrages, die Nutzung von Immaterialgüterrechten, durch die rückwirkende Aufhebung des lizenzierten Schutzrechtes beeinträchtigt werden kann. Um dieses Risiko wissen die Parteien, können aber vor dem konkreten Vertragsschluss das tatsächliche Risiko oft nicht sicher einschätzen. Berücksichtigen die Parteien bei der Bemessung der Lizenzgebühr daher im Vorfeld die Möglichkeit eines späteren Wegfalls mit Wirkung ex tunc, so scheitert eine realistische Bemessung daran, dass im Vorfeld keine präzise Bewertung der Rechtslage durchgeführt werden kann. Verlagert man hingegen die Wertqualifikation der Lizenz auf den Zeitpunkt, an dem der Wegfall des lizenzierten Schutzrechtes offenbar wird, so ist es für die Vergangenheit möglich, diesen Wert klar zu beziffern. Für die Zukunft kann sodann ohnehin der Vertrag gekündigt werden. Der Weg zu dieser objektiveren Berechnung der Lizenzgebühr anhand einer Rückschau wird über die Anwendung der Vorschriften über den Rücktritt erreicht.

Besonders reizvoll gestaltet sich die parallele Betrachtung der Leistungsstörung infolge von Leerübertragungen im Recht des Vereinigten Königreichs. Verträge ohne „Consideration" sind dort unwirksam. In den Teilen vier und fünf widmet sich die Arbeit daher dem allgemeinen Begriff der „Consideration", den Auswirkungen auf einen Lizenzvertrag, wenn das lizenzierte Schutzrecht mit Wirkung ex tunc wegfällt und den Auswirkungen auf die Rechtspositionen der Parteien. Es wird die Frage behandelt, ob eine strenge Rückwirkung hinsichtlich aller durch das Schutzrecht hervorgerufenen Positionen besteht oder ob diese für die Vergangenheit gänzlich unberührt bleiben.

1 BGH v. 4.3.1975, GRUR 1975, 598 (600); BGH v. 23.3.1982, GRUR 1982, 481 (483); Pfaff/Osterrieth, Lizenzverträge, B. I. Rn. 29; Benkard/Ullmann, PatG, § 15 Rn. 158; Ingerl/Rohnke, MarkenG, § 30 Rn. 75; Mes, PatG, § 15 Rn. 36; Tilmann, GRUR Int. 2003, 381 (386).

Angesichts eines Verfahrens vor dem Supreme Court des Vereinigten Königreichs bei dem im Jahr 2013 mit einer langen Tradition im englischen Recht gebrochen wurde, wird gezeigt, dass sowohl in Deutschland als auch in England eine strenge Rückwirkung der Nichtigkeitserklärung über das Schutzrecht praktikabel und gerecht ist.

Teil 1: Immaterialgüterrechte im deutschen Recht und der Begriff der Leerübertragung

Spricht man von Immaterialgütern, so sind darunter jegliche geistigen Güter zu verstehen, die sich ideell oder materiell nutzen lassen. Es handelt sich meist um Ideen, Erfindungen, Entdeckungen oder Geisteswerke. Immaterialgüter sind ubiquitär. Sie können von jedem, der von ihnen Kenntnis erlangt, frei genutzt werden. Erst wenn die Rechtsordnung das Immaterialgut einer bestimmten Person zuordnet, wird aus dem Immaterialgut ein Immaterialgüterrecht.[2]

Unter Immaterialgüterrechten versteht man absolute Rechte, an denen Dritten eine Lizenz eingeräumt werden kann und die ggf. auf Dritte übertragbar sind.[3] Unter Immaterialgüterrechte fallen insbesondere das Urheberrecht, das Patent und die Marke, auf die in dieser Arbeit der Fokus der Bearbeitung gelegt wird.

Das Gebrauchsmuster als enger Verwandter des Patents, und somit teilweise auch als „Minipatent" bezeichnet[4], sowie das Geschmacksmuster, das seine Nähe zum Urheberrecht auf dem Gebiet des ästhetischen Schutzes findet,[5] tragen bei der Diskussion um die Lizenzgeberpflichten nicht weiter zu neuen Ergebnissen bei wie auch die übrigen Arten von Kennzeichen (geschäftliche Bezeichnungen und geografische Herkunftsangaben). Bei Letzteren besteht schon keine Möglichkeit einer Lizenzerteilung. Gemäß § 127 MarkenG beschränkt sich die Nutzungsbefugnis für geografische Herkunftsangaben auf Waren, die aus eben diesem Gebiet stammen, wenn bei der Benutzung solcher Namen, Angaben oder Zeichen für Waren oder Dienstleistungen anderer Herkunft eine Gefahr der Irreführung über die geografische Herkunft besteht. Geschützt wird gemäß § 126 Abs. 1 MarkenG also die Warenbezeichnung, die unmittelbar auf seine Herkunft schließen lässt. Dabei muss eine tatsächliche Irreführung nicht notwendigerweise vorliegen. Es reicht die abstrakte Gefahr der fehlerhaften Zuordnung einer Ware oder Dienstleistung zu einem bestimmten Herkunftsgebiet.[6] Reine Fantasiebezeichnungen, die keinen Schluss auf die Herkunft geben sollen und bei denen dies allgemein

---

2 Schack, Urheber- und Urhebervertragsrecht, Rn. 21; Schönherr, FS Troller, S. 62.

3 Schack, Urheber- und Urhebervertragsrecht, Rn. 21.

4 Eisenmann/Jautz, Grundriss Gewerblicher Rechtsschutz und Urheberrecht, Rn. 173.

5 Eisenmann/Jautz, Grundriss Gewerblicher Rechtsschutz und Urheberrecht, Rn. 200f.

6 Ströbele/Hacker/Hacker, MarkenG, § 126 Rn. 7.

bekannt ist, können frei verwendet werden.[7] Eine Übertragbarkeit der Rechtsposition ist nicht möglich. Hier fehlt es bereits an der eigentumsrechtlichen Qualität, die eine Übertragung erlauben würde.[8] Auf eine detaillierte Auseinandersetzung mit diesen Schutzrechten wird verzichtet.

A. Das Urheberrecht

Jedes Urheberrecht schützt den Inhaber in seinen geistigen und persönlichen Beziehungen zum Werk und in der Nutzung des Werkes (§ 11 UrhG). Das Wesen des Urheberrechts liegt demzufolge in der Doppelnatur aus vermögensrechtlichen und persönlichkeitsrechtlichen Interessen. Es schützt damit den Urheber in seiner geistigen und kreativen Gestaltungsfreiheit, indem es ihm ein Monopolrecht an seinem Werk einräumt, das er dazu nutzen kann, andere vom Gebrauch des Werkes auszuschließen oder den Gebrauch des Werkes gegen Entgelt zu erlauben. Das Urheberrecht schützt infolgedessen die kulturelle Vielfalt der Gesellschaft, indem dem Schöpfer eine Entscheidungsposition über sein Werk ermöglicht wird.[9]

Ein Urheberrecht entsteht ausschließlich an Werken der Literatur, Wissenschaft und Kunst durch die bloße Schöpfung des Werkes (§§ 1, 7 UrhG). Eine Anmeldung oder Eintragung in ein Register ist nicht erforderlich.

Gem. § 2 Abs. 1 UrhG werden zu den geschützten Werken der Literatur, Wissenschaft und Kunst insbesondere folgende Arten von Urheberrechtswerken gezählt:

1. Sprachwerke, wie Schriftwerke, Reden und Computerprogramme;
2. Werke der Musik;
3. pantomimische Werke einschließlich der Werke der Tanzkunst;
4. Werke der bildenden Künste einschließlich der Werke der Baukunst und der angewandten Kunst und Entwürfe solcher Werke;
5. Lichtbildwerke einschließlich der Werke, die ähnlich wie Lichtbildwerke geschaffen werden;
6. Filmwerke einschließlich der Werke, die ähnlich wie Filmwerke geschaffen werden;

---

7 Ströbele/Hacker/Hacker, MarkenG, § 126 Rn. 5.

8 BVerfG Beschluss v. 22.5.1979, GRUR 1979, 773 (777); Ströbele/Hacker/Hacker, MarkenG, § 126 Rn. 5.

9 Vgl. Schack, Urheber- und Urhebervertragsrecht, Rn. 2ff.; Steinbeck, KSzW 2010, 223 (223f.).

7. Darstellungen wissenschaftlicher oder technischer Art, wie Zeichnungen, Pläne, Karten, Skizzen, Tabellen und plastische Darstellungen.

§ 2 Abs. 2 UrhG stellt dabei klar, dass nur persönliche geistige Schöpfungen unter den Werkbegriff des Urhebergesetzes fallen.

I. Die persönliche Schöpfung

Unter persönliche Schöpfung fallen sämtliche von Menschenhand geschaffenen Erzeugnisse. Bloße „objets trouvés" wie eine kunstvoll aussehende Baumwurzel oder sonstige alltägliche Gegenstände können demnach keinen urheberrechtlichen Schutz beanspruchen, auch wenn sie als Werk präsentiert werden.[10] Gleiches gilt für maschinell oder von Tieren produzierte Werke. Eine persönliche Schöpfung kann aber bei vorgefundenen Gegenständen gegeben sein, wenn ein sog. „ready made" vorliegt.[11] Bei einem „ready made" werden vorgefundene Objekte mit anderen Objekten kombiniert, auf eine bestimmte Art und Weise ausgestellt oder mit einer leichten Veränderung versehen, sodass ihnen ihr alltäglicher Charakter genommen wird.[12]

Der jeweilige Schöpfer muss also immer einen persönlichen Schaffenstatbestand an dem Werk geleistet haben.

II. Die geistige Schöpfung

Eine geistige Schöpfung liegt erst dann vor, wenn über den bloßen Schaffensprozess hinaus der Schöpfer sein kreatives Handeln bewusst zum Ausdruck bringen will und er zum Zeitpunkt, wenn er das Werk entstehen lässt, die klare Vorstellung seiner schöpferischen Tätigkeit besitzt.[13] Dabei ist weder ein ästhetischer noch ein in sonstiger Form Wertungen ausgesetzter Maßstab anzusetzen.

Bloße Handwerksarbeiten fallen noch nicht unter den urheberrechtlichen Schutz. Liegt aber ein Ausdruck des individuellen Geistes vor, so ist es unerheblich, welchen qualitativen Gehalt das Werk hat. Dissonante Melodien fallen somit gleichfalls unter urheberrechtliche Werke wie anerkannte Meisterwerke. Werke i.S.d. § 2 Abs. 2 UrhG, deren individueller Gehalt an der unteren Grenze des noch als geistige Schöpfung

---

10 Schack, Urheber- und Urhebervertragsrecht, Rn. 183.

11 Straub, GRUR Int. 2001, 1 (3).

12 Naumann, Marcel Duchamp – The Art of making Art in the Age of mechanical Reproduction, S. 19, 299.

13 Schack, Urheber- und Urhebervertragsrecht, Rn. 185.

Akzeptierten liegt, werden als sog. „kleine Münze" bezeichnet.[14] Die Rechtsprechung legt dabei einen sehr geringen Maßstab in Bezug auf die Individualität an, dem bloße Kochrezepte, auch wenn sie literarisch schwach formuliert sind, bereits genügen.[15] Es reicht demnach schon ein „bescheideneres Maß geistig schöpferischer Tätigkeit".[16]

Anders ist dies bei wissenschaftlichen Werken, Anwaltsschriftsätzen und Briefen. Bei solchen Werken findet der erforderliche geistig-schöpferische Gehalt seinen Ausdruck in der Form und Art der Sammlung, Einteilung und Anordnung des dargebotenen Stoffes und nicht zwangsläufig in der Gedankenformung und Gedankenführung des Inhaltes.[17] Bei derartigen Werken bemisst sich die Frage, ob ein Urheberrechtsschutz gegeben ist, an dem geistig-schöpferischen Gesamteindruck der konkreten Gestaltung im Gesamtvergleich mit vorbestehenden Gestaltungen.[18] Um einen Urheberrechtsschutz zu erlangen, muss neben einer Aneinanderreihung des Materials ein schöpferischer Eigengehalt vorliegen, der die durchschnittliche Gestaltertätigkeit deutlich überragt.[19] Wird ein Urheberrechtsschutz gewährt, so beschränkt er sich bei wissenschaftlichen Arbeiten ausschließlich auf die dargestellte Form und bezieht sich nicht auf die gewonnenen Ergebnisse.[20]

Werke der angewandten Kunst sind von simplen Gebrauchsgegenständen mit hohem ästhetischen Gehalt zu unterscheiden. Den Punkt, an dem Kunsthandwerk zu Kunst wird, kann man abstrakt nicht definieren. Auch verbietet sich eine graduelle Wertung der künstlerischen Gestaltungshöhe oder des ästhetischen Gehalts. Hier ist demzufolge zu prüfen, ob der Gebrauchsgegenstand wesentliche Züge der Persönlichkeit des Schöpfers in sich trägt.[21]

III. Die Geburt des Werkes durch Umsetzung

Ein urheberrechtlich geschütztes Werk kann nur dann vorliegen, wenn die geistige Idee ihrerseits so umgesetzt wird, dass sie von Dritten wahrgenommen werden

---

14 Schack, Urheber- und Urhebervertragsrecht, Rn. 293.
15 RG v. 18.12.1912, RGZ 81, 120 (123).
16 BGH v. 21.11.1991, BGHZ 116, 136 (144).
17 BGH v. 21.11.1980, GRUR 1981, 352 (353); BGH v. 27.2.1981, GRUR 1981, 520 (521); BGH v. 29.3.1984, GRUR 1984, 659 (660); BGH v. 9.5.1985, NJW 1986, 192 (196); BGH v. 17.4.1986, GRUR 1986, 739 (740f.).
18 BGH v. 17.4.1986, GRUR 1986, 739 (740f.).
19 BGH v. 17.4.1986, GRUR 1986, 739 (740f.).
20 BGH v. 21.11.1980, GRUR 1981, 352 (353).
21 Schack, Urheber- und Urhebervertragsrecht, Rn. 233.

kann.[22] Dabei kommt es nicht darauf an, dass das Werk dauerhaft fixiert wurde. Die freie Rede oder eine Theateraufführung ist also auch dann schutzfähig, wenn sie nicht aufgezeichnet wurde. Lediglich bei Werken der bildenden Kunst sowie bei wissenschaftlich-technischen Darstellungen gebietet bereits die Eigenart des Werkes eine gewisse Verkörperung, sei es anhand von Skizzen oder mittels künstlerischer Darstellung.[23] Diese Verkörperung muss aber ebenfalls nur von solch einer Dauer sein, dass Dritte die künstlerische Gestaltung in ihrer kompletten Form erkennen können.[24]

B. Das Patent

Das Patent gewährt im Unterschied zum Urheberrecht keinen Schutz auf dem Gebiet der Literatur, Wissenschaft und Kunst, sondern bezweckt den Schutz der schöpferischen Leistung bei technischen Erfindungen. Sinn und Zweck des Patentrechts ist es, einen Schutz geistiger Schöpfungen demjenigen zu gewähren, der sie hervorgebracht hat (sog. Eigentumstheorie).[25] Ein weiterer Zweck des Patentrechts ist es, dem Erfinder eine Entlohnung für seine geleisteten Entwicklungen zu ermöglichen (sog. Belohnungstheorie)[26] und dadurch einen Ansporn zu geben, Entwicklungen voranzutreiben (sog. Anspornungstheorie).[27] Erst dadurch, dass der Erfinder einen Schutz für seine geistige Leistung erhält, den er verwerten kann, hat er einen Grund, der Welt seine Entwicklung zu offenbaren (sog. Offenbarungstheorie).[28] Nur durch einen wirksamen Schutz der Interessen des Erfinders, die in Relation zum Allgemeininteresse gesetzt sind, wird demnach ein kontinuierlicher Fortschritt gewährleistet.

Gemäß § 1 Abs. 1 PatG kann ein Patent nur dann erteilt werden, wenn die Erfindung neu ist (§ 3 PatG), wenn sie auf einer erfinderischen Tätigkeit beruht (§ 4 PatG) und wenn sie gewerblich anwendbar ist (§ 5 PatG). Zu seiner Erteilung ist eine Anmeldung beim Patentamt erforderlich (§ 34 Abs. 1 PatG).

---

22 BGH v. 15.12.1978, GRUR 1979, 464 (464f.); Schack, Urheber- und Urhebervertragsrecht, Rn. 187.

23 Schack, Urheber- und Urhebervertragsrecht, Rn. 253.

24 Schack, Urheber- und Urhebervertragsrecht, Rn. 187.

25 Busse/Keukenschrijver, PatG, Einl. Rn. 59.

26 Busse/Keukenschrijver, PatG, Einl. Rn. 60.

27 BGH v. 12.2.1987, BGHZ 100, 67 (71); Busse/Keukenschrijver, PatG, Einl. Rn. 61.

28 Busse/Keukenschrijver, PatG, Einl. Rn. 62.

I. Die Neuheit der Erfindung

Gemäß § 3 Abs. 1 Satz 1 PatG gilt eine Erfindung als neu, wenn sie nicht zum Stand der Technik gehört. Unter Erfindung versteht man eine Lehre zum technischen Handeln, die in einer Anweisung zum „[...] planmäßigen Handeln unter Einsatz beherrschbarer Naturkräfte zur Erreichung eines kausal übersehbaren Erfolges“ liegt.[29]

Zum Stand der Technik gehören gemäß § 3 Abs. 1 Satz 2 PatG alle Kenntnisse, die vor dem für den Zeitrang der Anmeldung maßgeblichen Tag durch schriftliche oder mündliche Beschreibung, durch Benutzung oder in sonstiger Weise der Öffentlichkeit zugänglich gemacht worden sind. Es handelt sich um einen formellen Neuheitsbegriff, der nur solches Wissen umfasst, das der Öffentlichkeit bewusst zugänglich gemacht worden ist. Betriebsinternes oder sonstiges geheimes Wissen gehört demgemäß auch dann nicht zum Stand der Technik, wenn die Öffentlichkeit davon Kenntnis erlangt.[30]

Der maßgebliche Tag der Anmeldung bestimmt sich gem. § 35 Abs. 2 PatG nach dem Zeitpunkt, an dem die zur Anmeldung erforderlichen Unterlagen beim Patentamt eingegangen sind. Spätere Erkenntnisse sind für die Patentierbarkeit der Erfindung unschädlich.

II. Die erfinderische Tätigkeit

Gemäß § 4 Satz 1 PatG gilt eine Erfindung als auf einer erfinderischen Tätigkeit beruhend, wenn sie sich für den Fachmann nicht in naheliegender Weise aus dem Stand der Technik ergibt. Um zu bewerten, ob eine erfinderische Tätigkeit gegeben ist, muss ausgehend von einer rückblickenden Betrachtung auf Grundlage der Kenntnis der Erfindung geprüft werden, ob die Neuerung für einen Fachmann naheliegend ist. Dabei darf nicht ausnahmslos auf den nächstkommenden Stand der Technik zurückgegriffen werden. Da der nächstkommende Stand der Technik immer auch aus der Kenntnis der Erfindung zu bestimmen ist und erst in rückschauender Betrachtung klar wird, welche bereits bestehenden Erkenntnisse der Neuerung am nächsten kommen, um festzustellen, auf welchem Weg ein Fachmann die gleiche Lösung erschlossen hätte, bedarf die Bestimmung des Ausgangspunktes einer vertiefteren Prüfung, die sich nicht stets auf den

---

29 BGH v. 27.3.1969, BGHZ 52, 74 (74) (sic!).

30 Mes, PatG, § 3 Rn. 6.

nächstkommenden Stand der Technik als alleinige Bemessungsgrundlage stützen kann.[31] Vielmehr muss der Fachmach sein Bemühen, für einen bestimmten Zweck eine bestimmte Lösung zu finden, als Ausgangspunkt für die Beurteilung heranziehen.[32] Es reicht nicht aus, wenn er die erfinderische Tätigkeit schematisch auf Grundlage eines einzigen nächstliegenden Stands der Technik beurteilt.[33]

Sodann ist nach dem sog. Aufgabe-Lösungs-Ansatz des EPA die objektiv gelöste technische Aufgabe zu bestimmen. Hierzu sind die durch die Erfindung erzielten Wirkungen mit den Ergebnissen nach dem nächstkommenden Stand der Technik zu vergleichen und zu prüfen, ob diese Lösung naheliegend war.[34] Bei der Prüfung der erfinderischen Tätigkeit sind neben der eigentlich in der Patentschrift bezeichneten Aufgabe auch weitere Anwendungsgebiete zu berücksichtigen, die zum Aufgabenbereich des Fachmannes gehören.[35] Es ist also nicht von Relevanz, was in der Patentschrift als Aufgabe bezeichnet ist, sondern welches für den Fachmann erkennbare objektive Problem einer Lösung zugeführt wurde. Letztlich kommt es also darauf an, was die Erfindung, unabhängig von Ihrer Beschreibung, im Ergebnis zu leisten imstande ist.[36]

Hilfsmittel bei der so zu bestimmenden Leistung bleiben aber die in der Beschreibung enthaltenen Angaben zur Aufgabe der Erfindung.[37]

III. Die gewerbliche Anwendbarkeit

Nach § 5 PatG gilt eine Erfindung als gewerblich anwendbar, wenn ihr Gegenstand auf irgendeinem gewerblichen Gebiet einschließlich der Landwirtschaft hergestellt oder benutzt werden kann. Dieses Erfordernis ist sehr weit gefasst. Es reicht bereits aus, wenn irgendeine gewerbliche Nutzung, also die Herstellung

31 BGH v. 16.12.2008, GRUR 2009, 382 (387); Busse/Keukenschrijver, PatG, § 4 Rn. 34.

32 BGH v. 18.6.2009, GRUR 2009, 1039 (1040); BGH v. 30.7.2009, GRUR 2010, 44 (46).

33 EPA Techn. Beschwerdekammer v. 25.10.2001, Mitt. 2002, 315 (317); BPatG v. 26.2.2003, GRUR 2004, 317 (319) = Mitt. 2003, 390 (393).

34 EPA Techn. Beschwerdekammer v. 6.4.1981, GRUR Int. 1981, 688 (689); EPA Techn. Beschwerdekammer v. 15.5.1986, GRUR Int. 1986, 723 (723); EPA Techn. Beschwerdekammer v. 25.10.2001, Mitt. 2002, 315 (317); Busse/Keukenschrijver, PatG, § 4 Rn. 22.

35 BGH v. 1.3.2011, GRUR 2011, 607 (609).

36 BGH v. 12.2.2003, GRUR 2003, 693 (695).

37 BGH v. 15.5.2012, GRUR 2012, 803 (805).

in einem technischen Gewerbebetrieb oder die technische Verwendung in einem Gewerbe, gegeben ist.[38] Auf die Brauchbarkeit der Erfindung kommt es mithin ebenso wenig an wie auf Ihre Ausführbarkeit. Sowohl bei der Brauchbarkeit als auch bei der Ausführbarkeit geht es nur um den konkreten Gehalt der Patentschrift. Die Eignung hingegen beurteilt sich danach, ob die Erfindung im Gewerbegebiet praktisch verwertet werden kann.[39]

C. Die Marke

Weder das Markengesetz noch die europäische Verordnung über die Gemeinschaftsmarke definieren den Begriff der Marke. Art. 1 Abs. 1 GMVO benennt lediglich die entsprechend den Voraussetzungen und Einzelheiten der GMVO eingetragenen Marken für Waren oder Dienstleistungen als sog. „Gemeinschaftsmarken".

Meist werden bestimmte Bezeichnungen, wie z. B. „Coca-Cola", als Marke verstanden. Das bloße Wortzeichen „Coca-Cola" allein stellt jedoch noch keine Marke dar. Erst der Zusammenhang mit einem bestimmten Produkt (hier eine koffeinhaltige Limonade) eines bestimmten Unternehmens macht die Bezeichnung zur Marke.[40] Unter einer Marke versteht man demgemäß ein Kennzeichen, das dazu genutzt wird, Waren oder Dienstleistungen eines bestimmten Unternehmens von den Waren oder Dienstleistungen anderer Unternehmer zu unterscheiden.[41] In Deutschland wird zwischen der Gemeinschaftsmarke und der nationalen Marke unterschieden.

I. Die Gemeinschaftsmarke

1. Der Schutzumfang

Die Gemeinschaftsmarke entsteht durch Eintragung (Art. 6 GMVO). Ihre Eintragung kann entweder direkt beim HABM oder bei der Zentralbehörde für den Gewerblichen Rechtsschutz des jeweiligen Mitgliedstaates beantragt werden. Die so beantragte Eintragung hat die gleiche Wirkung wie eine Eintragung beim

38 BGH v. 26.9.1967, GRUR 1968, 142 (145); Mes, PatG, § 5 Rn. 6.

39 BGH v. 12.2.2008, BeckRS 2008, 20516.

40 Hacker, Markenrecht, § 1 Rn. 2f.

41 Eisenmann/Jautz, Grundriss Gewerblicher Rechtsschutz und Urheberrecht, Rn. 231.

HABM. In Deutschland ist das DPMA für die Eintragung nach Art. 25 Abs. 1 lit.b GMVO zuständig. Gemäß § 125a MarkenG vermerkt das DPMA auf der Anmeldung den Tag des Eintrages und leitet sodann die Anmeldung an das HABM weiter, ohne sie einer Prüfung zu unterziehen.

Die Gemeinschaftsmarke kann nur für das gesamte Einheitsgebiet eingetragen bzw. übertragen werden (Art. 1 Abs. 2 GMVO). Sie steht immer neben den weiterhin bestehenden nationalen Marken und verdrängt diese nicht.[42] Die Gemeinschaftsmarke lässt also den Bestand und die Wirkungen nationaler Marken unangetastet. Liegt ein Konflikt zwischen einer nationalen Marke und einer Gemeinschaftsmarke vor, so wird nach dem Prioritätsgrundsatz verfahren.[43] Nach Art. 8 GMVO ist die angemeldete Marke auf Widerspruch des Inhabers einer älteren Marke von der Eintragung ausgeschlossen, wenn Identität zwischen beiden Marken auch hinsichtlich der Waren und Dienstleistungen, für die die ältere Marke Schutz genießt, besteht (lit.a) oder wenn aufgrund der Ähnlichkeit der Marken Verwechslungsgefahr besteht (lit.b). Ob eine Verwechslungsgefahr besteht, stellt der EuGH anhand einer Vielzahl von Kriterien fest, insbesondere dem Bekanntheitsgrad der Marke, der gedanklichen Verbindung zwischen Marke und Zeichen sowie dem Grad der Ähnlichkeit der beiden streitigen Zeichen i.V.m. den damit gekennzeichneten Waren oder Dienstleistungen.[44] Die Verwechselungsgefahr muss, wenn es sich um eine Gemeinschaftsmarke handelt, nur in einem Teil der Gemeinschaft und nicht auf dem Gesamtgebiet verwirklicht werden.[45] Beschränkt sich die Verwechslung in einem Teilgebiet, in dem mehrere offizielle Sprachen bestehen, auf den Wortlaut in einer dieser Sprachen, so stellt dies auch dann eine Verletzung dar, wenn der Wortlaut der übrigen Sprachen die Wortmarke nicht tangiert. Der Schutz durch Eintragung in einer der offiziell anerkannten Sprachen erstreckt sich auf die Übersetzungen in die übrigen, offiziell anerkannten Sprachen.[46] Die Übersetzungen sind demnach wie eigene Eintragungen eigenständiger Marken zu behandeln.[47]

---

42 Von Kapff in HK-MarkenR, Art. 1 GMV Rn. 52

43 Knaak in Schricker/Bastian/Knaak, Gemeinschaftsmarke und Recht der EU-Mitgliedstaaten, S. 72.

44 EuGH v. 11.11.1997, GRUR Int. 1997, 56 (57); Knaak in Schricker/Bastian/Knaak, Gemeinschaftsmarke und Recht der EU-Mitgliedstaaten, S. 79.

45 Gericht Erster Instanz der Europäischen Gemeinschaften v. 9.2.2005, GRUR Int. 2005, 586 (587); Knaak in Schricker/Bastian/Knaak, Gemeinschaftsmarke und Recht der EU-Mitgliedstaaten, S. 83.

46 EuGH v. 12.2.2004, GRUR Int. 2004, 500 (505); Knaak in Schricker/Bastian/Knaak, Gemeinschaftsmarke und Recht der EU-Mitgliedstaaten, S. 83.

47 EuGH v. 12.2.2004, GRUR Int. 2004, 500 (505).

2. Die Schutzverfahren

Um der älteren eingetragenen Marke zu ihrem Schutz zu verhelfen, kann sich der Inhaber zweier Rechtsschutzmöglichkeiten bedienen, und zwar entweder des Widerspruchsverfahrens im Vorfeld der Eintragung der jüngeren Marke oder des Nichtigkeitsverfahrens nach Ablauf der Widerspruchsfrist, sobald die jüngere Marke bereits eingetragen wurde.

a) Das Widerspruchsverfahren

Nach Art. 8 Abs. 1 GMVO steht dem Inhaber einer Gemeinschaftsmarke gegen die Eintragung einer identischen oder nahezu identischen Marke gem. Art. 8 Abs. 1 lit.a und lit.b das Recht zu, gegen die Eintragung der jüngeren Marke Widerspruch einzulegen. Der Widerspruch bewirkt, dass ein relatives Eintragungshindernis entsteht, das eine Eintragung der neuen Marke ausschließt. Nach Art. 41 GMVO muss der Inhaber innerhalb einer Frist von drei Monaten nach Veröffentlichung der Anmeldung den Widerspruch erhoben haben.

b) Das Nichtigkeitsverfahren

Nach Ablauf der Dreimonatsfrist, um Widerspruch einzulegen, kann der Inhaber einer älteren Gemeinschaftsmarke gegen eine bereits eingetragene, jüngere Gemeinschaftsmarke nur einen Nichtigkeitsantrag gem. Art. 53 Abs. 1 GMVO wegen Vorliegens eines relativen Nichtigkeitsgrundes nach Art. 7 GMVO oder nach Art. 53 Abs. 2 GMVO wegen Verletzung eines Namensrechts, eines Rechts am eigenen Bild, eines Urheberrechts oder eines Gewerblichen Schutzrechts gestellt werden.

Der Nichtigkeitsantrag kann entweder beim Harmonisierungsamt für den Binnenmarkt gem. Art. 56 GMVO oder in einem Verletzungsprozess im Wege einer Widerklage gem. Art. 100 GMVO gestellt werden. Eine Frist, die Nichtigkeitseinrede geltend zu machen, besteht nicht. Art. 54 Abs. 1 GMVO sieht lediglich eine Verwirkung der Rechte durch Duldung in Kenntnis der Benutzung der jüngeren Gemeinschaftsmarke nach Ablauf von fünf Jahren vor.

II. Die nationale Marke

Gem. § 3 MarkenG können alle Zeichen, insbesondere Wörter einschließlich Personennamen, Abbildungen, Buchstaben, Zahlen, Hörzeichen, dreidimensionale Gestaltungen einschließlich der Form einer Ware oder ihrer Verpackung sowie sonstige Aufmachungen einschließlich Farben und Farbzusammenstellungen geschützt werden, die geeignet sind, Waren oder Dienstleistungen eines Unternehmens von denjenigen anderer Unternehmen zu unterscheiden. Keinen Zugang zum Markenschutz finden Zeichen, die ausschließlich aus einer Form bestehen, die durch die Art der Ware selbst bedingt ist, die zur Erreichung einer technischen Wirkung erforderlich ist oder die der Ware einen wesentlichen Wert verleiht (§ 3 Abs. 2 MarkenG).

Markenschutz entsteht gem. § 4 MarkenG durch die Eintragung eines Zeichens als Marke in das vom Patentamt geführte Register, durch die Benutzung eines Zeichens im geschäftlichen Verkehr, soweit das Zeichen innerhalb beteiligter Verkehrskreise als Marke Verkehrsgeltung erworben hat, oder durch die, im Sinne des Artikels 6*bis* der Pariser Verbandsübereinkunft zum Schutz des gewerblichen Eigentums (Pariser Verbandsübereinkunft), notorische Bekanntheit einer Marke.

1. Markenschutz durch Eintragung

Durch die Eintragung eines Zeichens als Marke wird ein formeller Markenschutz geschaffen. Der Markenschutz besteht demzufolge, ohne dass eine Benutzung des Zeichens erforderlich ist, allein durch die Eintragung in dem beim DPMA geführten Register. Um einer übermäßigen Hortung von Markenschutzrechten vorzubeugen, ist gem. § 26 MarkenG grundsätzlich eine ernsthafte Benutzung der eingetragenen Marke innerhalb von fünf Jahren erforderlich.

Die materiellrechtlichen Voraussetzungen zur Eintragung sind in den §§ 7 bis 13 MarkenG geregelt; das Eintragungsverfahren bestimmt sich nach den §§ 32 bis 44 MarkenG.

Der Eintragung kommt eine konstitutive Wirkung zu.[48] Abweichungen zwischen der Ausgestaltung des Zeichens bei der Anmeldung und der Ausgestaltung des letztlich eingetragenen Zeichens wirken sich demnach so aus, dass ausschließlich die Merkmale des eingetragenen Zeichens als maßgeblich angesehen werden.[49]

Ein einmal erteilter Markenschutz gibt dem Markenrechtsinhaber ein positives Benutzungsrecht, das sich auf die Art der Benutzung für die eingetragenen Waren und Dienstleistungen beschränkt.[50] Darüber hinaus steht dem Schutzrechtsinhaber ein negatives Verbietungsrecht zu, das weiter geht als das bloße Benutzungsrecht. Es umfasst gem. § 14 Abs. 2 MarkenG neben identischen Zeichen auch solche,

---

48 BGH v. 22.9.2005, GRUR 2005, 1044 (1046).

49 BGH v. 22.9.2005, GRUR 2005, 1044 (1045f.).

50 Fezer, MarkenG, § 4 Rn. 17.

die wegen der Identität oder Ähnlichkeit des Zeichens mit der Marke und der Identität oder Ähnlichkeit der durch die Marke und das Zeichen erfassten Waren oder Dienstleistungen für das Publikum die Gefahr von Verwechslungen in sich bergen einschließlich der Gefahr, dass das Zeichen mit der Marke gedanklich in Verbindung gebracht wird (§ 14 Abs. 2 Nr. 2 MarkenG).[51] Der gleiche Schutz wird darüber hinaus gemäß § 14 Abs. 2 Nr. 3 MarkenG auch bei Waren oder Dienstleistungen gewährt, die nicht denen ähnlich sind, für die die Marke Schutz genießt, wenn es sich um eine inländische Marke handelt und die Benutzung des Zeichens ohne rechtfertigenden Grund in unlauterer Weise die Unterscheidungskraft sowie die Wertschätzung der bekannten Marke ausnutzt.

2. Markenschutz durch Verkehrsgeltung

Unter Verkehrsgeltung versteht man die durch bloße Benutzung entstandene Funktion als Herkunftshinweis. Dabei wird ein nicht eingetragenes Zeichen wie eine eingetragene Marke verwendet, bis hinreichende Teile des Verkehrs dieses Zeichen als Herkunftsnachweis für Waren oder Dienstleistungen verstehen.[52] Ein Mindestbenutzungszeitraum ist für die Entstehung der Marke nicht erforderlich. Bei entsprechender Werbung kann so z. B. schon bei Markteinführung der Ware ein Markenschutz durch Verkehrsgeltung gegeben sein.[53]

Die Marke durch Verkehrsgeltung muss eindeutig zu bestimmen sein. Da eine Eintragung gerade nicht stattfindet, müssen alle Merkmale, die sonst im Register eingetragen würden, Teil der vom Verkehr aufgefassten Marke sein.[54] Verkehrsgeltung erfährt aber nur die Marke als solche, wie sie vom Verkehr aufgefasst wird, ohne dass einzelne Merkmale individualisiert würden.

Qualitativ unterscheidet sich die Benutzungsmarke nicht von der durch Eintragung erworbenen Marke. Das Gesetz spricht dabei nur von Marke und macht keinen Unterschied, durch welchen Tatbestand ein Markenschutz gewährt wird (vgl. §§ 14 Abs. 1 MarkenG, 18 ff. MarkenG). Dem Markenrechtsinhaber steht wie bei der eingetragenen Marke ein Benutzungsrecht und ein Verbotsrecht zu.[55]

Wird die Ware oder Dienstleistung unter dem geschützten Zeichen nicht mehr benutzt und geht die Verkehrsgeltung somit nach und nach verloren, so erlischt

---

51 Vgl. BGH v. 25.3.1999, GRUR 1999, 735 (736).

52 Ingerl/Rohnke, MarkenG, § 4 Rn. 11.

53 Vgl. BGH v. 15.12.2005, GRUR 2006, 679 (682); Ingerl/Rohnke, MarkenG, § 4 Rn. 25.

54 BGH v. 19.2.2009, GRUR 2009, 783 (786).

55 S.o. Teil 1, C., I.

auch der markenrechtliche Schutz.[56] Es handelt sich demzufolge bei der Beendigung wie bei der Entstehung der Benutzungsmarke um einen tatsächlichen Vorgang, der objektiv zu bestimmen ist.

3. Markenschutz durch notorische Bekanntheit der Marke

Markenschutz durch notorische Bekanntheit einer Marke ist für solche Zeichen denkbar, die im Inland selbst nicht benutzt werden, aber aufgrund Ihrer Verwendung im Ausland auch im Inland zu notorischer Bekanntheit gelangt sind. Bei reinen Inlandssachverhalten ist die Anwendung von § 4 Nr. 3 MarkenG zwar nicht ausgeschlossen, wegen der insoweit aber identischen Voraussetzungen liegt bei reinen Inlandssachverhalten auch immer ein Schutz nach § 4 Nr. 2 MarkenG vor, der für Inlandssachverhalte die Regelung des § 4 Nr. 3 MarkenG obsolet erscheinen lässt. Eine Differenzierung liegt jedoch in der nach § 42 Abs. 2 Nr. 2 MarkenG bestehenden Möglichkeit, gegen die Eintragung einer jüngeren Marke einen Widerspruch einzulegen, was bei der Marke gem. § 4 Nr. 2 MarkenG nicht möglich ist.[57]

Die notorische Marke steht demjenigen zu, mit dem die Marke in Verbindung gebracht wird.[58] Voraussetzung für einen Schutz ist neben der notorischen Bekanntheit im Inland nur, dass die Bezeichnung notorische Bekanntheit als Marke erlangt hat. Sie muss unmittelbar mit einer Ware oder Dienstleistung in Verbindung gebracht worden sein, sodass der Erwerber der Ware, wenn er diese bereits zu einem früheren Zeitpunkt erworben hatte, die Ware bzw. die Dienstleistung seinen bereits gemachten Erfahrungen zuordnen und seine Kaufentscheidung hiervon abhängig machen kann.[59]

D. Definition der Leerübertragung

Der Begriff der Leerübertragung stammt aus dem Urheber- und Markenrecht.[60] Unter dem WZG galt noch eine absolute Bindung der Marke an einen

56 OLG Köln v. 26.2.2003, GRUR-RR 2003, 187 (188).

57 Ströbele/Hacker/Hacker, MarkenG, § 4 Rn. 72.

58 Ströbele/Hacker/Hacker, MarkenG, § 4 Rn. 74.

59 Gericht erster Instanz der Europäischen Gemeinschaften v. 30.6.2009, GRUR Int. 2010, 50 (51); Ströbele/Hacker/Hacker, MarkenG, § 4 Rn. 75.

60 Vgl. Dreier/Schulze/Schulze, UrhG, § 31 Rn. 14; Fezer, MarkenG, § 27 Rn. 7.

Geschäftsbetrieb.[61] Wurde die Marke ohne den dazugehörigen Geschäftsbetrieb übertragen, lag eine sog. Leerübertragung vor.[62]

Heute gilt gem. § 27 MarkenG das Prinzip der Nichtakzessorietät der Marke.[63] Die Marke kann also auch ohne den dazugehörigen Geschäftsbetrieb übertragen werden. Bei Urheberrechten versteht man unter einer Leerübertragung die Situation, dass ein Nutzungsrecht an einem schutzlosen Gegenstand eingeräumt wird.[64] Dem Patentrecht ist der Begriff der Leerübertragung fremd.

Allgemein kann man also den Begriff der Leerübertragung damit definieren, dass eine gewollte Einräumung eines Rechts stattfindet, ohne dass das konkrete Recht überhaupt besteht bzw. entstehen kann. Es liegt ein bloßes Scheinrecht vor, das nur dann besteht, wenn Dritte dem Rechtsschein Glauben schenken und das nur scheinbar existierende Recht respektieren.

In dieser Arbeit wird der Begriff der Leerübertragung schutzrechtsübergreifend für alle Immaterialgüter verstanden. Die Leerübertragung stellt also den Fall dar, dass ein Nutzungsrecht an einem Schutzrecht eingeräumt wird, ohne dass das Recht existiert, das Recht *ex tunc* nach Abschluss des Lizenzvertrages für nichtig erklärt wird oder der Lizenzgeber ein ihm nicht gehörendes Schutzrecht lizenziert. In all diesen Fällen besteht keine Lizenz, sodass von einer Leerübertragung zu sprechen ist.

---

61 Fezer, MarkenG, § 27 Rn. 7.

62 Fezer, MarkenG, § 27 Rn. 7.

63 Fezer, MarkenG, § 27 Rn. 9, § 3 Rn. 179.

64 Dreier/Schulze/Schulze, UrhG, § 31 Rn. 14.

Teil 2: Lizenz und Lizenzvertrag im deutschen Recht

Der Begriff der Lizenz hat seinen ethymologischen Ursprung in dem lateinischen Wort *licere*, erlaubt sein. Bezogen auf das Immaterialgüterrecht ist eine Lizenz demnach die Erlaubnis, das lizenzierte Immaterialgut zu nutzen.[65]

Bleibt man bei einer allgemeinen Betrachtung, so ist unter einem Lizenzvertrag ein Vertrag zu verstehen, der die Einräumung einer Lizenz zum Gegenstand hat. Dabei wird weit überwiegend im Fall der ausschließlichen Lizenz zwischen dem Verpflichtungsgeschäft und dem Verfügungsgeschäft unterschieden. Der Lizenzvertrag als schuldrechtliches Verpflichtungsgeschäft dient demnach der Einräumung eines positiven Nutzungsrechts (der Lizenz).

Dieses bisherige Grundverständnis von Lizenz und Lizenzvertrag wird durch die jüngste Entwicklung in Frage gestellt. Mary-Rose McGuire zeigt in ihrer Habilitationsschrift die Unstimmigkeiten einer Einordnung der Lizenz als „quasi-dinglich" und versteht sie daher selbst als verdinglichte Obligation.[66] Ausgehend von der bisherigen allgemeinen Meinung soll dieser neue Ansatz genauer betrachtet werden.

A. Begriff und Arten der Lizenz im deutschen Recht

I. Allgemeine Definitionsversuche der Lizenz

1. Definitionsversuch der Lizenz bei der Lizenzierung von Patent, Marke und Gebrauchsmuster

Will man den Begriff der Lizenz näher definieren, kommt man nicht umhin, sogleich den Begriff des Lizenzvertrages zu nutzen. Immer wenn eine Lizenz erteilt wird, geschieht dies durch eine Abmachung, die dem Lizenznehmer fortan die Nutzung des Immaterialgutes gestattet. Der Inhaber einer Lizenz ist somit zugleich Vertragspartner eines Lizenzvertrages. Diese gedankliche Kopplung

65 McGuire, Die Lizenz, S. 31.
66 McGuire, Die Lizenz, S. 538.

führt vereinzelt zu einer Vermengung von Lizenz und Lizenzvertrag.[67] Es ist zwar richtig, dass die Erteilung einer Lizenz auf einem Lizenzvertrag basiert, der Inhalt und Umfang der Lizenz determiniert. Dennoch sind beide Vorgänge, wenn sie auch *uno acto* geschehen, gedanklich und rechtlich zu trennen.

Der Begriff der Lizenz hat erst verhältnismäßig spät im Gesetz Erwähnung gefunden. Ausdrücklich wird die Lizenz erst im Patentgesetz von 1936 als Zwangslizenz in § 15 und als Lizenzbereitschaft in § 25 Abs. 2 erwähnt.[68]

Zwar wurde die Lizenz inzwischen insbesondere in den gesetzlichen Regelungen des Gewerblichen Rechtsschutzes an einigen Stellen aufgenommen (vgl. §§ 15 Abs. 2, Abs. 3 PatG, 22 Abs. 2 GebrMG, 11 Abs. 2 HalbLSchG, 30 MarkenG), dennoch lässt der Gesetzgeber bisweilen eine genaue gesetzliche Definition der Lizenz und des Lizenzvertrages vermissen.

Der Ansatz einer Legaldefinition der Lizenz findet sich immerhin in § 24 Abs. 1 PatG, der dort die Zwangslizenz als „nicht ausschließliche Befugnis zur gewerblichen Benutzung einer Erfindung" beschreibt und anschließend die Voraussetzungen der Zwangslizenzerteilung definiert.

Weitere Erwähnung findet die Lizenz in den §§ 15 PatG, 22 GebrMG und 30 MarkenG. Hier wird jedoch der Begriff der Lizenz nicht umschrieben. In § 15 Abs. 2 Satz 1 PatG ist bspw. lediglich geregelt, dass das Recht auf das Patent, der Anspruch auf Erteilung des Patents und das Recht aus dem Patent ganz oder teilweise Gegenstand von ausschließlichen oder nicht ausschließlichen Lizenzen sein können. Eine vergleichbare Formulierung enthält § 30 Abs. 1 MarkenG für Markenrechte sowie § 22 Abs. 2 GebrMG für Gebrauchsmusterrechte.

2. Definitionsversuche für das Urheberrecht

Das Urheberrecht kennt demgegenüber zwar ausdrücklich keine Lizenz, dennoch ist auch hier eine Verwertungsmöglichkeit durch die Einräumung von Nutzungsrechten möglich. Es wird zwischen Verwertungsrechten (§ 15 UrhG) und Nutzungsrechten (§ 31 UrhG) unterschieden. Dabei stehen die Verwertungsrechte ausschließlich dem Urheberrechtsinhaber zu. Eine Übertragung dieser Rechte ist nach der in Deutschland geltenden monistischen Theorie nicht möglich. Das Urheberrecht stellt danach ein einheitliches Recht dar, in dem

---

67 Vgl. Henn, Patent- und Know-how-Lizenzvertrag, Rn. 40; Kortunay, Patentlizenz und Know-how-Vertrag, S. 14; McGuire, Die Lizenz, S. 24.

68 PatG v. 5.5.1936, RGBl. 1936, Teil II, S. 117ff.

das Persönlichkeitsrecht des Urhebers zusammen mit vermögensrechtlichen Befugnissen als Einheit verschmolzen ist, die nicht von einander isoliert werden können.[69]

Will der Urheberrechtsinhaber nicht selbst von seinem Schutzrecht Gebrauch machen, sondern einem Dritten die Nutzung ermöglichen, so muss er dem neuen Nutzungsberechtigten ein eigenes Nutzungsrecht gemäß § 31 UrhG einräumen. Es wird also ein Recht neuen Inhalts geschaffen, das sich vom „Mutterrecht" ableitet, dieses aber in seinem Bestand und Inhalt nicht antastet. Ähnlich der Rechtslage beim Nießbrauch (§ 1030 BGB) oder beim Pfandrecht (§ 1204 BGB) findet die Rechtseinräumung somit konstitutiv statt.[70]

3. Unterscheidung zwischen Lizenz und urheberrechtlichem Nutzungsrecht

Die terminologisch streng praktizierte Bezeichnung als „Nutzungsrecht" im UrhG lässt die Frage aufkommen, ob es sich bei Nutzungsrechten auch um Lizenzen handelt oder ob neben der terminologischen Unterscheidung auch inhaltliche Differenzen bestehen.[71]

Das Urheberrecht schützt gemäß § 11 UrhG den Urheber in erster Linie in seinen geistigen und persönlichen Beziehungen zum Werk; erst an zweiter Stelle kommt die Sicherung der Vermögensinteressen durch eine angemessene Vergütung der Nutzung (§ 11 Satz 2 UrhG). Das Urheberrecht schützt damit die schöpferische Tätigkeit des Werkherstellers. Anders als die gewerblichen Schutzrechte handelt es sich demnach beim Urheberrecht nicht um ein reines Vermögensrecht.[72] Die gesetzlichen Vorschriften über Vermögensrechte sind demzufolge immer im Lichte des persönlichkeitsrechtlichen Charakters des Urheberrechts zu sehen.[73]

Dieser Schutz ist im Gegensatz zum Patent- und Markenrecht nicht auf die gewerbliche Nutzung beschränkt (vgl. §§ 11 Nr. 1 PatG; 14 Abs. 2 MarkenG). Im

---

69 Schack, Urheber- und Urhebervertragsrecht, Rn. 593; Schricker/Loewenheim, UrhG, Einl. Rn. 28; Ulmer, Urheber- und Verlagsrecht, § 18.

70 Schack, Urheber- und Urhebervertragsrecht, Rn. 594; Schricker/Loewenheim, UrhG, Einleitung Rn. 28; Ulmer, Urheber- und Verlagsrecht, § 18.

71 Für eine Unterscheidung siehe insbesondere: Schricker/Loewenheim, UrhG, Vor §§ 28ff. Rn. 21.

72 Rehbinder, Urheberrecht, Rn. 96.

73 So gehört bspw. das Urheberrecht bei der ehelichen Gütergemeinschaft zum Sondergut (§ 1417 BGB).

Urheberrecht werden vielmehr auch solche Handlungen unter den Schutzbereich des Urheberrechts gestellt, die rein privater Natur sind.[74]

Ein weiterer Unterschied zwischen gewerblichen Schutzrechten und dem Urheberrecht liegt in der Vollrechtsübertragung. Während das Urheberrecht außerhalb der Fälle der Erbauseinandersetzung (§ 29 Abs. 1 UrhG) nicht übertragbar ist[75], können sowohl Patentrechte als auch Markenrechte im Ganzen übertragen werden (§§ 15 Abs. 1 PatG; 27 Abs. 1 MarkenG).

Betrachtet man demgegenüber die gesetzlichen Regelungen zu Lizenzen gewerblicher Schutzrechte (§§ 15 PatG; 30 MarkenG; 22 GebrMG) und urheberrechtlicher Nutzungsrechte (§§ 31ff. UrhG), so nutzt der Gesetzgeber zwar eine unterschiedliche Terminologie, um die Einräumung der Nutzungsbefugnis zu regeln, inhaltlich sind jedoch überwiegend Gemeinsamkeiten zu erkennen.

So findet in den genannten Vorschriften eine einheitliche Unterteilung in ausschließliche und einfache Nutzungsrechte statt. Darüber hinaus regeln die §§ 15 Abs. 3 PatG, 22 Abs. 3 GebrMG, 30 Abs. 5 MarkenG und 33 UrhG in vergleichbarer Weise einen Sukzessionsschutz gegenüber später erteilten Nutzungsrechten.

Auch in Rechtsprechung und Literatur wird der Begriff der Lizenz synonym zum urheberrechtlichen Nutzungsrecht verwendet.[76]

So bezeichnet der BGH in seiner Entscheidung vom 12.12.1991[77] das ausschließliche Nutzungsrecht für die Taschenbuchausgabe eines Romans als Taschenbuch-Lizenz und nennt im Folgenden den zugrunde liegenden schuldrechtlichen Nutzungsvertrag „Lizenzvertrag“. Auch die Parteien werden durchgängig als Lizenznehmer und Lizenzgeber bezeichnet.

In der Entscheidung des BGH vom 18.12.2008[78] wird das Verfahren zur Einräumung eines urheberrechtlichen Nutzungsrechts als Lizenzierungsverfahren und das Nutzungsrecht selbst als Lizenz bezeichnet.[79]

Im Folgenden werden die Unterschiede des Urheberrechts und der gewerblichen Schutzrechte bei der Differenzierung der verschiedenen Arten von Lizenzen weiter untersucht, um festzustellen, ob eine Unterscheidung des Begriffs „Nutzungsrecht“ vom Begriff der „Lizenz“ erforderlich ist.

---

74 BGH v. 18.5.1955, BGHZ 17, 266 (282).

75 Schricker/Loewenheim, UrhG, Vor §§ 28ff. Rn. 17.

76 BGH v. 12.12.1991, NJW 1992, 1320 (1320f.); BGH v. 18.12.2008, GRUR Int. 2009, 616 (617); LG Mannheim v. 7.11.2008, MMR 2009, 506 (506); Schack, Urheber- und Urhebervertragsrecht, Rn. 603.

77 BGH v. 12.12.1991, NJW 1992, 1320.

78 BGH v. 18.12.2008, GRUR Int. 2009, 616.

79 BGH v. 18.12.2008, GRUR Int. 2009, 616 (617).

II. Differenzierung nach der Art der Lizenz

Die Existenz der Lizenz als Nutzungsbefugnis wird vom Gesetzgeber vorausgesetzt, ohne dass eine Legaldefinition der Lizenz vorgegeben wird.[80] Neben der fehlenden Legaldefinition sind es aber besonders die bloß vereinzelt bestehenden, gesetzlichen Vorschriften zu Lizenzen und Lizenzverträgen, die dazu geführt haben, dass das Recht der Lizenzen und Lizenzverträge im Wesentlichen durch Rechtsprechung und Literatur entwickelt wurde.[81] Im Zuge der Rechtsfortbildung entstand auch hier keine allgemeingültige Definition der Lizenz. Herausgebildet haben sich lediglich Bezeichnungen wie „Recht zur Benutzung“[82], „Benutzungsrecht“[83], „Recht auf Benutzung“[84], „Erlaubnis zur Benutzung“[85], „Benutzungsbefugnis“[86] und „Benutzungserlaubnis“[87]. Um den Begriff der Lizenz näher zu erläutern, werden im Folgenden die verschiedenen Arten von Lizenzen beschrieben.

Bei Lizenzen wird zwischen der negativen Lizenz, der einfachen Lizenz und der ausschließlichen Lizenz unterschieden.

1. Die negative Lizenz

Die Auffassung, dass es sich bei der Lizenz grundsätzlich um eine negative Lizenz handelt, vertrat die Rechtsprechung nur Ende des 19. Jahrhunderts, als die ersten Urteile zu Lizenzen ergingen.[88] Bereits 1937 ist das Reichsgericht von dieser Ansicht abgerückt und hat die bis heute geltende Auffassung angenommen, dass

80 S.o. Teil 2, A., I., 1.

81 BGH v. 25.10.1966, GRUR 1967, 378 (383).

82 BGH v. 23.4.1974, GRUR 1974, 463 (463); BGH v. 23.3.1982, GRUR 1982, 411 (413); BGH v. 11.4.2000, GRUR 2001, 54 (56).

83 BGH v. 24.9.1957, GRUR 1958, 231 (232); BGH v. 26.6.1969, GRUR 1969, 677 (678); BGH v. 23.4.1974, BGHZ 62, 272 (273).

84 BGH v. 31.3.1961, GRUR 1961, 432 (435); Hanseatisches OLG v. 7.7.1949, GRUR 1949, 375 (375).

85 BGH v. 25.1.1983, BGHZ 86, 330 (334); Bartenbach, Patentlizenz- und Know-how-Vertrag, Rn. 31.

86 BGH v. 25.5.1993, NJW-RR 1993, 1261 (1261); BGH v. 20.5.2008, GRUR Int. 2008, 960 (962f.); Kraßer, Patentrecht, § 40 V.

87 BGH v. 23.3.1982, BGHZ 83, 251 (256); BGH v. 25.1.1983, BGHZ 86, 330 (334); Busse/Hacker, PatG, § 15 Rn. 51; Pahlow, Lizenz und Lizenzvertrag, S. 183f.; Schulte, PatG, § 15 Rn. 21.

88 Vgl. RG v. 17.12.1886, RGZ 17, 53 (54); RG v. 5.12.1893, RGZ 33, 103 (103f.).

die Lizenzierung eines Schutzrechtes grundsätzlich ein positives Benutzungsrecht in sich birgt.[89]

Die negative Lizenz beschränkt sich auf die Verpflichtung des Lizenzgebers, sein Verbietungsrecht gegenüber Rechtsverletzungen des Lizenznehmers nicht geltend zu machen.[90] Darüber hinaus werden dem Lizenznehmer keinerlei Nutzungsrechte verschafft. Dies hat zur Folge, dass die Handlungen des Lizenznehmers weiterhin schutzrechtsverletzenden Charakter haben.[91] Erst in einem zweiten Schritt folgt der eigentliche Anspruch des Lizenznehmers, der darauf gerichtet ist, dass der Lizenzgeber der negativen Lizenz gegen die Verletzungshandlungen nicht vorgeht.

Die geringen Verpflichtungen der negativen Lizenz gegenüber dem Lizenzgeber bzw. die Pflichtenlage als Unterlassungsanspruch, gegen die tatbestandlichen Schutzrechtsverletzungen nicht vorzugehen, lassen die Relevanz dieser Lizenzart für die vorliegende Arbeit entfallen. Vorliegend werden gerade die Pflichten konkreter betrachtet, die bei der Lizenzrechtseinräumung entstehen. Weitere Ausführungen zur negativen Lizenz erfolgen somit nicht.

2. Die ausschließliche Lizenz

Die ausschließliche Lizenz bietet dem Lizenznehmer die meisten Rechte. Ihre Einräumung wird sowohl im Urheberrecht als auch bei gewerblichen Schutzrechten als Teilrechtsübertragung gem. §§ 413, 398ff. BGB analog angesehen.[92]

Genauere Betrachtung verdienen aber die unterschiedlichen Übertragungs- bzw. Einräumungswege der jeweiligen Schutzrechte.

a) Die ausschließliche Lizenz im Gewerblichen Rechtsschutz

Eine ausschließliche Lizenz bei Schutzrechten des Gewerblichen Rechtsschutzes liegt vor, wenn der Lizenzgeber dem Lizenznehmer das einzige Nutzungs- und Verwertungsrecht über das Schutzrecht in einem vereinbarten räumlichen und

89 RG v. 18.8.1937, RGZ 155, 306 (313).

90 RG v. 2.5.1939, GRUR 1939, 963 (964); BGH v. 23.3.1982, BGHZ 83, 251 (256); B. Bartenbach, Mitt. 2002, 503 (511); Benkard/Ullmann, PatG, § 15 Rn. 151.

91 Kraßer, Patentrecht, § 40 V. a) 1.

92 Ahrens, GRUR 2006, 617 (623); vgl. Forkel, Gebundene Rechtsübertragungen, S. 56ff.; Kraßer/Schmid, GRUR Int. 1982, 324 (329); Schack, Urheber- und Urhebervertragsrecht, Rn. 600.

zeitlichen Umfang erteilt.[93] Weitere ausschließliche Lizenzen an dem gleichen Schutzrecht sind nur dort möglich, wo sich die räumliche und zeitliche Nutzung nicht überschneiden.[94]

Vereinbaren die Parteien für ein Patent oder eine Marke ein ausschließliches Nutzungsrecht, so handelt es sich dabei um die beschränkte Rechtsübertragung eines Teils des Schutzrechtes.[95] Der Schutzrechtsinhaber entäußert sich seines eigenen, als Schutzrechtsinhaber bestehenden Nutzungsrechts nach den im Vertrag geregelten Konditionen für den Zeitraum, den Ort und das Ausmaß der Nutzung.[96] Er gibt in diesem Umfang sein eigenes Recht auf und verliert es an den Lizenznehmer.[97] Diese Übertragung erfolgt in entsprechender Anwendung der §§ 398ff., 413 BGB.[98] Der Lizenznehmer tritt demnach vollständig in die Rechtsposition des Lizenzgebers ein, soweit ihm der nutzungsrechtliche Teil des Schutzrechtes übertragen wurde. Dabei kann die Rechtsübertragung soweit gehen, dass dem Lizenzgeber nur noch das formale Schutzrecht ohne Nutzungsbefugnis verbleibt.[99] Die Übertragung des Rechts stellt eine Verfügung dar und ist streng von dem ihr zugrunde liegenden Verpflichtungsgeschäft zu trennen.[100] Die §§ 398ff. BGB sehen für die Abtretung keine besondere Form vor, was dazu führt, dass in der Praxis Verpflichtung und Verfügung regelmäßig zusammen stattfinden.[101] Eines besonderen Publizitätsaktes neben der Einigung bedarf es nicht.

Die dargestellte Rechtsübertragung wird auch als gebundene Rechtsübertragung bezeichnet.[102] Um zu vermeiden, dass das Schutzrecht in unabhängige Teile zerfällt und um einen Rückfall des erteilten Nutzungsrechts an den Lizenzgeber

---

93 RG v. 16.1.1904, RGZ 57, 38 (40); RG v. 1.3.1911, RGZ 75, 400 (403); RG v. 5.5.1911, RGZ 76, 235 (236); RG v. 21.11.1930, RGZ 130, 275 (282); Kraßer, Patentrecht, § 40 V b.

94 RG v. 17.3.1934, GRUR 1934, 306 (307); RG v. 1.12.1939, MuW 1940, 77 (78) m.w.N.

95 Ahrens, Gerwerblicher Rechtsschutz, Rn. 281; Benkard/Ullmann, PatG, § 15 Rn. 56f.; Fezer, MarkenG, § 30 Rn. 8; Forkel, Gebundene Rechtsübertragungen, S. 57.

96 Isay, GRUR 1909, 58 (67).

97 Kraßer, Patentrecht, § 40 V b; zum Sonderfall der alleinigen Lizenz, bei der der Lizenzgeber ein Nutzungsrecht behält: Groß, Der Lizenzvertrag, Rn. 38; Ullrich/Heinemann in Immenga/Mestmäcker, Rn. 28.

98 Busse/Hacker, PatG, § 15 Rn. 30; Pahlow, Lizenz und Lizenzvertrag, S. 407.

99 RG v. 12.7.1937, GRUR 1937, 627, 629.

100 Benkard/Ullmann, PatG, § 15 Rn. 16.

101 Benkard/Ullmann, PatG, § 15 Rn. 16.

102 Forkel, Gebundene Rechtsübertragungen, S. 60.

nach dem Erlöschen der Lizenz zu gewährleisten, bleibt die Rechtsübertragung der ausschließlichen Lizenz trotz ihres verfügenden Charakters derart an das Mutterrecht gebunden, dass keine Verselbstständigung des Rechts stattfindet, sondern ein inhaltlicher und gegenständlicher Bezug zum Mutterrecht bestehen bleibt.[103]

Inhalt der Übertragung ist neben einem positiven Nutzungsrecht auch ein negatives Verbotsrecht, das auch Dritten gegenüber wirkt.[104] Diese Drittwirkung ist darauf zurückzuführen, dass es sich bei der ausschließlichen Lizenz um ein dingliches bzw. quasidingliches Recht handelt.[105] Aber auch gegenüber dem Lizenzgeber hat der Lizenznehmer eine absolute Stellung. Nutzt der Lizenzgeber das Schutzrecht, obwohl er in diesem Bereich eine ausschließliche Lizenz vergeben hat, begeht er nicht nur eine Vertragsverletzung, sondern aufgrund der beschränkten Rechtsübertragung eine Schutzrechtsverletzung in Bezug auf die Nutzungsbefugnis.[106]

Eine weitere Folge der Rechtsposition des Lizenznehmers ist die Unwirksamkeit einer weiteren deckungsgleichen ausschließlichen Lizenz durch den Schutzrechtsinhaber. Aufgrund der Erteilung der Lizenz an den Lizenznehmer hat er seine Verfügungsbefugnis in diesem Bereich verloren. Eine weitere ausschließliche Lizenz wäre demnach eine Verfügung vom Nichtberechtigten.[107] Dies gilt jedoch nur, sofern sich die ausschließlichen Lizenzen in räumlicher, zeitlicher oder inhaltlicher Ausgestaltung überschneiden. Dort, wo bisher keine ausschließliche Lizenz vergeben wurde, ist der Schutzrechtsinhaber weiterhin verfügungsbefugt.

b) Die ausschließliche Lizenz im Urheberrecht

Das Urheberrecht ist geprägt von der in Deutschland geltenden monistischen Auffassung.[108] Nach dieser Auffassung sind die persönlichkeits- und verwertungsrechtlichen Bestandteile derart untrennbar miteinander verbunden, dass eine Übertragung von Verwertungsrechten grundsätzlich (abgesehen von den Fällen

---

103 Forkel, Gebundene Rechtsübertragungen, S. 60f.

104 Schulte, PatG, § 15 Rn. 33.

105 RG v. 16.1.1904, RGZ 57, 38 (40); RG v. 21.11.1930, RGZ 130, 275 (282); RG v. 26.10.1931, RGZ 134, 91 (96); BGH v. 23.3.1982, BGHZ 83, 251 (256); BGH v. 19.7.2007, GRUR 2007, 877 (877); Benkard/Ullmann, PatG, § 15 Rn. 92; Kraßer, Patentrecht, § 40 V c.

106 OLG Karlsruhe v. 5.3.1980, GRUR 1980, 784 (785); Lüdecke/Fischer, Lizenzverträge, C 127; aA Busse/Hacker, PatG, § 15 Rn. 63.

107 Busse/Hacker, PatG, § 15 Rn. 54; Ströbele/Hacker/Hacker, MarkenG, § 30 Rn. 16.

108 S.o. Teil 1, A., II.

des § 29 UrhG) nicht möglich ist. Daraus folgt, dass der Urheberrechtsinhaber zur Lizenzierung seines Schutzrechtes gemäß § 31 UrhG dem Lizenznehmer ein Nutzungsrecht einräumen muss.

Einräumen in diesem Sinne bedeutet nicht die Übertragung des eigenen Verwertungsrechts. Der Urheberrechtsinhaber räumt konstitutiv ein neues Recht, nämlich ein Nutzungsrecht, ein, das sich inhaltlich vom Urheberrecht ableitet und an das Mutterrecht gebunden bleibt.[109] Trotz dieser Bindung stellt die Einräumung eines Nutzungsrechts eine Verfügung dar, durch die ein neues Recht entsteht, das die Rechtslage unmittelbar ändert.[110]

Auch wenn im Urheberrecht keine Übertragung der Nutzungsbefugnis wie bei gewerblichen Schutzrechten erfolgt, ist die Einräumung von Nutzungsrechten im Urheberrecht jedoch nicht völlig von der Lizenzierung gewerblicher Schutzrechte zu unterscheiden.[111] Wie bei gewerblichen Schutzrechten kann der Urheber, obwohl er selbst Inhaber des Verwertungsrechtes bleibt, nur einmal ein ausschließliches Nutzungsrecht in der bezeichneten Art und dem bezeichneten Umfang einräumen.[112] Um in der Terminologie der zitierten Autoren zu bleiben, sind also „Tochter-“ oder „Enkelrechte“ und sogar weitere Abstufungen an dem jeweiligen Schutzrecht möglich, auf der gleichen Ebene dagegen können inhaltlich übereinstimmende Rechte („Schwesterrechte“) nicht vom Urheber eingeräumt werden. Damit verliert er, ähnlich wie bei gewerblichen Schutzrechten, die Verfügungsbefugnis, weitere ausschließliche Nutzungsrechte einzuräumen.

Wird der Lizenzvertrag beendet, sei es durch Kündigung oder Rücktritt, oder ruft der Lizenzgeber sein Nutzungsrecht gem. § 41 UrhG zurück, so erlischt das Nutzungsrecht und fällt *ipso jure* an den Lizenzgeber zurück.[113]

c) Die ausschließliche Lizenz als verdinglichte Obligation

Einen neuen Ansatz verfolgt Mary-Rose McGuire, die Lizenz generell als verdinglichte Obligation zu begreifen. McGuire erkennt, dass die Verkettung von obligatorischer Schutzrechtseinräumung und der *uno acto* erfolgenden Verfügung

109 Schack, Urheber- und Urhebervertragsrecht, Rn. 594; Schricker/Loewenheim, UrhG, Vor § 28ff. Rn. 74.

110 Schack, Urheber- und Urhebervertragsrecht, Rn. 594; Schricker/Loewenheim, UrhG, Vor § 28ff. Rn. 74;

111 Vgl. die amtliche Begründung des UrhG: Haertel/Schiefler, S. 183.

112 Vgl. BGH vom 12.12.1991, GRUR 1992, 310 (311); Dreier/Schulze/Schulze, UrhG, § 31 Rn. 5 und 11; Schricker/Loewenheim, UrhG, Vor § 28ff. Rn. 74.

113 § 41 Abs. 5 UrhG; BGH v. 26.3.2009, ZUM 2009, 852 (852); BGH v. 19.7.2012, NJW 2012, 3301 (3301).

über das Schutzrecht ein Widerspruch zur Trennung von Verpflichtungs- und Verfügungsgeschäft bedeutet.[114] Dabei geht McGuire davon aus, dass es sich bei der Einräumung von Schutzrechten nicht um eine gebundene Rechtsübertragung handele. Nach McGuire findet der *Numerus-Clausus*-Grundsatz des Sachenrechts auf Geistiges Eigentum insoweit Anwendung, wie der Rechtsgedanke zum Ausdruck kommt, dass Parteien nur im Rahmen der Ihnen eingeräumten Rechtsmacht Bindungen oder Verpflichtungen Dritter vereinbaren können.[115] Infolgedessen erfordere die Kategorisierung der Lizenz als dingliches Recht, dass der Inhalt der Lizenz rechtlich festgesetzt ist und nicht durch vertragliche Vereinbarungen determiniert werden kann.[116] Dann müsste durch die Vereinbarung des Umfangs der Nutzungsbefugnis eine eindeutige Zuordnung der konkreten Lizenz nach den Bestimmungen „ausschließliche", „einfache" oder „alleinige Lizenz" möglich sein, die der Parteiautonomie entzogen sei.[117]

McGuire zieht daraus die Konsequenz, dass bei einer dinglichen Ausgestaltung der Lizenz vorgeformte Typen von Nutzungsrechten existieren, die durch Individualvereinbarungen weder nach den jeweiligen Parteiinteressen geschaffen noch ihrer angepasst werden können.[118] Gerade dies wird aber von der herrschenden Lehre unter Verweis auf die Unanwendbarkeit von *numerus clausus* und Typenzwang im Recht des Geistigen Eigentums propagiert.[119] Die vertraglichen Gestaltungsmöglichkeiten der Parteien seien zu vielfältig, als dass eine Typisierung möglich sei.[120]

Hier schließt Pahlow von den Gestaltungsmöglichkeiten auf die Unanwendbarkeit des Typenzwangs. Das könne aber kein Argument für die Unanwendbarkeit des Typenzwangs sein, sondern müsse vielmehr für den obligatorischen Charakter jeglicher Lizenz sprechen, wie McGuire klarstellt.

Letztlich sieht McGuire in *numerus clausus* und Typenzwang jedoch kein zwingendes Argument gegen die dingliche Rechtsnatur der Lizenz. In konsequenter Anwendung der sachenrechtlichen Prinzipien sei nur dann, wenn man eine volle Gestaltungsfreiheit für die Lizenz annimmt, eine obligatorische

---

114 McGuire, Die Lizenz, S. 319.

115 McGuire, Die Lizenz, S. 281.

116 McGuire, Die Lizenz, S. 282.

117 McGuire, Die Lizenz, S. 282.

118 McGuire, Die Lizenz, S. 282.

119 Vgl. Forkel, Gebundene Rechtsübertragungen, S. 67ff.; Pahlow, Lizenz und Lizenzvertrag, S. 202 m.w.N.

120 Pahlow, Lizenz und Lizenzvertrag, S. 203.

Ausgestaltung der Lizenz erforderlich.[121] Bei eingeschränkter Gestaltungsfreiheit, die sich demnach in eine beschränkte Anzahl von Lizenztypen eingliedern ließe, könne die Lizenz dinglichen Charakter besitzen, ohne gegen die Prinzipien des Sachenrechts zu verstoßen.[122] Dabei sei auch bei Typisierung der Lizenzen weiterhin ein gewisser parteiautonomer Gestaltungsspielraum gewahrt, wie dies ein Vergleich zum Nießbrauch zeige.[123]

McGuire wendet das Abstraktionsprinzip im Recht des Geistigen Eigentums uneingeschränkt an. Sie erklärt, dass § 9 VerlG, nach dessen Abs. 1 das Verlagsrecht mit der Ablieferung des Werkes an den Verleger entsteht und mit der Beendigung des Vertragsverhältnisses erlischt, keine gewollte Durchbrechung des Abstraktionsprinzip im Recht des Geistigen Eigentums durch den Gesetzgeber war.[124] Im VerlG finde sich an keiner Stelle ein Hinweis darauf, dass das Verlagsrecht dinglich ausgestaltet sein soll.[125] § 8 VerlG spricht nur davon, dass der Verfasser dem Verleger ein ausschließliches Recht zur Vervielfältigung und Verbreitung zu verschaffen habe. Ein dinglicher Charakter des Verlagsrechts lasse sich daraus jedoch noch nicht ableiten.[126] Auch der Verweis in § 36 VerlG auf § 103 InsO im Falle einer Insolvenz des Verlegers stelle klar, dass im Fall der Insolvenz gerade nicht die Vorschriften über dingliche Rechte anzuwenden seien, sondern die Vorschriften hinsichtlich gegenseitiger Verträge.[127] Sie zeigt anhand einer historischen Analyse, dass sowohl der rein obligatorische Charakter des Verlagsrechts als auch die Theorie der beschränkten Übertragung Anhänger hatte und somit mangels eindeutiger gesetzlicher Festlegung der Rechtsnatur des Verlagsrechtes jedenfalls keine bewusste Durchbrechung des Abstraktionsprinzips angenommen werden könne.[128] Schließlich macht sie eine Anwendung des Abstraktionsprinzip anhand § 40 Abs. 3 UrhG fest, wonach mit Beendigung des Vertrages die Verfügung hinsichtlich der Werke unwirksam wird, die bis dato noch nicht abgeliefert wurden. Es erscheine inkonsequent, die Begrifflichkeit des § 40 Abs. 3 UrhG heranzuziehen, um die dingliche Rechtsnatur der Lizenz zu begründen, gleichzeitig aber das Abstraktionsprinzip, und damit gerade die Unterscheidung zwischen dem in § 40 Abs. 3 UrhG verwendeten Begriff der „Verfügung“ und dem

121 McGuire, Die Lizenz, S. 286.
122 McGuire, Die Lizenz, S. 286.
123 McGuire, Die Lizenz, S. 286.
124 McGuire, Die Lizenz, S. 307ff.
125 McGuire, Die Lizenz, S. 308.
126 McGuire, Die Lizenz, S. 308.
127 McGuire, Die Lizenz, S. 308.
128 McGuire, Die Lizenz, S. 310ff.

Begriff der „Verpflichtung“, unangewendet lässt.[129] Infolge der Unstimmigkeiten bei der Charakterisierung der Lizenz als dingliches Recht in Kombination mit der Prämisse, das Abstraktionsprinzip unangewendet zu lassen, untersucht McGuire, ob das zum Schutze des Lizenzgebers angestrebte Ergebnis der Gebundenheit von Nutzungsrecht und wirksamem Lizenzvertrag nicht besser durch eine obligatorische Qualifikation der Lizenz erreicht werden könne.

McGuire versteht daher insgesamt die Lizenz schutzrechtsübergreifend als verdinglichte Obligation und schreibt sowohl der ausschließlichen als auch der einfachen Lizenz konsequent die Strukturmerkmale obligatorischer Rechte zu.

3. Die einfache Lizenz

Eine einfache Lizenz liegt vor, wenn der Schutzrechtsinhaber sein eigenes Nutzungsrecht nicht aufgeben will bzw. weitere Lizenzen an dem jeweiligen Schutzrecht erteilt hat oder noch erteilen will.[130] Bei der einfachen Lizenz kann es demgemäß eine Vielzahl von Lizenznehmern für ein und denselben Vertragsgegenstand geben.

Im Gegensatz zur negativen Lizenz gibt die einfache Lizenz dem Lizenznehmer ein positives Benutzungsrecht.[131] Allerdings beinhaltet dieses Benutzungsrecht kein Verbotsrecht gegenüber Dritten.[132] Es besteht deshalb Streit darüber, ob es sich bei der einfachen Lizenz um ein dingliches bzw. quasidingliches Recht handelt oder ob man in der Rechtseinräumung lediglich die Bereitstellung eines obligatorischen Nutzungsrechts sehen kann.[133]

a) Die einfache Lizenz bei Schutzrechten des Gewerblichen Rechtsschutzes

Ausgehend von den gesetzlichen Regelungen ist bei gewerblichen Schutzrechten keine Klarheit darüber zu erlangen, ob es sich bei der einfachen Lizenz um ein

---

129 McGuire, Die Lizenz, S. 312.

130 RG v. 17.7.1942, RGZ 169, 289 (294).

131 RG v. 18.8.1937, RGZ 155, 306 (310 und 313); BGH v. 29.4.1965, GRUR 1965, 591 (595); OLG Karlsruhe v. 25.2.1987, GRUR Int. 1987, 788 (789); Ann/Barona, Rn. 67; Benkard/Ullmann, PatG, § 15 Rn. 56; Fezer, MarkenG, § 30 Rn. 7; Forkel, Gebundene Rechtsübertragungen, S. 79; Haedicke, Rechtskauf und Rechtsmängelhaftung, S. 84; Henn, Patent- und Know-how-Lizenzvertrag, Rn. 40; Kraßer, GRUR Int. 1983, 537 (543); Schricker/Loewenheim, UrhG, Vor §§ 28ff. Rn. 83.

132 RG v. 16.1.1904, RGZ 57, 38 (40); RG v. 17.9.1913, RGZ 83, 93 (94f.); Mes, PatG, § 15 Rn. 42; § 31 Abs. 2 UrhG.

133 Vgl.: Fezer, MarkenG, § 30 Rn. 6ff.; Ströbele/Hacker/Hacker, MarkenG, § 30 Rn. 19ff.; Ingerl/Rohnke, MarkenG, § 30 Rn. 12ff.

dingliches oder schuldrechtliches Recht handelt. Sowohl § 30 Abs. 1 MarkenG als auch § 15 Abs. 2 PatG sprechen lediglich davon, dass das jeweilige Schutzrecht Gegenstand von ausschließlichen oder nichtausschließlichen Lizenzen sein kann.

In der Literatur sowie in der Rechtsprechung haben sich daher verschiedene Ansichten gebildet.

aa) Die einfache Patentlizenz

Im Patentrecht besteht in Rechtsprechung und Literatur überwiegend die Meinung, die einfache Lizenz habe lediglich schuldrechtlichen Charakter.[134] Es handele sich demnach nur um eine Nutzungsgestattung ohne Verbietungsbefugnis gegenüber Dritten und ohne die Befugnis, Dritten weitere Lizenzen zu erteilen.[135] Der einfachen Lizenz wird nach dieser Meinung also kein absoluter Charakter beigemessen. Sie berechtige den Lizenznehmer nur gegenüber dem Lizenzgeber und habe daher einen rein relativen Charakter. Ein Charakteristikum dinglicher Rechte ist aber gerade ihre absolute Wirkung Dritten gegenüber.[136] Ohne diese absolute Wirkung soll es sich also bei der einfachen Lizenz nicht um ein dingliches Recht handeln.[137]

Auf der anderen Seite wird vertreten, aus dem fehlenden absoluten Charakter der Lizenz könne noch nicht auf ihre schuldrechtliche Natur geschlossen werden.[138] Mit Blick auf das Recht der Dienstbarkeiten wird der dingliche Charakter der einfachen Patentlizenz befürwortet.[139] Dienstbarkeiten sind dingliche Rechte an einem bestimmten Gegenstand, die auf eine Duldung oder ein Unterlassen gerichtet sind.[140] Es wird zwischen Grunddienstbarkeiten, Nießbrauch, einer beschränkt persönlichen Dienstbarkeit und dem Wohnungsrecht unterschieden.[141]

---

134 BGH v. 23.4.1974, BGHZ 62, 272 (276); BGH v. 23.3.1982, GRUR 1982, 411 (412); Benkard/Ullmann, § 15 Rn. 61; Fischer, GRUR 1980, 374 (377); Groß, Der Lizenzvertrag, Rn. 39; Mes, PatG, § 15 Rn. 42.

135 RG v. 16.1.1904, RGZ 57, 38 (40); RG v. 17.9.1913, RGZ 83, 93 (94f.); Mes, PatG, § 15 Rn. 42.

136 MüKo/Geier, Band 6, Einl., Buch 3, Rn. 4; Baur/Baur/Stürner, Sachenrecht, § 2 Rn. 2.

137 BGH v. 23.3.1982, BGH GRUR 1982, 411 (412); Bartenbach, Patentlizenz- und Know-how-Vertrag, Rn. 121; Benkard/Ullmann, PatG, § 15 Rn. 56; Groß, Der Lizenzvertrag, Rn. 382; Pfaff/Osterrieth, Lizenzverträge, B. I. Rn. 77.

138 Ahrens, Gewerblicher Rechtsschutz, Rn. 285.

139 Ahrens, Gewerblicher Rechtsschutz, S. 159, Fn. 614.

140 Palandt/Bassenge, Überblick vor § 1018 Rn. 1.

141 Palandt/Bassenge, Überblick vor § 1018 Rn. 1.

Trotz der Dinglichkeit dieser Nutzungsbefugnisse ist eine Bestellung für mehrere Berechtigte möglich.[142] Die einfache Lizenz soll demnach in analoger Anwendung der Vorschriften für Dienstbarkeiten dinglichen Charakter haben.[143]

bb) Die einfache Markenlizenz

Auch im Markenrecht ist die Einstufung der einfachen Lizenz als dingliches oder schuldrechtliches Recht umstritten. In der Literatur wird überwiegend vertreten, die einfache Lizenz habe dinglichen Charakter.[144] Dies soll sich aus dem System der Lizenzbeschränkungen nach § 30 Abs. 2 Nr. 1-5 MarkenG ergeben. Danach kann der Inhaber einer Marke die Rechte aus der Marke gegen einen Lizenznehmer geltend machen, der hinsichtlich des Katalogs der Nummern 1-5 gegen eine Bestimmung des Lizenzvertrages verstößt. Eine Verletzung des Lizenzvertrages wird dadurch zur Verletzung des Schutzrechtes selbst, sodass der Lizenzgeber die Rechte aus der Marke gegen den Lizenznehmer geltend machen kann.[145] Die Rechtsfolgen gelten auch gegenüber Dritten und sollen somit für die dingliche Rechtsnatur der Markenlizenz sprechen.[146] Rein schuldrechtliche Nutzungsrechte werden demzufolge als schuldrechtliche Gebrauchsüberlassungen verstanden.[147]

Auf der anderen Seite wird der schuldrechtliche Charakter der Markenlizenz befürwortet.[148] Die Beschränkungen des § 30 Abs. 2 MarkenG sollen keinen Hinweis auf die Dinglichkeit geben. Dort sei lediglich geregelt, dass der Lizenznehmer, der gegen bestimmte gegenständliche Grenzen des Lizenzvertrages verstößt, die Marke ohne Zustimmung des Markeninhabers benutzt und somit neben einer Vertragsverletzung auch eine Markenrechtsverletzung begeht.[149] Auch § 30 Abs. 3 MarkenG, wonach der Lizenznehmer bei einer Verletzung der Marke nur mit Zustimmung des Inhabers die Markenverletzungsklage führen kann, soll für einen schuldrechtlichen Charakter sprechen. Es handele sich dabei also um den Fall einer gewillkürten Prozessstandschaft.[150] Letztlich soll es sich beim gesetzlich geregelten Sukzessionsschutz nach § 30 Abs. 5 MarkenG nur um eine gewisse

142 Palandt/Bassenge, § 1030 Rn. 3.
143 Frey, Die Rechtsnatur der Patentlizenz, S. 72ff.
144 Fezer, MarkenG, § 30 Rn. 7 und 43; Ingerl/Rohnke, MarkenG, § 30 Rn. 13.
145 Fezer, MarkenG, § 30 Rn. 28.
146 Fezer, MarkenG, § 30 Rn. 28; Ingerl/Rohnke, MarkenG, § 30 Rn. 13.
147 Fezer, MarkenG, § 30 Rn. 7 und 43.
148 Ströbele/Hacker/Hacker, MarkenG, § 30 Rn. 21ff.
149 Ströbele/Hacker/Hacker, MarkenG, § 30 Rn. 23.
150 Ströbele/Hacker/Hacker, MarkenG, § 30 Rn. 23.

Verdinglichung eines sonst obligatorischen Rechtes, wie dies bei § 566 BGB ebenfalls der Fall ist, handeln.[151]

Die Rechtsprechung hat unter der Geltung des WZG noch die schuldrechtliche Wirkung der Markenlizenz befürwortet.[152] Erst seit dem Inkrafttreten des Markengesetzes, das eine Bindung der Marke an den Geschäftsbetrieb nicht mehr vorsieht, wird ein dinglicher Charakter der Markenlizenz nicht mehr ausgeschlossen. Eine ausdrückliche Entscheidung für den schuldrechtlichen Charakter der einfachen Markenlizenz ist bisher jedoch noch nicht erfolgt. Auch wenn eine dingliche Rechtsnatur der Markenlizenz für möglich gehalten wird, wird ein eigener Schadensersatzanspruch des Lizenznehmers weiterhin mit Blick auf § 14 Abs. 6 MarkenG verneint.[153]

b) Die einfache Lizenz bei Urheberrechten

Einfache Lizenzen bei Urheberrechten haben ihre gesetzliche Grundlage in § 31 UrhG. Nach Abs. 1 kann der Urheber einem anderen ein einfaches oder ausschließliches Nutzungsrecht einräumen. Das einfache Nutzungsrecht berechtigt den Inhaber dabei nur, das Werk auf die vereinbarte Art zu nutzen, ohne dass eine Nutzung durch andere ausgeschlossen ist (§ 31 Abs. 2 UrhG). Bei der einfachen urheberrechtlichen Lizenz können also nicht nur mehrere einfache Lizenznehmer nebeneinander existieren, der einzelne Lizenznehmer kann Dritte auch nicht von der Nutzung ausschließen.[154] Ein diesbezügliches Verbotsrecht steht ihm nicht zu.[155] Der einfache Lizenznehmer erhält demgemäß wie bei den Rechten des Gewerblichen Rechtsschutzes kein absolutes Recht.

Eine klare Stellungnahme zur Frage, ob die einfache Lizenz eine dingliche oder schuldrechtliche Rechtsnatur hat, wurde vom Gesetzgeber bewusst vermieden, um die Klärung dieser Frage der Rechtswissenschaft und Rechtsprechung zu überlassen.[156] Es hat sich daher ein Streit über die Rechtsnatur

---

151 Ströbele/Hacker/Hacker, MarkenG, § 30 Rn. 23.

152 BGH v. 5.3.1951, GRUR 1951, 324 (325); BGH v. 13.7.1956, GRUR 1957, 34 (35); BGH v. 12.1.1966, GRUR 1966, 375 (376).

153 BGH v. 19.7.2007, GRUR 2007, 877 (879).

154 Wandtke/Bullinger/Grunert, Urheberrecht, § 31 Rn. 28.

155 Dreier/Schulze/Schulze, UrhG, § 31 Rn. 51; Frey/Rudolph, ZUM 2004, 522 (527); Kraßer, GRUR Int. 1973, 230 (234); Loewenheim/Nordemann, Handbuch des Urheberrechts, § 25 Rn. 8; Rehbinder, Urheberrecht, Rn. 555; Schack, Urheber- und Urhebervertragsrecht, Rn. 603; Schricker/Loewenheim, UrhG, Vor §§ 28ff. Rn. 83.

156 Gesetzesentwurf der Bundesregierung eines Gesetzes zur Stärkung der vertraglichen Stellung von Urhebern und ausübenden Künstlern vom 23.11.2001, BT-Drucks. 14/7564, S. 11.

der einfachen Urheberrechtslizenz entwickelt, der bis heute keine Erledigung erfahren hat.[157]

Überwiegend wird in Rechtsprechung und Literatur vertreten, es handele sich bei der einfachen Lizenz um ein „dingliches“ bzw. „quasidingliches“ Recht.[158] Dies soll sich daraus ergeben, dass die einfache Lizenz, wie auch die ausschließliche Lizenz, gemäß § 33 UrhG Sukzessionsschutz genießt.[159] Das einmal eingeräumte Nutzungsrecht bleibt danach gegenüber später eingeräumten Nutzungsrechten sowie bei einem Wechsel des Lizenzgebers wirksam. Auch ein Verzicht des Lizenzgebers auf sein Nutzungsrecht hat nach dieser Vorschrift keine Auswirkungen auf den Fortbestand der von ihm eingeräumten Befugnis.

Ein weiteres Argument für die dingliche Rechtsnatur der einfachen urheberrechtlichen Lizenz wird in ihrer Nähe zu den beschränkt dinglichen Rechten (z. B. § 1090 BGB) gesehen.[160] Diese Nähe, die einen dinglichen Rechtscharakter erlauben soll, ergebe sich daraus, dass bei beiden Rechten die beschränkte Herrschaftsmacht auf die Nutzung ausgerichtet sei.[161]

Gegen eine dingliche Rechtsnatur wird vorgebracht, das Bestreben der Literatur habe vor Einführung eines gesetzlichen Sukzessionsschutzes, in der Bemühung um einen Sukzessionsschutz für die einfache Lizenz gelegen.[162] Dieser Sukzessionsschutz sei aber seit 1965 in § 33 UrhG gesetzlich normiert. Unabhängig davon, ob es sich bei der einfachen Lizenz um eine dingliche oder schuldrechtliche Rechtsposition handelt, bleibt die einmal eingeräumte Befugnis späteren Nutzungsrechten gegenüber wirksam. Aus diesem Grund wird vorgebracht, die Grundlage, weshalb ein dinglicher Charakter der einfachen Lizenz vertreten wurde, habe

---

157 Vgl. Schack, Urheber- und Urhebervertragsrecht, Rn. 604; Wandtke/Bullinger/Grunert, § 33 Rn. 2 (die den Streit über die Rechtsnatur der einfachen Lizenz für erledigt ansehen und aus dem gesetzlich normierten Sukzessionsschutz die dingliche Wirkung der einfachen Lizenz ableiten); aA Pahlow, ZUM 2005, 865 (873f.); Hauck, AcP 2011, 626 (634f.).

158 BGH v. 21.11.1958, GRUR 1959, 200 (202); BGH v. 26.3.2009, ZUM 2009, 852 (854); LG München v. 19.5.2004, GRUR-RR 2004, 350 (350); Schricker/Loewenheim, UrhG, Vor §§ 28ff., Rn. 83; Dreier/Schulze/Schulze, UrhG, § 31 Rn. 52; Rehbinder, Urhebberrecht, Rn. 556; Schack Urheber- und Urhebervertragsrecht, Rn. 604.

159 Dreier/Schulze/Schulze, UrhG, § 31 Rn. 52; Rehbinder, Urhebberrecht, Rn. 556; Schack Urheber- und Urhebervertragsrecht, Rn. 604.

160 Wandtke/Bullinger/Grunert, Urheberrecht, § 31 Rn. 32.

161 Wandtke/Bullinger/Grunert, Urheberrecht, § 31 Rn. 32.

162 Pahlow, ZUM 2005, 865 (867f.); Pahlow, Lizenz und Lizenzvertrag, S. 282.

sich mit der Einführung eines gesetzlichen Sukzessionsschutzes erledigt.[163] Die Weiterwirkung der einfachen Lizenz sei eine Ausnahme vom schuldrechtlichen Rechtscharakter der einfachen Lizenz.[164]

4. Stellungnahme

Die besseren Argumente sprechen dafür, sowohl bei der einfachen Patentlizenz als auch bei der einfachen Lizenz im Urheber- und Markenrecht von einer schuldrechtlichen Rechtsnatur auszugehen.

Der einfache Lizenznehmer erhält mit der einfachen Lizenz zwar ein positives Benutzungsrecht, ihm fehlt aber jegliche Befugnis, dieses Recht gegenüber Dritten durchzusetzen.[165] Der einfachen Lizenz fehlt somit der absolute Charakter, der bei dinglichen Rechten gegeben ist.

Eine Vergleichbarkeit zu Dienstbarkeiten scheidet schon deshalb aus, als dass Dienstbarkeiten darauf gerichtet sind, eine Duldung oder Unterlassung des Eigentümers zu erwirken und grundsätzlich kein positives Benutzungsrecht vermitteln.[166] Aber auch beim Nießbrauch, der ein umfassendes Nutzungsrecht an Grundstücken gewährt,[167] besteht keine ausreichende Vergleichbarkeit zum Lizenzrecht. Es fehlt an der Übertragbarkeit von Dienstbarkeiten (vgl. § 1059 BGB). Sie sind an den jeweiligen Berechtigten bzw. an das herrschende Grundstück gebunden.[168] Bei Lizenzen ist dagegen eine Unterlizenz zumindest für den Bereich der ausschließlichen Lizenz möglich, die ja gerade dinglichen Charakter hat.[169]

Der einfache Lizenznehmer ist auch nicht zwangsläufig der einzige Lizenznehmer im vertraglich festgelegten Bereich. Neben ihm kann es eine unbegrenzte Anzahl von weiteren Lizenznehmern mit einem völlig deckungsgleichen Nutzungsrecht geben. Würde man das einfache Nutzungsrecht aber dinglich qualifizieren, so müsste das Recht auf den Lizenznehmer gem. §§ 398,

163 Möhring/Nicolini/Spautz, Urheberrechtsgesetz, § 31 Rn. 39; Pahlow, ZUM 2005, 865 (869f.).

164 Möhring/Nicolini/Spautz, Urheberrechtsgesetz, § 31 Rn. 39.

165 Vgl. BGH v. 21.11.1958, GRUR 1959, 200 (201); BGH v. 23.4.1974, BGHZ 62, 272, (276f.); BGH v. 19.7.2007, GRUR 2007, 877 (880); Dreier/Schulze/Schulze, UrhG, § 31 Rn. 51; Mes, PatG, § 15 Rn. 42; Ingerl/Rohnke, MarkenG, § 30 Rn. 95; Schricker/Loewenheim, UrhG, § 31 Rn. 15.

166 Palandt/Bassenge, Überblick vor § 1018 Rn. 13.

167 MüKo/Joost, Band 6, Vor § 1018 Rn. 6.

168 MüKo/Joost, Band 6, Vor § 1018 Rn. 7.

169 S.o. Teil 1, A., II., 2.

413ff. BGB analog übertragen werden bzw. wäre für den Fall der Urheberrechtslizenz ein einfaches Nutzungsrecht einzuräumen. Schwesterrechte sind bei einer dinglichen Rechtsnatur jedoch ebenfalls nicht möglich.[170]

Für das Markenrecht gilt dahingehend auch nicht aufgrund von § 30 Abs. 2 MarkenG eine Besonderheit. Dort ist lediglich geregelt, dass der Lizenzgeber sein Markenrecht auch gegen einen Lizenznehmer geltend machen kann, der gegen die im Lizenzvertrag vereinbarte Dauer der Nutzung, die festgelegte Form der Marke, die Art der Waren oder Dienstleistungen, des lizenzierten Gebietes oder die Qualität der Waren verstößt. Diese Regelung besagt somit nicht mehr, als dass der Lizenznehmer, außerhalb der Befugnisse, die er durch den Lizenzvertrag erhalten hat, immer auch eine Markenrechtsverletzung begeht. Das ist aber auch dann der Fall, wenn man in der einfachen Lizenz eine schuldrechtliche Gebrauchsüberlassung sieht. Gerade die Bewirkung eines Gleichlaufs zu patentrechtlichen Regelungen (§ 15 Abs. 2 Satz 2 PatG), wie sie von Fezer beschrieben wird[171], erlaubt dann keinen anderen Schluss als eine schuldrechtliche Natur der einfachen Lizenz anzunehmen oder sich auch für eine dingliche Rechtsnatur der einfachen Patentlizenz auszusprechen.

Darüber hinaus kann ein gesetzlich normierter Sukzessionsschutz als Argument für die Dinglichkeit der einfachen Lizenz nicht überzeugen. Hätte sowohl die einfache wie auch die ausschließliche Lizenz dinglichen Charakter, käme dem gesetzlich normierten Sukzessionsschutz lediglich deklaratorische Wirkung zu. Aus der Kodifikation des Sukzessionsschutzes zu schließen, dass der Gesetzgeber eine dingliche Rechtsnatur der einfachen Lizenz regeln wollte, geht über den Regelungsumfang der Vorschriften hinaus. Gerade weil die einfache Lizenz eine schuldrechtliche Natur aufweist, ist eine gesetzliche Normierung des Sukzessionsschutzes erfolgt.[172]

Daran hat sich auch infolge der Erweiterung auf ausschließliche Urheberrechtslizenzen durch die Änderung des Urheberrechtsgesetzes im Jahre 2002 nichts geändert. Die Reform stärkt lediglich die Rechtsstellung der Urheber und ausübenden Künstler gegenüber den generell stärker positionierten Verwertern (Verlage, Sendeunternehmen, Film- und Tonträgerproduzenten, Veranstalter etc.).[173] Die Frage, ob Nutzungsrechte späterer Stufe bestehen bleiben, wenn das

---

170 S.o. Teil 1, A., II., 2., b).

171 Fezer, MarkenG, § 30 Rn. 28.

172 Pahlow, ZUM 2005, 865 (870).

173 Begründung des Entwurfs eines Gesetzes zur Stärkung der vertraglichen Stellung von Urhebern und ausübenden Künstlern v. 26.6.2001, BT-Drucks. 14/6433, S. 8.

Nutzungsrecht früherer Stufe erlischt, sollte nicht präjudiziert werden, sondern der Rechtsprechung zur Klärung überlassen werden.[174]

In jüngerer Zeit sind zu diesem Thema verschiedene Urteile und mit ihnen zahlreiche literarische Beiträge ergangen.[175] Dabei vermeiden es die in 2012 vom BGH erlassenen Urteile „Take five" und „M2 Trade" eine explizite Entscheidung zur Rechtsnatur der einfachen Urheberrechtslizenz zu treffen.[176] Sie knüpfen lediglich wörtlich an die Entscheidung „Reifen Progressiv" an, in der sich der BGH für eine dingliche Rechtsnatur der einfachen Urheberrechtslizenz entschieden hat.[177] Im Übrigen begründet der BGH die Entscheidung, dass Unterlizenzen vom Bestehen der Hauptlizenz unabhängig sind, mit einer Abwägung der typischerweise betroffenen Interessen.[178] Der Unterlizenznehmer soll in seinem Vertrauen auf den Bestand seiner Lizenz geschützt werden und die Möglichkeit erhalten, seine Investitionen zu amortisieren.[179] Sein Interesse überwiege auch regelmäßig dasjenige des Hauptlizenzgebers, der den Hauptlizenznehmer nach Wegfall seines Nutzungsrechts auf Abtretung der Unterlizenzgebühren in Anspruch nehmen könne.[180] Der Hauptlizenzgeber habe schließlich den Hauptlizenznehmer zur Vergabe weiterer Lizenzen ermächtigt und sei daher in seinem Vertrauen, ein unbelastetes Nutzungsrecht nach Wegfall der Hauptlizenz zu erhalten, nicht geschützt.

Dem ist im Ergebnis zuzustimmen. Dennoch führt die Argumentation anhand einer Interessenabwägung bei der Frage nach der Rechtsnatur der Lizenz nicht weiter. Die aufgezeigte rechtliche Folge bei Unwirksamkeit der Hauptlizenz folgt unmittelbar aus § 33 UrhG und nicht aus einer dogmatischen Zuordnung der einfachen Lizenz als dingliches oder obligatorisches Recht. So beschreibt McGuire die

---

174 Begründung des Entwurfs eines Gesetzes zur Stärkung der vertraglichen Stellung von Urhebern und ausübenden Künstlern v. 26.6.2001, BT-Drucks. 14/6433, S. 16.

175 BGH v. 26.3.2009, ZUM 2009, 852; BGH v. 19.7.2012, GRUR 2012, 914; BGH v. 19.7.2012, GRUR 2012, 916; Haedicke, ZGE 2011, 377; Meyer-van Raay, NJW 2012, 3691; Scholz, GRUR 2009, 1107; Rauer/Ettig, WRP 2012, 1198; Berger, GRUR 2013, 321.

176 Vgl. BGH v. 19.7.2012, GRUR 2012, 914; BGH v. 19.7.2012, GRUR 2012, 916.

177 Vgl. BGH v. 26.3.2009, ZUM 2009, 852 (854); BGH v. 19.7.2012, GRUR 2012, 914 (915); BGH v. 19.7.2012, GRUR 2012, 916 (918).

178 BGH v. 19.7.2012, GRUR 2012, 914 (915); BGH v. 19.7.2012, GRUR 2012, 916 (918).

179 BGH v. 19.7.2012, GRUR 2012, 914 (915); BGH v. 19.7.2012, GRUR 2012, 916 (918).

180 BGH v. 19.7.2012, GRUR 2012, 914 (915); BGH v. 19.7.2012, GRUR 2012, 916 (919).

Inkonsistenz, mit der Literatur und Rechtsprechung keine genaue Zuordnung des Sukzessionsschutzes treffen.[181] Handelt es sich bei der Regelung des § 33 UrhG um eine dem § 566 BGB vergleichbare Vertragsübernahmeregelung oder um die gesetzlich normierte Übertragung eines dinglichen Rechts?[182] Eine Antwort findet man weder in dem Urteil „Reifen Progressiv", in dem der BGH (jedoch ohne Argumentation oder Begründung) den dinglichen Charakter der einfachen Lizenz festlegt, noch in den die Rechtsprechung aus „Reifen progressiv" fortführenden Urteilen „Take five" und „M2 Trade".

Berger versteht den Sukzessionsschutz aus § 33 UrhG wie den in § 15 Abs. 3 PatG sowie § 30 Abs. 5 MarkenG geregelten Sukzessionsschutz. Die Lizenz wirke danach gegenüber dem Erwerber; der Lizenzvertrag bleibe von der Veräußerung unberührt, insbesondere trete der Erwerber nicht in den Lizenzvertrag ein.[183]

Nach bisheriger Meinung hat bei der Veräußerung eines Patents sowie einer Marke die Veräußerung des lizenzierten Rechts keine Auswirkungen auf die Parteistellung des Lizenzvertrages.[184] Ein Wechsel der Vertragsparteien bedürfe der Mitwirkung aller Vertragsparteien, insbesondere der des Lizenznehmers. Eine Anwendung des § 566 BGB sei, auch in analoger Weise, nicht möglich.[185] Begründet wird diese Meinung jeweils mit Hinweis auf die Entscheidung „Verankerungsteil" des BGH vom 23.3.1982.[186] Darin entschied der Kartellrechtssenat des BGH, dass eine entsprechende Anwendung von § 571 BGB (jetzt § 566 BGB) nicht möglich sei, mit der Folge, dass „der Inhaber der Forderung keinen Anspruch gegen den Erwerber des Gegenstandes erlangt."[187] Der BGH konstatierte, dass es für die Anwendung der §§ 571, 581 BGB einer Überlassung des Vertragsgegenstandes bedürfe und im Übrigen nur für Grundstücke gelte.[188] Die bei der Überlassung eines Grundstücks einsetzende allgemein erkennbare Besitzlage rechtfertige es, die Interessen des Erwerbers für weniger schutzwürdig zu halten als die des Mieters oder Pächters. Der Erwerber eines Grundstücks könne

181 McGuire, Die Lizenz, S. 262.
182 McGuire, Die Lizenz, S. 262.
183 Berger, GRUR 2013, 321 (324).
184 Berger, GRUR 2013, 321 (324); Benkard/Ullmann, PatG, § 15 Rn. 114; Busse/Hacker, PatG, § 15 Rn. 76; Fezer, MarkenG, § 30 Rn. 41; Ströbele/Hacker/Hacker, MarkenG, § 30 Rn. 83.
185 Benkard/Ullmann, PatG, § 15 Rn. 114; Busse/Hacker, PatG, § 15 Rn. 76; Fezer, MarkenG, § 30 Rn. 41; Ströbele/Hacker/Hacker, MarkenG, § 30 Rn. 83.
186 BGH v. 23.3.1982, BGHZ 83, 251 = GRUR 1982, 411.
187 BGH v. 23.3.1982, GRUR 1982, 411 (413).
188 BGH v. 23.3.1982, GRUR 1982, 411 (413).

sich einfacher ein Bild über die erteilten Befugnisse an dem Grundstück machen als es für den Erwerber eines Patents der Fall sei. Die Veräußerung des Patentrechts führte danach zum Erlöschen der einfachen Lizenz. Eine entsprechende Anwendung des § 33 UrhG wurde mit dem Argument abgelehnt, der Erwerber eines urheberrechtlichen Nutzungsrechts müsse mit dem Bestehen anderweitiger Nutzungsrechte eher rechnen als der Erwerber eines Patents, zumal die eigene Nutzung des Werkes durch den Urheber, im Gegensatz zum Patentrecht, die Ausnahme darstelle.[189]

Schon diese Annahme allein ist überholt. Darüber hinaus konnte der BGH zu diesem Zeitpunkt noch nicht die erst später im PatG (§ 15 Abs. 3 PatG) sowie im MarkenG (§ 30 Abs. 5 MarkenG) eingefügten Vorschriften berücksichtigen.[190] Weshalb die Einführung dieser Paragrafen an der Argumentation des BGH aus dem Jahr 1982 nichts geändert haben soll, bleibt ohne Begründung.[191] Lediglich Marotzke erklärt, dass die Intention des Gesetzgebers ausschließlich den Interessen des Lizenznehmers dienen sollte und daher ein Eintritt des neuen Patentinhabers in die Rechte seines Vorgängers nicht beabsichtigt war.[192] Es bleibt allerdings unberücksichtigt, dass sich die Lizenzierung eines Schutzrechtes nicht in der Einräumung des Nutzungsrechts erschöpft. Will der Lizenznehmer wirksam von dem Schutzrecht profitieren, so muss dieses gegen Angriffe Dritter geschützt werden. Darüber hinaus obliegt es dem Inhaber des Schutzrechtes, für seinen Bestand zu sorgen. Diese Rechte verliert der Lizenznehmer, wenn der neue Inhaber nicht automatisch in die Rechtsstellung des vormaligen Lizenzgebers einrückt.[193]

Auch der Erwerber als neuer Lizenzgeber und Vertragspartner profitiert von dieser Lösung. Als Vertragsübernahmeregelung tritt nach dem Vorbild des § 566 BGB der Hauptlizenzgeber als Vertragspartei in den Unterlizenzvertrag ein und erhält dadurch *ipso jure* einen Anspruch auf Zahlung der Unterlizenzgebühren.[194] Auf eine Abtretung durch den Hauptlizenznehmer ist er nicht mehr angewiesen. Zwar hat der BGH entschieden, dass ein Abtretungsanspruch auch für den Fall der Insolvenz des Hauptlizenznehmers gelte, da der Anspruch auf Abtretung gem. § 55 I Nr. 3 InsO eine Masseverbindlichkeit sei und gem. § 53 InsO aus

---

189 BGH v. 23.3.1982, GRUR 1982, 411 (413).
190 Vgl. Marotzke, ZGE 2010, 233 (246).
191 Vgl. Benkard/Ullmann, PatG, § 15 Rn. 114.
192 Marotzke, ZGE 2010, 233 (247).
193 McGuire, Die Lizenz, S. 441.
194 Vgl. Palandt/Weidenkaff, § 566 Rn. 15.

der Insolvenzmasse vorweg zu entrichten ist.[195] Wählt man dagegen den Weg einer Vertragsübernahmeregelung, bedarf es bereits dieser Konstruktion nicht. Der Hauptlizenzgeber wird unmittelbar Vertragspartner des Unterlizenznehmers in dem Umfang, wie es der Unterlizenzvertrag vorsieht.

Aus einer Interessenanalyse kann daher nicht auf die Rechtsnatur der Lizenz geschlossen werden. Vielmehr müssen sich die Folgen des Sukzessionsschutzes zwangsläufig danach richten, ob im konkreten Fall eine obligatorische oder eine dingliche Wirkung der Lizenz angenommen wird.[196]

Ob auch die ausschließliche Lizenz neuerdings als verdinglichte Obligation einzustufen ist, bleibt dagegen fraglich. McGuire hat zutreffend die Inkonsistenzen der Einstufung als dingliches Recht in Ihrer Habilitationsschrift aufgezeigt. Dennoch reicht es aus meiner Sicht nicht aus, von einer generellen Obligation auszugehen und nur eine gewisse Verdinglichung anzunehmen. Gerade der Umstand, dass (jedenfalls im Patentrecht) ein Teil des Schutzrechtes abgespalten und auf den Erwerber übertragen wird, geht über eine bloße Obligation hinaus.

B. Gegenstand und Rechtsnatur des Lizenzvertrages

I. Allgemeines

Bei einem Lizenzvertrag handelt es sich um die entgeltliche oder unentgeltliche Gewährung eines Nutzungsrechts an einem Recht des Geistigen Eigentums (Lizenzgegenstand) durch den Rechtsinhaber (Lizenzgeber) an den Nutzungsberechtigten (Lizenznehmer).[197]

Sowohl im Gewerblichen Rechtsschutz als auch im Urheberrecht ist zwischen dem Verpflichtungsgeschäft und dem Verfügungsgeschäft zu trennen.[198] Der Lizenzvertrag ist folglich als schuldrechtliches Verpflichtungsgeschäft zu verstehen, das auf die Einräumung eines positiven Nutzungsrechts (der Lizenz) gerichtet ist.[199]

---

195 BGH v. 19.7.2012, GRUR 2012, 916 (918).

196 Vgl. McGuire, Die Lizenz, S. 374ff.

197 Pahlow, Lizenz und Lizenzvertrag, S. 256; Mes, PatG, § 15 Rn. 32.

198 Busse/Hacker, PatG, § 15 Rn. 16; Ingerl/Rohnke, MarkenG, § 30 Rn. 50; Wandtke/Bullinger/Grunert, Urheberrecht, Vor §§ 31ff. Rn. 6; Schricker/Loewenheim, UrhG, Vor § 28 Rn. 98;

199 Die reine Duldungsverpflichtung bei der negativen Lizenz wird in dieser Arbeit nicht weiter konkretisiert.

Eine Legaldefinition des Lizenzvertrages findet sich weder im Patentrecht noch im Urheber- oder im Markenrecht. Der Gesetzgeber verwendet den Begriff „Lizenzvertrag“ nur in § 30 Abs. 2 MarkenG.

Die Grundlage, dass ein Lizenzvertrag abgeschlossen werden kann, ergibt sich aus den §§ 15 Abs. 2 PatG, 30 Abs. 1 MarkenG und 31 Abs. 1 UrhG. Dort ist geregelt, dass das jeweilige Schutzrecht Gegenstand von ausschließlichen oder nichtausschließlichen Lizenzen sein kann bzw. dass ein Nutzungsrecht als ausschließliches oder einfaches Nutzungsrecht eingeräumt werden kann.[200]

Im Patentrecht wurde die Regelung, dass Patente Gegenstand von ausschließlichen und nichtausschließlichen Nutzungsrechten sein können (§ 15 Abs. 2 PatG), erst mit Wirkung zum 1.1.1981 normiert.[201] Dabei wurden jedoch lediglich die schon vorher durch Rechtsprechung und Literatur aufgestellten Regeln kodifiziert.[202]

Im Markenrecht besteht die vergleichbare Regelung in § 30 Abs. 1 MarkenG seit der Einführung des Markengesetzes im Jahre 1994.[203]

Das Urheberrecht hat mit der Einführung des Urheberrechtsgesetzes 1965 die Einräumung von einfachen und ausschließlichen Nutzungsrechten geregelt.[204] Spezielle Regelungen, die die gegenseitigen Pflichten der Vertragsparteien abschließend regeln, existieren in den genannten Gesetzen nicht.

Mangels gesetzlicher Grundlage für die Pflichten der Lizenzparteien bei allen Schutzrechten des Geistigen Eigentums steht es den Parteien weitestgehend frei, den Vertrag nach ihren Vorstellungen auszugestalten.[205] Die Parteien legen damit im Wesentlichen die gegenseitigen Pflichten selbst fest. Sie sind dabei lediglich an die Vorschriften des BGB gebunden, die in direkter oder entsprechender Weise auf den Lizenzvertrag Anwendung finden. Welche Vorschriften anzuwenden sind,

---

200 Zur terminologischen Unterscheidung zwischen Einräumung eines Nutzungsrechtes im Urheberrecht und der Lizenzierung von Schutzrechten bei Rechten des Gewerblichen Rechtsschutzes, s.o. Teil 1, A., I.

201 Damals noch als § 9 Abs. 2 PatG, Entwurf eines Gesetzes über das Gemeinschaftspatent und zur Änderung patentrechtlicher Vorschriften, BT-Drucks. 8/2087, S. 6.

202 Entwurf eines Gesetzes über das Gemeinschaftspatent und zur Änderung patentrechtlicher Vorschriften, BT-Drucks. 8/2087, S. 25.

203 BGBl. Teil 1, 1994, S. 3082.

204 BGBl. Teil 1, 1965, S. 1276.

205 Benkard/Ullmann, PatG, § 15 Rn. 60; Fezer, MarkenG, § 30 Rn. 11; Wandtke/Bullinger/Grunert, Urheberrecht, Vor §§ 31ff. Rn. 1; vgl. zur Einschränkung der Privatautonomie insbesondere §§ 1, 2 GWB; §§ 11 Satz 2, 31 Abs. 4, 32 Abs. 3, 40 Abs. 1 Satz 1, 40 Abs. 3, 42 Abs. 1 Satz 1 und 42 Abs. 2 Satz 2 UrhG.

hängt davon ab, welche Rechtsnatur man dem Lizenzvertrag zuordnet. Dies ist umstritten. Im Folgenden werden die verschiedenen Auffassungen dargelegt.[206]

II. Rechtsnatur von Lizenzverträgen

1. Der Lizenzvertrag als Rechtskauf

Will man den Lizenzvertrag als Kaufvertrag einordnen, muss man dem Gedanken folgen, dass das Kaufrecht auf konstitutive Rechtsübertragungen unter der Prämisse Anwendung findet, dass das obligatorische Grundgeschäft der Bestellung dinglicher Nutzungsrechte überwiegend als Rechtskauf bzw. kaufähnliches Geschäft angesehen wird und nicht als miet- oder pachtähnliches Schuldverhältnis zu qualifizieren ist.[207] Andernfalls würde eine Einordnung des Lizenzvertrages als Kaufvertrag schon an der Tatsache scheitern, dass es sich um ein Dauerschuldverhältnis handelt.[208]

Bei der konstitutiven Rechtsübertragung geht nicht das gesamte Recht über, sondern es entsteht aus dessen Inhalt ein Recht geringeren Inhaltes, das zugleich auf ein anderes Subjekt übergeht.[209] Diese Meinung basiert auf der Überlegung, bei der ausschließlichen Lizenz würde ein Teil der umfassenden Rechtsposition des Veräußerers dem Mutterrecht „entnommen" und auf den Erwerber übertragen, was eine grundsätzliche, umfassende Zuordnungsänderung an den veräußerten Befugnissen zur Folge hätte.[210] Nach dieser Meinung ist demnach die Pflicht des Lizenzgebers darin zu sehen, den inhaltlich durch die Parteivereinbarungen konkretisierten Teil des Schutzrechtes in kaufähnlicher Weise dem Lizenznehmer einzuräumen. Bei Schutzrechten des Gewerblichen Rechtsschutzes wird ein Teil des Schutzrechtes abgespalten und auf den Lizenznehmer übertragen.[211] Im Urheberrecht wird durch konstitutive Rechtseinräumung ein Recht neuen Inhalts geschaffen.[212] Man könnte

---

206 Vgl. zur Rechtsnatur von Lizenzverträgen insbesondere Henn, Patent- und Know-how-Lizenzvertrag Rn. 88ff.; Ahrens, GRUR 2006, 617 (623).

207 RG v. 5.5.1911, RGZ 76, 235; BGHZ 52, 243 (248) zum Dauerwohnrecht; Haedicke, Rechtskauf und Rechtsmängelhaftung, S. 102ff.; Hoeren, GRUR 1988, 340 (349) zum Softwareüberlassungsvertrag.

208 Vgl. BGH v. 22.5.1959, GRUR 1959, 616 (617).

209 Forkel, Gebundene Rechtsübertragungen S. 44ff.; Tuhr, Der Allgemeine Teil des Deutschen Bürgerlichen Rechts, S. 62.

210 Haedicke, Rechtskauf und Rechtsmängelhaftung, S. 99.

211 S.o. Teil 2, A., II., 2., a).

212 S.o. Teil 2, A., II., 2., b).

also dann im Lizenzvertrag einen Kaufvertrag sehen, wenn man das abgespaltene bzw. eingeräumte Nutzungsrecht als an das Mutterrecht „gebunden“ ansieht und einen Rückfall an den Lizenzgeber nach Ablauf der vereinbarten Frist annimmt.

Problematisch ist jedoch, dass der Wortlaut des § 433 Abs. 1 BGB gerade eine endgültige Rechtezuordnung vorsieht, indem nicht nur der Besitz verschafft wird, sondern gerade auch die Verpflichtung zur Übertragung des Eigentums am Vertragsgegenstand Teil der Vereinbarung werden soll. Für den Rechtskauf, auf den gem. § 453 BGB die Vorschriften über den Sachkauf Anwendung finden, bedeut dies, dass Gegenstand des Rechtskaufes nur ein Recht ist, das wirksam übertragen werden kann.[213] Der Lizenznehmer bleibt aber nur für die vereinbarte Zeit Inhaber der Nutzungsbefugnis. Die Bindungswirkung an das Mutterrecht erlaubt demnach keine ausschließliche Anwendung kaufrechtlicher Vorschriften. Allenfalls können sie an den Stellen, an denen es nicht um eine endgültige Rechtezuordnung geht, bei der Interpretation der gegenseitigen Pflichten in entsprechender Weise herangezogen werden.[214]

2. Der Lizenzvertrag als Gesellschaftsvertrag

Grundvoraussetzung einer Gesellschaft ist das Bestehen eines gemeinsamen Zwecks (§ 705 BGB).[215] Die bloße Abmachung der Einräumung einer Nutzungserlaubnis gegen Zahlung von Lizenzgebühren reicht dafür noch nicht aus.[216] Es muss ein darüber hinausgehender Vertragszweck gegeben sein, der ein gemeinsames Ziel erkennen lässt, das die Vertragsparteien durch gemeinsames Handeln erreichen wollen. Es darf sich demnach nicht um einen bloßen Leistungsaustausch handeln, sondern es muss unmittelbar um die Kooperation der Parteien gehen.[217]

Dies kann beim Lizenzvertrag dann der Fall sein, wenn eine Verpflichtung zwischen den Parteien zum Austausch von Konstruktionszeichnungen besteht, wenn Verbesserungen gegenseitig mitzuteilen sind, wenn die Erfindung für gemeinschaftliche Rechnung genutzt werden soll, wenn weitere Patente gegenseitig überlassen werden sollen, wenn Aufträge, die der eine Teil nicht ausführen will oder kann, dem anderen anheimfallen sollen und Erfahrungen ausgetauscht werden.[218]

---

213 Palandt/Weidenkaff, § 453 Rn. 3.

214 Siehe auch BGH v. 12.4.1957, GRUR 1957, 595 (595f.) m.w.N.

215 Schmidt, Gesellschaftsrecht, S. 57.

216 Groß, Der Lizenzvertrag, Rn. 22.

217 Schmidt, Gesellschaftsrecht, S. 59.

218 RG v. 26.10.1929, RGZ 126, 65 (67); BGH v. 25.10.1957, BGHZ 26, 7 (9).

Die Einordnung eines Lizenzvertrages lässt sich dahingehend konkretisieren, dass eine gesellschaftsrechtliche Qualifikation dann möglich erscheint, wenn der Lizenzgeber einen Anteil am Ertrag des Lizenznehmers hat, wenn eine gemeinschaftliche Verwendung der Erzeugnisse gegeben ist und in den Fällen, in denen der Lizenznehmer verpflichtet ist, die Ergebnisse seiner Entwicklung dem Lizenzgeber zur Verfügung zu stellen, wie es beim gegenseitigen Austausch von Patenten und Know-how der Fall ist.[219]

Dennoch ist der Lizenzvertrag nicht als Gesellschaftsvertrag einzuordnen. Erforderlich ist immer eine Gesamtbetrachtung der gegebenen Vertragsspezifikationen.[220] Es müsste im Einzelfall entschieden werden, ob eine ausreichende, über den bloßen Austausch von Leistungen hinausgehende Vertragssituation gegeben ist. Dies könnte u. U. noch während der Vertragslaufzeit durch konkludente Erweiterung der Parteipflichten oder ausdrückliche Erweiterung der Vertragsbeziehungen erfolgen. Aufgrund dieser Unsicherheit bei der Einordnung stellt auch der Gesellschaftsvertrag kein adäquates Vertragsmuster für Lizenzverträge dar.

3. Der Lizenzvertrag als Mietvertrag

Ein weiterer Versuch, den Lizenzvertrag in bereits bestehende Vertragsmuster einzuordnen, hat seinen Ursprung im Mietrecht. Der Vergleich zum Mietrecht basiert bei dieser Meinung ausschließlich auf der strukturellen Nähe der einfachen Lizenz zum Mietvertrag.[221] Bei beiden Verträgen erhält der Begünstigte ein positives Benutzungsrecht. Dieses Benutzungsrecht ist bei beiden Verträgen jedoch bloß schuldrechtlicher Natur. Dennoch genießt sowohl die einfache Lizenz bei Schutzrechten des Geistigen Eigentums als auch die Miete von Wohnraum einen Sukzessionsschutz gegenüber einem späteren Erwerber bzw. gegenüber nachfolgenden Lizenzen.[222]

Im deutschen Recht ist aber eine Miete nur an Sachen und nicht an Rechten möglich. § 535 Abs. 1 BGB nennt nur die Mietsache und meint damit körperliche Gegenstände i. S. d. § 90 BGB.[223]

Die Qualifizierung des Lizenzvertrages als reiner Mietvertrag scheidet somit aus.

---

219 Henn, Patent- und Know-how-Lizenzvertrag, Rn. 105.
220 Lüdecke/Fischer, Lizenzverträge, S. 496.
221 Vgl. Haedicke, Rechtskauf und Rechtsmängelhaftung, S. 108.
222 § 566 Abs. 1 BGB, § 30 Abs. 5 MarkenG, § 15 Abs. 3 PatG und § 33 UrhG.
223 Palandt/Weidenkaff, § 535 Rn. 2.

4. Der Lizenzvertrag als Pachtvertrag

Die Möglichkeit, den Lizenzvertrag in einen der bestehenden Vertragstypen einzuordnen, gelingt beim Pachtvertrag am besten. Wie der Lizenzvertrag stellt der Pachtvertrag ein Dauerschuldverhältnis dar. Auch eine Pacht an Rechten ist möglich, was diese Zuordnung noch unterstützt.[224] Auf diese Weise können über § 581 Abs. 2 BGB die übrigen mietrechtlichen Vorschriften zur Anwendung gelangen.

Gegen die Einordnung des Lizenzvertrages als reinen Pachtvertrag spricht die Bindung des Vertragsgegenstandes an einen einzelnen Vertragspartner bzw. eine Gruppe von Vertragspartnern, die in einem gemeinschaftsähnlichen Verhältnis stehen.[225] Liegt nicht gerade eine ausschließliche Lizenz vor, so ist beim Lizenzvertrag eine Vielzahl von Vertragspartnern für ein und dasselbe Schutzrecht, unabhängig von einer Beziehung zwischen den Lizenznehmern, möglich.[226] Beim Pachtvertrag hingegen liegt bei einer Mehrheit von Vertragspartnern für ein und denselben Vertragsgegenstand in der Regel eine Pächtergemeinschaft i. S. d. § 741 BGB vor.[227]

Eine Zuordnung des Lizenzvertrages zum Pachtrecht scheidet somit ebenfalls aus.

5. Vertrag *sui generis* oder gemischter Vertrag

Der Lizenzvertrag lässt sich wie gezeigt keinem der gesetzlich geregelten Vertragstypen eindeutig zuordnen. Aus diesem Grund nimmt der Großteil der Rechtsprechung und Literatur an, dass es sich beim Lizenzvertrag um einen Vertrag *sui generis* handelt. [228]

Nach einer anderen Meinung soll es sich beim Lizenzvertrag um einen gemischten Vertrag handeln. Der Lizenzvertrag passe sich der jeweiligen Interessenlage an und bringe abwechselnd die verschiedensten Vertragsfiguren zur Anwendung. Es könne sich also nur um einen gemischten Vertrag handeln.[229]

---

224 Palandt/Weidenkaff, § 581 Rn. 3.

225 Palandt/Weidenkaff, § 581 Rn. 4.

226 S.o. Teil 2, A., II., 3.

227 Palandt/Weidenkaff, § 581 Rn. 4; 535 Rn. 7.

228 RG v. 11.11.1933, RGZ 142, 212 (213); BGH v. 15.6.1951, BGHZ 2, 331 (335); BGH v. 23.9.1958, GRUR 1959, 125 (127); Benkard/Ullmann, PatG, § 15 Rn. 81; Ingerl/Rohnke, MarkenG, § 30 Rn. 52; Reimer/Reimer, PatG § 9 Rn. 5; Lindenmaier/Weiss, PatG, § 9 Rn. 28.

229 BGH v. 3.11.1988, BGHZ 105, 374 (379); Henn, Patent- und Know-how-Lizenzvertrag, Rn. 120.

Während der gemischte Vertrag sich dadurch auszeichnet, dass er einem Vertragstypus im Wesentlichen folgt und nur Elemente aus anderen Vertragstypen übernimmt, stellt der Vertrag eigener Art gerade eine atypische selbstständige Vertragsfigur dar.[230] Zentrales Unterscheidungsmerkmal ist demzufolge die einem Mosaik vergleichbare Zersplitterbarkeit des Gesamtvertrages in einzelne Merkmale, die in Ihrer Gesamtheit den eigentlichen Vertrag ausmachen.[231] Der gemischte Vertrag setzt sich aus größeren und kleineren Teilstücken der dem BGB bekannten Vertragstypen zusammen. Dies gelingt beim Lizenzvertrag gerade nicht. Beim Lizenzvertrag verpflichtet sich der Lizenzgeber, dem Lizenznehmer ein Nutzungsrecht an dem Schutzrecht einzuräumen.[232] Diese Eigentümlichkeit des Lizenzvertrages wird aber von keinem der im BGB vorgesehenen Vertragstypen berücksichtigt.[233] Auch die spezialgesetzlichen Vorschriften im PatG, im MarkenG und im UrhG regeln die gegenseitigen Pflichten der Vertragsparteien nicht.[234]

Es fehlt beim Lizenzvertrag gerade kein Teilbereich, der durch die Kombination mehrerer Verträge geschlossen werden könnte. Wesentliches Merkmal des gemischten Vertrages ist aber gerade eine Verbindung verschiedener Vertragsarten, die isoliert betrachtet unschlüssig, in ihrer jeweiligen Zusammenschau aber ein schlüssiges Gesamtgebilde darstellen.[235] So liegen bspw. beim Kauf von Getreide in Säcken, die erst nach einiger Zeit zurückgegeben werden sollen, ein Kauf hinsichtlich des Getreides und eine untergeordnete Gebrauchsüberlassung an den Säcken vor.[236] Diese Teilung des Gesamtvertrages in einen untergeordneten und einen Hauptbestandteil gelingt beim Lizenzvertrag dagegen nicht.

Hier ist demzufolge der Meinung zuzustimmen, die im Lizenzvertrag keinen gemischten Vertrag sieht, sondern einen Vertrag eigener Art annimmt, der eine atypische selbstständige Vertragsfigur darstellt, die sich aber an den Grundprinzipien der dem BGB bekannten Vertragsmodelle, insbesondere der Pacht und dem Kauf, orientiert.[237]

---

230 Henn, Patent- und Know-how-Lizenzvertrag, Rn. 120.

231 Palandt/Grüneberg, Überblick vor § 311 Rn. 19.

232 S.o. Teil 2, B., I.

233 Forkel, NJW 1990, 2805 (2805f.).

234 S.o. Teil 2, B., I.

235 Palandt/Grüneberg, Überblick vor § 311 Rn. 19.

236 Enneccerus/Lehmann, S. 396f.

237 RG v. 19.10.1926, RGZ 115, 17 (20); RG v. 4.2.1927, RGZ 116, 78 (82); RG v. 28.9.1928, RGZ 122, 70 (73); RG v. 26.10.1929, RGZ 126, 65 (67); RG v. 18.8.1937, RGZ 155, 307 (310); BGH v. 15.6.1951, BGHZ 2, 331 (335); BGH v. 11.6.1970, GRUR 1970, 547 (548); BGH v. 17.11.2005, GRUR 2006, 435 (437); Lichtenstein,

III. Differenzierung der Lizenzverträge nach dem Motiv ihres Abschlusses

Lizenzverträge können zu völlig unterschiedlichen Zielsetzungen abgeschlossen werden. Generell haben sich drei Gruppen herausgebildet.

1. Lizenzaustauschverträge

Bei Lizenzaustauschverträgen oder dem sog. „cross-licensing" verzichten zwei Wettbewerber der gleichen oder sich technisch berührender Branchen auf die Geltendmachung ihrer Schutzrechte.[238] Dies kann dann erforderlich werden, wenn beide Wettbewerber andernfalls nicht ohne eine Verletzung des gegnerischen Schutzrechtes auskommen würden. Da bei dieser Art von Lizenzverträgen nicht die Zahlung von Lizenzgebühren, sondern die vorläufige Unterlassung der Geltendmachung der Schutzrechtverletzung im Vordergrund steht, wird diese Art von Lizenzverträgen auch als „Moratorium" bezeichnet.[239] Anders als bei den übrigen Arten von Lizenzverträgen steht hier ausschließlich die Nichtausübung des Schutzrechtes im Vordergrund, weshalb cross-licensing für die Problematik dieser Arbeit irrelevant ist.

2. Lizenzverträge zur verdeckten Gewinnabschöpfung

Bei Lizenzverträgen zur verdeckten Gewinnabschöpfung geht es funktional nicht um die Lizenzierung von Schutzrechten, sondern hier stehen rein steuerliche Vorteile im Vordergrund.[240] Diese Art des Lizenzvertrages kommt häufig bei konzernverbundenen Unternehmen zur Gewinnverlagerung der Mutter- auf die Tochterfirma vor[241] und soll ebenfalls wie das cross-licensing nicht Gegenstand dieser Arbeit sein.

GRUR 1965, 344 (345); Kraßer/Schmid, GRUR Int. 1982, 324 (328); Forkel, NJW 1990, 2805 (2805); Groß, Der Lizenzvertrag, Rn. 24; McGuire, Die Lizenz, S. 658ff., 672, 674; Lunze, Rechtsfolgen des Fortfalls des Patents, S. 63; Rasch, Lizenzvertrag, S. 4f.; Benkard/Ullmann, PatG, § 15 Rn. 81; Busse/Hacker, PatG, § 15 Rn. 56; Dreier/Schulze/Schulze, UrhG, Vor § 31 Rn. 6; Mes, PatG, § 15 Rn. 35; Ströbele/Hacker/Hacker, MarkenG, § 30 Rn. 26.

238 Bartenbach, Patentlizenz- und Know-how-Vertrag, Rn. 1645.

239 Pfaff/Osterrieth, Lizenzverträge, Rn. 16.

240 Pfaff/Osterrieth, Lizenzverträge, Rn. 18f.

241 Bartenbach, Patentlizenz- und Know-how-Vertrag, Rn. 5.

3. Verwertungslizenzen

Die dritte Gruppe von Lizenzverträgen ist die Gruppe der Verwertungslizenzen. Diese spiegelt den eigentlichen Charakter von Lizenzverträgen wider, nämlich die wirtschaftliche Verwertung eines Schutzrechtes durch die Einräumung von Nutzungsrechten.[242]

Auch bei Verwertungslizenzen sind die Gründe für den Abschluss verschiedener Art. Fehlende Kapazitäten der Eigenproduktion des Patentrechtsinhabers aufgrund von fehlendem Kapital oder mangelnden Fabrikationsstätten sind dabei bspw. nur ein Grund.[243] Oft lassen Industrieunternehmen ihre patentierten Erfindungen im Ausland herstellen, um so Produktionskosten mithilfe von niedrigeren Lohnkosten und billigeren Rohstoffen einzusparen. Häufig ist die Lizenzvergabe auch dann wirtschaftlich sinnvoll, wenn das Land, in dem das Produkt vertrieben werden soll, strenge Einfuhrregeln hat. In diesem Fall kann es günstiger sein, eine Lizenz zur Herstellung im Land selbst zu vergeben, als das Produkt im Ausland zu produzieren und unter erschwerten Bedingungen einzuführen, wenn die Einfuhr nicht sogar gänzlich verboten ist.[244]

Aufseiten des Lizenznehmers geht es vor allem darum, langwierige und risikoreiche Eigenentwicklungen zu vermeiden und so einen technischen Rückstand und kostspielige eigene Forschungsaufwendungen auszuschließen.[245]

Der Urheber kann nur dann von seinem Urheberrecht profitieren, wenn er es einem möglichst breiten Publikum zugänglich macht, um dadurch Anerkennung und Gewinn zu erzielen.[246] Zu diesem Zweck muss der Urheber sein Werk veröffentlichen. Die Veröffentlichung geschieht meist über kommerzielle Verwerter, denen der Urheberrechtsinhaber auf der Grundlage eines schuldrechtlichen Lizenzvertrages ein Nutzungsrecht einräumt. Je nachdem, um welche Art von Werk es sich handelt, an dem der Urheber einem Verwerter ein Nutzungsrecht einräumen will, wird zwischen verschiedenen Arten von Verträgen unterschieden.

Geht es um Werke der Literatur oder der Tonkunst, so bedienen sich die Parteien des Verlagsvertrages (§ 1 VerlG). Das Recht, bühnenmäßige Aufführungen der Literatur oder Musik nutzen zu dürfen, wird durch den Bühnenaufführungsvertrag und den Bühnenvertriebsvertrag vereinbart. Für

---

242 Pfaff/Osterrieth, Lizenzverträge Rn. 20.

243 Groß, Der Lizenzvertrag, Rn. 2.

244 Groß, Der Lizenzvertrag, Rn. 3.

245 Groß, Der Lizenzvertrag, Rn. 4.

246 Schack, Urheber- und Urhebervertragsrecht, Rn. 1068.

Rundfunksendungen, an denen eine Nutzung zu Rundfunkzwecken eingeräumt werden soll, nutzt man den sog. Sendevertrag. Die Nutzung von Filmen wird in sog. Filmverträgen vereinbart.[247]

Wie die Beispiele zeigen, findet sich für jedes Urheberrecht ein eigens entwickelter Vertragstypus, der die Besonderheiten des jeweiligen Urheberrechts berücksichtigt. Neben der reinen Einräumung von Nutzungsrechten beinhalten diese Verträge weitergehende Pflichten, wie z. B. Veröffentlichungspflichten des Verlegers (§ 14 VerlG) oder Verfilmungsrechte an Werken, die Gegenstand des Filmes werden sollen.

Gegenstand der vorliegenden Arbeit sind ausschließlich Fragen zur Einräumung von Nutzungsrechten an Schutzrechten des Gewerblichen Rechtsschutzes und des Urheberrechts, weshalb auf die weitere Problematik der urheberrechtlichen Verwertungsverträge außerhalb der Einräumung von Verwertungslizenzen nicht eingegangen wird.

4. Lizenzverträge zur Beilegung von Streitigkeiten über Schutzrechtsverletzungen

Der Lizenzvertrag kann auch dazu dienen, bei Streitigkeiten über Schutzrechtsverletzungen einen Lizenzvertrag zu vereinbaren. Es ist für die Parteien günstiger, anstatt das unsichere, späte Ende eines Prozesses zu riskieren, auf eine Lizenzierung des Schutzrechtes zurückzugreifen. Dies liegt insbesondere auch daran, dass bei der Errechnung von Schadensersatz bei Schutzrechtsverletzungen im Rahmen eines Prozesses nach der sog. Lizenzanalogie vorgegangen wird.[248] Der zu entrichtende Schadensersatz bemisst sich bei dieser Theorie nach einer hypothetisch zu erstellenden, üblichen Lizenzgebühr. Die übliche Lizenzgebühr bestimmt sich danach, was ein vernünftiger Lizenznehmer zu zahlen bereit gewesen wäre und was ein vernünftiger Lizenzgeber verlangt hätte, wenn es im Vorfeld der Nutzung zu Vertragsverhandlungen gekommen wäre und die Parteien Kenntnis über die künftige Marktentwicklung gehabt hätten.[249]

---

247 Vgl. Schack, Urheber- und Urhebervertragsrecht, §§ 31–33.

248 BGH v. 6.3.1980, GRUR 1980, 841 (843f.); BGH v. 24.11.1982, GRUR 1982, 286 (287); BGH v. 17.6.1992, GRUR 1993, 55 (58); BGH v. 23.6.2005, GRUR 2006, 143 (146).

249 BGH v. 13.3.1962, GRUR 1962, 401 (404); BGH v. 12.1.1966, GRUR 1966, 375 (378); BGH v. 24.1.1975, GRUR 1975, 323 (324).

Diese Art der Schadensberechnung war bis 2008 lediglich gewohnheitsrechtlich anerkannt[250], wurde jedoch durch das Gesetz zur Umsetzung der EU-Durchsetzungs-Richtlinie der Rechte des Geistigen Eigentums vom Gesetzgeber kodifiziert.[251]

In Artikel 6 sieht dieses Gesetz u. a. eine Änderung des § 97 UrhG vor. Diese Änderung normiert die Berechnung des Schadensersatzes nunmehr in einem eigenen Absatz. Die Novellierung beschränkt sich auf die Kodifizierung der bereits gewohnheitsrechtlich anerkannten Regelungen. Mangels wesentlicher Änderungen durch das Gesetz ist nicht von einer Veränderung bei der Nutzung des Lizenzvertrages zur Beilegung von Schutzrechtsstreitigkeiten auszugehen.

5. Softwareüberlassungsverträge

Eine besondere Form des Lizenzvertrages stellt der Softwareüberlassungsvertrag dar. Dabei wird dem Nutzer ein urheberrechtlich geschütztes Programm zur Nutzung bereitgestellt. Bei der rechtlichen Einordnung des Softwareüberlassungsvertrages bestehen bereits Zweifel, ob dieser spezielle Vertragstypus überhaupt als Lizenzvertrag i. e. S. zu verstehen ist.[252] Dabei bewegt sich die Bandbreite der Ansichten zwischen der Einordnung als echter Kaufvertrag bis hin zu der Einordnung als reiner Lizenzvertrag.[253] Schon allein die Vielzahl an unterschiedlichen Arten von Softwareüberlassungsverträgen macht es nahezu unmöglich, eine allgemeingültige Qualifikation zu erreichen.[254] Dabei ist nicht nur danach zu unterscheiden, ob es sich bei dem Vertragsgegenstand um Standardsoftware oder Individualsoftware handelt. Auch die Frage, wie die Software zur Verfügung gestellt wird, hat Auswirkungen auf die rechtliche Qualifikation des Vertrages. Es treten mithin drei verschiedene Rechtsebenen nebeneinander,

---

250 Möhring/Nicolini/Lütje, Urheberrechtsgesetz, § 97 Rn. 1.; Wandtke/Bullinger/v. Wolff, Urheberrecht, § 97 Rn. 56.

251 Richtlinie 2004/48/EG des Europäischen Parlaments und des Rates vom 29. April 2004 zur Durchsetzung der Rechte des geistigen Eigentums, Abl. EU Nr. L 195/16, S. 16; Gesetz zur Verbesserung der Durchsetzung von Rechten des geistigen Eigentums v. 7.7.2008, BGBl. Teil 1, 2008, S. 1191ff.

252 Vgl. Mehrings, NJW 1986, 1904 (1905); Hilty, MMR 2003, 3 (4); Bartsch, CR 2012, 141 (143f.); Hilty, CR 2012, 625 (625f.); Lutz, Softwarelizenzen und die Natur der Sache, S. 192.

253 Hilty, MMR 2003, 3 (4) m.w.N.

254 Vgl. Marly, EuZW 2012, 654 (655).

die es zu verknüpfen gilt: eine Sachenrechtliche, eine Schuldrechtliche sowie eine Immaterialgüterrechtliche.[255]

Betrachtet man die sachenrechtliche Ebene, so kann, wird die Software auf einem Datenträger gespeichert und auf diesem Weg an den Nutzer übertragen, der Erwerb des Datenträgers und der darauf gespeicherten Software als Kaufvertrag qualifiziert werden.[256] Insoweit sieht der BGH die auf einem Datenträger gespeicherte Software als Sache i. S. d. § 90 BGB an.[257] Das Problem, dass der Kaufvertrag eine Übergabe der Sache erfordert, die wiederum einen vollständigen Besitzverlust auf Veräußererseite verlangt, wird mehr oder weniger elegant dadurch umgangen, dass bei der Veräußerung von Software ausnahmsweise ein vollständiger Besitzverlust auf Veräußererseite nicht erforderlich sei.[258] Auch die Tatsache, dass dem Erwerber kein Eigentum an der Software übertragen wird, wird damit erklärt, dass beim Softwareüberlassungsvertrag eine Einzelfallbetrachtung des konkret geschlossenen Vertrages notwendig sei, die eine Generalisierung nicht erlaube.[259] Es könne mithin dahinstehen, welchem konkreten Vertragstypus der Softwareüberlassungsvertrag zuzuordnen sei.[260] Die jeweils anwendbaren Normen dienen daher nur zur rechtlichen „Lückenfüllung“ weshalb es weder auf Übergabe noch auf Eigentumsverschaffung i. S. d. § 433 BGB ankomme.[261]

Die Art des Erwerbs darf aber nicht im Fokus der Betrachtung stehen, will man den Softwareüberlassungsvertrag rechtlich qualifizieren.[262] Beim Erwerb der Software handelt es sich um eine bloße Vorbereitungshandlung, die es dem Nutzer nur ermöglichen soll, Zugriff auf die Programme zu haben. Der Datenträger selbst ist also wie eine Verpackung, die den Transport ermöglichen soll, einzuordnen.[263]

Der Erwerb auf Datenträgern unterscheidet sich praktisch nicht vom Zugriff über einen Internetdownload. Gerade die zunehmende Softwareüberlassung ohne Datenträger macht deutlich, dass eine datenträgerbasierte Argumentationslinie für

---

255 Hilty, MMR 2003, 3 (3).
256 BGH v. 15.11.2006, MMR 2007, 243 (244); Lutz, Softwarelizenzen und die Natur der Sache, S. 24f.
257 BGH v. 15.11.2006, MMR 2007, 243 (244) m.w.N.
258 Lutz, Softwarelizenzen und die Natur der Sache, S. 28.
259 Lutz, Softwarelizenzen und die Natur der Sache, S. 19.
260 Lutz, Softwarelizenzen und die Natur der Sache, S. 29.
261 Lutz, Softwarelizenzen und die Natur der Sache, S. 29.
262 Hilty, MMR 2003, 3 (5).
263 Stichtenoth, K & R 2003, 105 (107).

die rechtliche Qualifikation von Softwareüberlassungsverträgen nicht zukunftsträchtig ist.[264]

Wenn der BGH den Vergleich zu einem Buch herstellt, das wie der Datenträger ebenfalls wegen seines geistigen Inhalts erworben wird[265], so bleibt festzustellen, dass beim Buch Inhalt und Papier stets untrennbar zusammenhängen. Eine Nutzung des geistigen Inhalts, ohne das Buch dabei zu verwenden, ist nicht möglich. Bei der Software dagegen wird der Nutzer die CD, nachdem er das Programm installiert hat, nicht mehr verwenden. Dennoch nutzt er weiterhin das Programm. Der Vergleich zum Buch ist daher nicht geeignet, Klarheit in die rechtliche Behandlung von Softwareüberlassungsverträgen zu bringen.

Im Ergebnis entzieht sich der Softwareüberlassungsvertrag wie auch der Lizenzvertrag an sich durch sein breites Aufgabenfeld einer klaren Zuordnung zu einem Vertragstypus des BGB. Auch der Softwareüberlassungsvertrag ist nach der hier vertretenen Ansicht ein Vertag eigener Art, der vom Lizenzvertrag noch einmal zu unterscheiden ist.[266]

---

264 Hilty, MMR 2003, 3 (5).

265 BGH v. 15.11.2006, MMR 2007, 243 (244).

266 Vgl. Lutz, Softwarelizenzen und die Natur der Sache, S. 192.

Teil 3: Pflichten des Lizenzgebers nach deutschem Recht

Wie bereits gezeigt, handelt es sich beim Lizenzvertrag um einen schuldrechtlichen Vertrag eigener Art.[267] Dabei obliegt es in erster Linie den Vertragsparteien selbst, die gegenseitigen Pflichten zu vereinbaren. Haben die Parteien in einem Bereich keine Abrede getroffen, ist der wirkliche Parteiwille durch Auslegung zu ermitteln (§ 157 BGB). Bei der Auslegung des Lizenzvertrages ist von der Vollständigkeit und Richtigkeit der Vertragsurkunde auszugehen, sofern der Vertag schriftlich festgehalten wurde.[268] Die Vertragsurkunde mit dem darin gewählten Wortlaut der Parteien bildet somit den Ausgangspunkt jeder Auslegung.[269]

Darauf folgend ist bei der Auslegung auf die Interessen der Parteien unter besonderer Berücksichtigung der branchenüblichen Gebräuche Rücksicht zu nehmen.[270] Erst wenn auch hier keine Lösung ermittelt werden kann, sind die allgemeinen Vorschriften über Rechtsgeschäfte (§§ 104 bis 183 BGB), die allgemeinen schuldrechtlichen Vorschriften (§§ 241 bis 432 BGB) sowie in entsprechender Anwendung die Vorschriften über den Kauf, die Miete und die Pacht (§§ 433ff., 535ff. und 581ff. BGB) anzuwenden.[271]

Im Folgenden werden die gegenseitigen Pflichten auf der Grundlage der gesetzlichen Regelungen dargestellt. Die Ausführungen gelten also immer insofern, als dass keine vorrangige Individualabrede besteht.

267 S.o. Teil 2, B., II.
268 BGH v. 18.1.2001, GRUR 2001, 1164 (1165).
269 BGH v. 2.12.1997, GRUR 1998, 561 (563).
270 BGH v. 13.1.1959, GRUR 1959, 384 (387); BGH v. 20.9.1960, GRUR 1961, 307 (308).
271 S.o. Teil 2, B., II.

A. Lizenzgewährung

I. Einräumung des Nutzungsrechts

Die Primärpflicht des Lizenzgebers besteht darin, dem Lizenznehmer eine Nutzungsbefugnis am Schutzrecht einzuräumen.[272] Dabei ist der Charakter des Lizenzvertrages als Dauerschuldverhältnis zu beachten.[273] Der Lizenzgeber muss dafür sorgen, dass das Schutzrecht in seinem Bestand fortbesteht.[274]

Mit der Einräumung des Nutzungsrechts ist die rechtliche Erlaubnis für den Lizenznehmer verbunden, das Schutzrecht nutzen zu können. Beim Urheberrecht sowie beim Markenrecht ergibt sich die Nutzungsmöglichkeit in der Regel schon durch die Rechtseinräumung selbst in Verbindung mit der Überlassung des geschützten Werkes und ggf. einer Druckvorlage (§§ 1 Satz 1; 10 VerlG). Bei technischen Schutzrechten dagegen ist u. U. mehr als die bloße Erlaubnis erforderlich.

Auch wenn bei der Patentanmeldung gemäß § 36 Abs. 2 PatG verlangt wird, dass eine Kurzfassung der in der Anmeldung enthaltenen Offenbarung vorgelegt werden muss, die das technische Gebiet der Erfindung angibt und so gefasst sein soll, dass sie ein klares Verständnis des technischen Problems, seiner Lösung und der hauptsächlichen Verwendungsmöglichkeit der Erfindung erlaubt, so reicht dies oft zur problemlosen Nutzung des Schutzrechtes nicht aus. Der Lizenzgeber muss sich demzufolge darum kümmern, dass eventuelle Lücken in der Patentschrift erklärt werden. Er muss ggf. Mitteilungen über geeignete Verpackungen machen, potenzielle Vertriebsmöglichkeiten und Märkte darlegen, demnach also alles in seiner Macht Stehende tun, um die bestmögliche Nutzung des Schutzrechtes zu ermöglichen.[275]

II. Aufrechterhaltung des Schutzrechtes

Über die bloße Rechtseinräumung hinaus stellt sich die Frage, inwieweit der Lizenzgeber zur Aufrechterhaltung des Schutzrechtes verpflichtet ist. Dabei besteht

---

272 Ingerl/Rohnke, MarkenG, § 30 Rn. 57; Schack, Urheber- und Urhebervertragsrecht, Rn. 1072.

273 S.o. Teil 2, B., II.

274 S.u. Teil 3, A., II.

275 RG v. 18.8.1937, RGZ 155, 306 (314); BGH v. 11.1.2005, GRUR 2005, 406 (407); Busse/Hacker, PatG, § 15 Rn. 116; Mes, PatG, § 15 Rn. 49; Rasch, Lizenzvertrag, S. 27f.

die Problematik der Aufrechterhaltung nur bei Schutzrechten des Gewerblichen Rechtsschutzes. Im Urheberrecht kann der Urheber aufgrund der oben dargelegten Besonderheit aus der Mischung von persönlichkeitsrechtlichen Interessen und Vermögensinteressen nicht auf sein Schutzrecht verzichten.[276] Darüber hinaus bedarf es zur Aufrechterhaltung des Urheberrechts keiner Gebührenzahlung. Es entsteht bereits qua Gesetz durch die bloße Werkschöpfung und erlischt siebzig Jahre nach dem Tod des Urhebers (§ 64 UrhG).[277]

Kostentragung, Verteidigung und Verzicht bilden die drei Bereiche, die für den Fortbestand des Schutzrechtes maßgeblich sind. Hier ergeben sich teilweise Unterschiede zwischen ausschließlicher und einfacher Lizenz. Dennoch werden die beiden Lizenzarten im Folgenden zusammen behandelt, um ihren Vergleich besser herausstellen zu können.

1. Kostentragung

Damit das Patent fortbesteht, müssen gem. § 20 Abs. 1 Nr. 3 PatG die Jahresgebühren (§ 17 Abs. 1 PatG) entrichtet werden. Die Marke bedarf nur dann einer Verlängerung, wenn es sich um eine eingetragene Marke handelt.[278] Im Gegensatz zum Patent bedarf es einer Verlängerung der Marke nur alle zehn Jahre (§ 47 Abs. 1 und 2 MarkenG). Sowohl die Patentjahresgebühren als auch die Verlängerungsgebühr der Marke sind unstreitig bei der einfachen Lizenz vom Lizenzgeber zu entrichten.[279]

Wer bei der ausschließlichen Lizenz die Schutzrechtsgebühren zu tragen hat, ist dagegen umstritten. Zunächst wurde fast einheitlich vertreten, der Lizenznehmer sei bei der ausschließlichen Lizenz zur Zahlung der Gebühren verpflichtet. Als Argument wird vorgebracht, der Lizenzgeber habe alle für die Nutzung notwendigen Rechte übertragen, sodass er nur noch zum Lizenzgebührenempfänger geworden sei.[280] Dieser Meinung wird vereinzelt widersprochen. Bereits Lüdecke selbst spricht den Fall an, dass der Lizenzgeber, vergleichbar mit dem Vermieter eines Hauses, der ein Interesse am Bestand des Hauses hat, daran interessiert sei, sein Schutzrecht aufrechtzuerhalten.[281] Mehr noch ist der

276 S.o. Teil 1, A., I., 2.; Schack, Urheber und Urhebervertragsrecht, Rn. 347.

277 Dreier/Schulze/Schulze, UrhG, § 2 Rn. 245.

278 Vgl. § 47 MarkenG.

279 Groß, Der Lizenzvertrag, Rn. 201; Ingerl/Rohnke, MarkenG, § 30 Rn. 57; Lüdecke/Fischer, Lizenzverträge, C 85.

280 Klauer-Möhring, PatG, § 9 Rn. 79; Lüdecke/Fischer, Lizenzverträge, C 85; Pagenberg/Beier, Lizenzverträge, S. 192 Rn. 45; Rasch, Lizenzvertrag, S. 53f.

281 Lüdecke/Fischer, Lizenzverträge, C 85.

Vermieter einer Sache zum Erhalt derselben sowie zur Tragung der auf der Mietsache ruhenden Lasten verpflichtet (§ 535 Abs. 1 Satz 2 und 3 BGB). Sähe man den Lizenzgeber als reinen Lizenzgebührenempfänger, würde dies seiner Stellung als Schutzrechtsinhaber nicht gerecht.[282] Der Lizenzgeber bleibt, unabhängig von dem Schutzrechtsanteil, der lizenziert wurde, Inhaber des Schutzrechtes. Zieht er Leistungen aus diesem Recht, hat er ähnlich einem Vermieter oder Verpächter für den Bestand des Vertragsgegenstandes zu sorgen. Der Lizenzgeber hat also unabhängig davon, ob es sich um eine einfache oder eine ausschließliche Lizenz handelt, die Schutzrechtsgebühren, die zur Aufrechterhaltung des Schutzrechtes erforderlich sind, zu zahlen.[283]

2. Verzicht auf das Schutzrecht

Gemäß § 20 Abs. 1 Nr. 1 PatG erlischt das Patent, wenn der Inhaber durch schriftliche Erklärung an das Patentamt darauf verzichtet. Die Markeneintragung im Register wird gem. § 48 Abs. 1 MarkenG gelöscht, sofern der Inhaber dies beantragt.

Verzichtet der Lizenzgeber auf sein Schutzrecht, fällt gleichzeitig der Vertragsgegenstand für die an diesem Recht bestellten Lizenzen weg. Der Lizenzgeber macht sich ggf. nach den §§ 280 Abs. 1 und 3; 283; 275 Abs. 1. BGB schadensersatzpflichtig, wenn kein spezieller Grund besteht, der den Lizenzgeber dazu veranlasst, auf das Schutzrecht zu verzichten.

Fraglich ist aber, ob der Schutzrechtsinhaber überhaupt auf das Schutzrecht verzichten kann, wenn er hieran eine Lizenz eingeräumt hat. Dahingehend wird vertreten, der Verzicht sei, obschon der Lizenzgeber grundsätzlich die gesetzliche Berechtigung innehat, ohne Zustimmung eines Dritten auf sein Schutzrecht zu verzichten, gemäß § 1071 BGB unwirksam.[284] Der ausschließliche Lizenznehmer sei wirtschaftlich gesehen der eigentliche Schutzrechtsinhaber. Je nach Umfang der Lizenz verbleibe dem Lizenzgeber nur noch das formale Schutzrecht ohne Nutzungsbefugnis.[285] Darüber hinaus sei der ausschließliche Lizenznehmer in

---

282 Kraßer/Schmid, GRUR Int. 1982, 324 (330).

283 Bartenbach, Patentlizenz- und Know-How-Vertrag, Rn. 1375; Busse/Hacker, PatG, § 15 Rn. 116; Groß, Der Lizenzvertrag, Rn. 266 und 270; Ingerl/Rohnke, MarkenG, § 30 Rn. 57.

284 Busse/Keukenschrijver, PatG, § 20 Rn. 17; Klauer-Möhring, PatG, § 9 Rn. 36; Kraßer, Patentrecht, § 26, A, I., a), 4.; Lüdecke/Fischer, Lizenzverträge, C 93, S. 270; Rasch, Lizenzvertrag, S. 76; Schulte/Schulte, PatG, § 30 Rn. 13.

285 S.o. Teil 2, A., II., 2.

dem vom Lizenzvertrag maßgeblichen Gebiet der einzige Berechtigte, was einen Vergleich zum Nießbrauch erlaube.[286]

Als Berechtigter eines Nießbrauchs kommt ausschließlich eine konkrete natürliche oder juristische Person oder rechtsfähige Personengesellschaft in Betracht.[287] Im Gegensatz zur einfachen Lizenz sei hier die Nähe zu den Vorschriften des Nießbrauchs gegeben, was eine analoge Anwendung des § 1071 BGB ermöglichen soll.[288] Nach § 1071 Abs. 1 Satz 1 BGB kann ein dem Nießbrauch unterliegendes Recht nur mit Zustimmung des Nießbrauchers durch Rechtsgeschäft aufgehoben oder geändert werden. Fehlt dessen Zustimmung, so ist die Aufhebung oder Änderung gegenüber dem Nießbraucher (relativ) unwirksam.[289]

Diese Rechtslage soll auf den Verzicht von Schutzrechten, an denen eine ausschließliche Lizenz vergeben wurde, entsprechend angewandt werden.[290] Im Vergleich zur einfachen Lizenz müsse dem Lizenznehmer mit dem „quasidinglichen" Recht eine besondere Rechtsstellung gebühren, die zur Unwirksamkeit des Verzichts gegenüber dem Lizenznehmer führe.[291]

Dagegen wird vertreten, dass die Regelung des § 1071 BGB weder direkt noch analog auf die Fälle der ausschließlichen Lizenz anwendbar sei.[292] Aus den Regelungen der §§ 20 PatG und 48 MarkenG ergibt sich eine direkt geregelte Verzichtsmöglichkeit des Schutzrechtsinhabers. Eine vergleichbare Regelung besteht im Nießbrauchrecht nicht. Darüber hinaus ist es dem Patentamt nicht ohne Weiteres möglich, die vertragliche Beziehung des Lizenzgebers mit seinem

---

286 Busse/Keukenschrijver, PatG, § 20 Rn. 17; Klauer-Möhring, PatG, § 9 Rn. 36; Kraßer, Patentrecht, § 26, A, I., a), 4.; Lüdecke/Fischer, Lizenzverträge, C 93, S. 270; Rasch, Lizenzvertrag, S. 76; Schulte/Schulte, PatG, § 30 Rn. 13.

287 Palandt/Bassenge, § 1030 Rn. 3.

288 Busse/Keukenschrijver, PatG, § 20 Rn. 17; Klauer-Möhring, PatG, § 9 Rn. 36; Kraßer, Patentrecht, § 26, A, I., a), 4.; Lüdecke/Fischer, Lizenzverträge, C 93, S. 270; Rasch, Lizenzvertrag, S. 76; Schulte/Schulte, PatG, § 30 Rn. 13.

289 Palandt/Bassenge, § 1071 Rn. 1.

290 Rasch, Lizenzvertrag, S. 76; Kraßer, Patentrecht, § 26, A, I., a) 4.; Busse/Keukenschrijver, PatG, § 20 Rn. 17; Schulte/Schulte, PatG § 30 Rn. 13; Lüdecke/Fischer, Lizenzverträge, C 93, S. 270; Klauer-Möhring, PatG, § 9 Rn. 36.

291 Rasch, Lizenzvertrag, S. 76; Kraßer, Patentrecht, § 26, A, I., a) 4.; Busse/Keukenschrijver, PatG, § 20 Rn. 17; Schulte/Schulte, PatG § 30 Rn. 13; Lüdecke/Fischer, Lizenzverträge, C 93, S. 270; Klauer-Möhring, PatG, § 9 Rn. 36; Pietzcker, PatG, § 6 Anm. 32.

292 Groß, Der Lizenzvertrag, Rn. 267; Bartenbach, Patentlizenz- und Know-How Vertrag, Rn. 1402ff.

Lizenznehmer auf Verzichtshindernisse zu überprüfen. Die Vergabe einer ausschließlichen Lizenz ist gerade nicht an eine Eintragung im Register gebunden.[293]

Zugunsten der Rechtssicherheit müsste also der Verzicht nach außen wirksam sein und im Innenverhältnis lediglich ein Schadensersatzanspruch des ausschließlichen Lizenznehmers bestehen.[294]

Hier ist der Meinung zuzustimmen, die auch dann von einem rechtswirksamen Verzicht des Lizenzgebers auf sein Schutzrecht ausgeht, wenn an diesem Schutzrecht eine ausschließliche Lizenz vergeben wurde. Der Lizenzgeber überträgt bei der ausschließlichen Lizenz das Recht jeweils nur insoweit, wie dies für die Lizenz notwendig ist. Es werden demgemäß ausschließlich Nutzungsrechtsteile des Schutzrechtes übertragen. Auch wenn diese Teilübertragung einen dinglichen Charakter hat, bleibt der Lizenzgeber alleiniger Inhaber des Schutzrechtes.[295]

Eine Anwendung der Vorschriften des Nießbrauchs scheidet mangels Vergleichbarkeit zum Recht der Lizenzen aus.[296]

3. Abwehr von Angriffen Dritter

Bei der Abwehr von Angriffen Dritter ist zwischen Angriffen, die den Bestand des Schutzrechtes betreffen und solchen, die nur die Nutzungsmöglichkeit einschränken, zu unterscheiden. Bezieht sich der Angriff auf den Bestand des Schutzrechtes, bspw. in Form einer Nichtigkeits- oder Löschungsklage, ist ohnehin nur der Schutzrechtsinhaber passivlegitimiert (§§ 81 Abs. 1 PatG; 55 Abs. 1 MarkenG). Ihm gebührt demgemäß die Verteidigung des Schutzrechtes.

Mehr Probleme bereitet die Einordnung der Lizenzgeberpflichten bei der Abwehr von bloßen Schutzrechtsverletzungen, die nur die Nutzung des Rechts beeinträchtigen. Insbesondere ist eine Unterscheidung zwischen einfacher und ausschließlicher Lizenz vorzunehmen.

a) Abwehr von Schutzrechtsverletzungen bei der einfachen Lizenz

Bei der nur schuldrechtlich wirkenden, einfachen Lizenz kann der Lizenznehmer nicht selbstständig gegen Schutzrechtsverletzungen Dritter vorgehen. Ihm

293 Mes, PatG, § 30 Rn. 32.

294 Bartenbach, Patentlizenz- und Know-How Vertrag Rn. 1402.

295 S.o. Teil 1, A., II., 2.

296 S.o. Teil 1, A., II., 3., c).

steht ein reines Nutzungsrecht zu.[297] Allein der Lizenzgeber ist in dieser Hinsicht aktivlegitimiert.

Fraglich ist jedoch, ob der Lizenzgeber aus der vertraglichen Beziehung zum Lizenznehmer verpflichtet sein kann, die Verletzungshandlungen zu verfolgen.

Der Lizenzgeber hat bei der einfachen Lizenz neben einem eigenen Nutzungsrecht auch die Möglichkeit, weitere Lizenzen zu vergeben. Auch die Vergabe sog. Freilizenzen, bei denen der Lizenznehmer keinerlei Gegenleistung erbringt, kann legitim sein. Geht der Lizenzgeber gegen Schutzrechtsverletzungen Dritter nicht vor, kommt dies der Vergabe beliebig vieler Freilizenzen gleich. Dies kann nur unter dem Gesichtspunkt von Treu und Glauben im Einzelfall dazu führen, dass der Lizenzgeber seinen Anspruch auf Zahlung der Lizenzgebühren verliert oder sich sogar schadensersatzpflichtig macht.

Eine Pflicht zum Einschreiten gegen Dritte wurde bspw. für den Fall anerkannt, dass der Lizenzgeber dem Lizenznehmer eine Meistbegünstigungsklausel eingeräumt hat.[298] In diesen Fällen liegt bei der Vergabe weiterer Freilizenzen eine Entwertung des Schutzrechtes vor. Verlangt der Lizenzgeber weiterhin vom Lizenznehmer die Zahlung der Lizenzgebühren, gesteht aber den übrigen Interessenten an der Lizenz eine freie kostenlose Nutzung zu, so verstößt dies gegen den Grundsatz von Treu und Glauben.[299] Der Lizenznehmer verliert durch die Vergabe der Freilizenzen seine sich aus dem Lizenzvertrag mit Meistbegünstigungsklausel ergebende Vorzugsstellung. Andere Konkurrenten könnten dann das Produkt im Vergleich günstiger anbieten, weil sie die zu zahlenden Lizenzgebühren nicht in ihre Preiskalkulation einbeziehen müssten.

Allgemein könnte man also die Fälle, in denen eine Pflicht des Lizenzgebers erwächst, gegen Schutzrechtsverletzungen Dritter einzuschreiten, damit beschreiben, dass eine missbräuchliche Untätigkeit des Lizenzgebers vorliegt, die den Wert der Lizenz erheblich schmälert, sodass das Verlangen nach der weiteren Zahlung von Lizenzgebühren widersprüchlich wird.[300]

---

297 S.o. Teil 1, A., II., 3.; aA Lichtenstein, GRUR 1965, 344 (346), der die Aktivlegitimation des Lizenznehmers aus einer patentrechtlichen Unterlassungsklage analog der Besitzstörungsklage aus §§ 862, 865 BGB zieht.

298 BGH v. 29.4.1965, GRUR 1965, 591 (595).

299 *In concreto: venire contra factum proprium.*

300 BGH v. 29.4.1965, GRUR 1965, 591 (595); Kraßer/Schmid, GRUR Int. 1982, 324 (331).

b) Abwehr von Angriffen Dritter bei der ausschließlichen Lizenz

Der ausschließliche Lizenznehmer hat demgegenüber im Rechtsverkehr eine besondere Stellung. Auch wenn er nicht Inhaber des Schutzrechtes wird, kommt seiner Nutzungsstellung eine quasidingliche Rechtswirkung zu.[301] Diese genießt Drittschutz, sodass der Lizenznehmer nicht auf ein Tätigwerden des Lizenzgebers angewiesen ist, um gegen Rechtsverletzungen Dritter vorzugehen.[302]

Bei der Marke ist gemäß § 30 Abs. 3 MarkenG der Lizenznehmer nur nach der vorherigen Zustimmung durch den Lizenzgeber befugt, die Markenverletzungsklage zu erheben. Darin wird teilweise lediglich eine Prozessstandschaft für den Markenrechtsinhaber gesehen.[303] Der Lizenznehmer hätte danach weder bei der einfachen noch bei der ausschließlichen Lizenz einen eigenen Anspruch auf Schadensersatz, sofern eine Markenverletzung vorliegt.

Dem ist nicht zuzustimmen. Unabhängig von dem Zustimmungsbedürfnis in § 30 Abs. 3 MarkenG ist der Gesetzgeber davon ausgegangen, dass dem Lizenznehmer einer ausschließlichen Lizenz im Falle einer Markenrechtsverletzung ein eigener Schadensersatzanspruch zusteht.[304] Diesen zu verneinen und nur von einer reinen Prozessstandschaft auszugehen, bringt weitere fragwürdige Ergebnisse mit sich. Vereinbaren die Parteien einen Ausschluss des § 30 Abs. 3 MarkenG, müsste man darin eine „Dauerprozessstandschaft" sehen, die aufgrund der vertraglichen Grundlage durch den Markenrechtsinhaber nicht mehr einseitig widerrufen werden könnte.[305]

Auch ein Vergleich zu § 32 Abs. 3 GGVO sowie § 31 Abs. 3 GeschmMG zeigt ein unbefriedigendes Ergebnis auf, wenn man davon ausginge, dass hier nur eine Prozessstandschaft vorliege. Nach den genannten Vorschriften kann der Lizenznehmer ebenfalls nur mit Zustimmung des Rechtsinhabers Klage erheben. Diese Zustimmung entfällt jedoch dann, wenn der Schutzrechtsinhaber nach der Aufforderung des Lizenznehmers und einer angemessen Frist selbst keine Klage erhebt. Dem Lizenznehmer steht dann eine uneingeschränkte Klagebefugnis zu, die im Lichte der Prozessstandschaftstheorie als „fingierte Prozessstandschaft" ausgelegt werden müsste.[306]

---

301 S.o. Teil 1, A., II., 2.

302 RG v. 17.9.1913, RGZ 83, 93 (95); BGH v. 20.12.1994, GRUR 1995, 338 (340); BGH v. 4.5.2004, GRUR 2004 758 (763).

303 BGH v. 18.10.2007, GRUR 2008, 614 (615); Ströbele/Hacker/Hacker, MarkenG, § 30 Rn. 77.

304 BT-Drucks. 12/6581, S. 86.

305 Steinbeck, GRUR 2008, 110 (113).

306 Steinbeck, GRUR 2008, 110 (113).

Es ist dementsprechend auch im Markenrecht davon auszugehen, dass der Lizenznehmer einer ausschließlichen Lizenz nach der Zustimmung des Markeninhabers einen eigenen Schadensersatzanspruch geltend machen kann.

III. Pflicht zur Enthaltung

Liegt ein Vertrag über eine ausschließliche Lizenz vor, so besteht darin für den Lizenzgeber eine Enthaltungspflicht. Er darf für seine Produkte weder die lizenzierte Marke noch mit dieser Marke verwechselbare Zeichen verwenden.[307]

Der Urheber muss es unterlassen, von seinen Verwertungsrechten Gebrauch zu machen, wenn die Verwertungshandlungen geeignet sind, seinem Lizenznehmer ernsthaft Konkurrenz zu bereiten (§§ 31 Abs. 3; 38 UrhG; 2 Abs. 1; 39 Abs. 3 VerlG).

Im Patentrecht darf der Lizenzgeber einer ausschließlichen Lizenz das Schutzrecht selbst nicht nutzen.[308]

B. Haftung des Lizenzgebers bei Leistungsstörungen

Im Rahmen des am 1.1.2002 in Kraft getretenen Schuldrechtsmodernisierungsgesetzes wurde das Leistungsstörungsrecht grundlegend verändert. Gemäß Art. 229 § 5 EGBGB gilt das alte Schuldrecht jedoch für Schuldverträge fort, die vor dem 1.1.2002 abgeschlossen wurden.

Eine Einschränkung findet diese Regel in Art. 229 § 5 Satz 2 EGBGB. Satz 1 gilt danach für Dauerschuldverhältnisse mit der Maßgabe, dass vom 1.1.2003 auch auf laufende Verträge das neue Recht anzuwenden ist. Es findet also kraft Gesetzes ein Statutenwechsel statt.

Es handelt sich bei Lizenzverträgen in der Regel um Dauerschuldverhältnisse.[309] Lediglich wenn die Parteien einen Austausch der Leistungen zu Beginn des Vertrages vereinbaren, der keine fortlaufenden Verpflichtungen begründet, könnte man eine Charakterisierung als Dauerschuldverhältnis ablehnen.[310] Bei

---

307 Ingerl/Rohnke, MarkenG, § 30 Rn. 58.

308 S.o. Teil 2, A., II., 2., a).

309 S.o. Teil 2, B., II., 1.

310 Z.B. Romanverfilmungsvertrag mit einmaliger Pauschalvergütung; vgl. Manz/Ventroni/Schneider, ZUM 2002, 409 (411).

diesen Verträgen liegt dem Grunde nach aber auch eine dauerhafte Verbindung der Vertragsparteien vor, die nur, weil der Austausch der Leistungen zu einem bestimmten Zeitpunkt erfolgte, nicht dazu führen kann, eine andere Beurteilung des Vertrages zu erlauben. Im Zweifel ist davon auszugehen, dass ein Dauerschuldverhältnis vorliegt.[311]

Haben die Vertragsparteien also vor dem 1.1.2002 einen Lizenzvertrag vereinbart, der noch heute Bestand hat, so ist darauf neues Schuldrecht anzuwenden. Lediglich wenn der Lizenzvertrag noch vor dem 1.1.2002 seinen Abschluss findet, bleibt altes Recht auf ihn anwendbar.

I. Gewährleistung

Bei der Gewährleistung im Zuge eines Lizenzvertrages ist zwischen Mängeln im Recht und Mängeln in der „Sache" zu unterscheiden. Dabei mutet es bereits befremdlich an, bei Immaterialgütern von „Sachen" zu sprechen. Gemäß § 90 BGB sind Sachen im Sinne des BGB nur körperliche Gegenstände. Auch geht das dritte Buch des BGB vom engen Sachbegriff des § 90 BGB aus und beschränkt sich damit grundsätzlich auf körperliche Gegenstände.[312] Es umfasst aber auch Regelungen zu Nießbrauch und Pfandrecht an Rechten und wird somit seinem Titel selbst nicht in letzter Konsequenz gerecht.[313] Gerade aber der allgemeine Teil des BGB versteht unter einer Sache mehr als nur körperliche Gegenstände nach § 90 BGB.[314] So werden Vorschriften aus dem Schuldrecht auf den Unternehmenskauf oder unkörperliche Gegenstände wie Energie angewandt, obwohl sie sich gerade auf den Sachbegriff beziehen.[315] Immaterialgüterrechte zählen daher zu den nichtkörperlichen Rechtsgegenständen, was eine Verwendung des Sachbegriffs erlaubt.[316]

Die Einräumung eines Nutzungsrechts erschöpft sich nicht lediglich in der Rechtseinräumung eines Nutzungsrechts an dem geschützten Gut. Das Gut selbst muss gewisse Anforderungen erfüllen, die noch genauer zu differenzieren sind.[317]

---

311 Vgl. auch die Darstellung bei Manz/Ventroni/Schneider, ZUM 2002, 409 (409ff.).

312 MüKo/Gaier, Band 6, Einl. Rn. 3; McGuire, Die Lizenz, S. 149 – wobei McGuire zwar vom fünften Buch spricht, aber offenbar das dritte Buch meint.

313 Fischer, GRUR 1927, 738 (742); McGuire, Die Lizenz, S. 149.

314 Fritzsche, BeckOK BGB, § 90 Rn. 2.

315 RG v. 16.12.1907, RGZ 67, 229 (231f.); RG v. 26.1.1909, RGZ 70, 220, (224); Fritzsche, BeckOK BGB, § 90 Rn. 2.

316 MüKo/Stresemann, Band 1, § 90 Rn. 6; Fritzsche, BeckOK BGB, § 90 Rn. 18f.

317 S.u. Teil 3, B., IV., 2.

Mängel am geschützten Werk und an der patentierten Erfindung werden allgemein als Sachmängel verstanden.[318]

Darüber hinaus sind jedoch gerade Rechtsmängel des Lizenzgegenstandes denkbar. Hier ist deutlich die Abgrenzung des Rechtsmangels zur Unmöglichkeit vorzunehmen. Bevor dies Gegenstand der Diskussion wird, wird zunächst erläutert, welche Vorschriften anzuwenden sind.

1. Die anwendbaren Vorschriften

Die Frage, nach welchen gesetzlichen Vorschriften der Lizenzgeber zu haften hat, ist umstritten. Das Ergebnis hinsichtlich der Rechtsnatur des Lizenzvertrages bietet keine Argumente, um den Streit zu beenden. Aus der Feststellung heraus, dass es sich bei einem Lizenzvertrag um einen Vertrag *sui generis* handelt, kann für sich genommen noch keine Lösung für die rechtliche Ausgestaltung eines solchen Vertrages gezogen werden.[319] Mangels spezialgesetzlicher Vorschriften für Immaterialgüterschutzrechte bietet es sich demnach nur an, die Vorschrift für Leistungsstörungen aus dem allgemeinen und dem besonderen Schuldrecht heranzuziehen und in geeigneter Weise auf den Lizenzvertrag anzuwenden. Im Folgenden werden die verschiedenen Auffassungen dargelegt.

a) Kaufrecht

Die Literatur vertritt zumeist die Ansicht, die Gewährleistung beim Lizenzvertrag müsse nach kaufrechtlichen Vorschriften (§§ 433ff. BGB) behandelt werden.[320]

Nach dieser Auffassung besteht für den Lizenzgeber gemäß § 433 Abs. 1 Satz 2 BGB analog die Pflicht, das lizenzierte Recht frei von Sach- und Rechtsmängeln zu verschaffen.[321] Eine Unterscheidung zwischen Sachmängeln und Rechtsmängeln wird durch die ausdrückliche Gleichsetzung nicht mehr vorgenommen. Im Falle eines Sach- oder Rechtsmangels würde der Lizenzgeber demzufolge gemäß §§ 453 Abs. 1; 433 Abs. 1 Satz 1; 275 Abs. 1, Abs. 3; 280 Abs. 1; 283 BGB analog haften. Auch eine Beeinträchtigung des Lizenzrechtes durch Rechte Dritter würde

318 Groß, Der Lizenzvertrag, Rn. 291; Schricker/Loewenheim, UrhG, § 31 Rn. 30.

319 S.o. Teil 2, B., II.; McGuire, Die Lizenz, S. 686.

320 Nirk, GRUR 1970, 329 (333); Kraßer/Schmid, GRUR Int. 1982, 324 (336f.); Mes, PatG, § 15 Rn. 49; Haedicke, Rechtskauf und Rechtsmängelhaftung, S. 102ff., 107.

321 Nirk, GRUR 1970, 329 (333); Kraßer/Schmid, GRUR Int. 1982, 324 (336f.); Mes, PatG, § 15 Rn. 49.

nach dieser Auffassung zu einer Haftung des Lizenzgebers aus §§ 453 Abs. 1; 435 Satz 1; 433 Abs. 1 Satz 2 BGB analog führen. Ob eine Beeinträchtigung gegeben ist, muss danach beurteilt werden, wie stark das im Lizenzvertrag vereinbarte Recht ist.

Weicht das übertragene Recht von der Vereinbarung ab, so hat nach dieser Meinung der Lizenznehmer einen Nacherfüllungsanspruch aus §§ 453 Abs. 1; 437 Nr. 1; 439 BGB analog, ein Rücktrittsrecht aus §§ 453 Abs. 1; 437 Nr. 2; 440; 323; 326 Abs. 5 BGB analog, ein Minderungsrecht aus §§ 453 Abs. 1; 437 Nr. 2; 441 BGB analog sowie schließlich die Schadensersatzansprüche nach §§ 453 Abs. 1; 437 Nr. 3; 440; 280; 281; 283; 311a BGB analog bzw. einen Anspruch auf Ersatz vergeblicher Aufwendungen aus §§ 453 Abs. 1; 437 Nr. 3; 284 BGB analog.[322]

Das Kaufrecht verweist demzufolge auf der einen Seite auf die allgemeinen Vorschriften zum Leistungsstörungsrecht. Dadurch wird auch eine Haftung bei nur fahrlässigem Handeln des Schuldners möglich.[323] Auf der anderen Seite ist zu berücksichtigen, dass der Käufer gemäß §§ 437 Nr. 3; 281 BGB grundsätzlich eine Frist zur Geltendmachung seiner Rechte setzen muss, was dem Verkäufer ein Recht zur zweiten Andienung verschafft.

b) Pacht-/Mietrecht

Neben den kaufrechtlichen Vorschriften kommt insbesondere eine Anwendung miet- und pachtrechtlicher Vorschriften in Betracht.[324]

Bei der Rechtspacht liegt ein Rechtsmangel in Anwendung der §§ 581 Abs. 2 BGB i. V. m. § 536 Abs. 3 bzw. § 536c Abs. 1 Satz 2 BGB erst dann vor, wenn sich das Recht eines Dritten an der vermieteten bzw. verpachteten Sache als Gebrauchshindernis für den Mieter ausgewirkt hat. Dabei reicht es aus, wenn der Rechtsinhaber androht, sein Recht geltend zu machen.[325]

Ein Sachmangel ist dann gegeben, wenn die Sache eine Beschaffenheit aufweist, die die Tauglichkeit zum vertragsgemäßen Gebrauch aufhebt oder einschränkt (§ 581 Abs. 2; 536 Abs. 1 Satz 1 BGB).

Liegt ein Mangel vor, so hat nach dieser Variante der Lizenznehmer gem. § 581 Abs. 2 BGB i. V. m. § 536 BGB ein Leistungsverweigerungsrecht, das sich auf den

---

322 Vgl. B. Bartenbach, Mitt. 2003, S. 102 (109).

323 Ann/Barona, S. 41 Rn. 151.

324 Baur, ZHR 1966, S. 1 (9ff.); Groß, Der Lizenzvertrag, Rn. 330; Kraßer/Schmid, GRUR Int. 1982, 324 (336).

325 BGH v. 30.10.1974, NJW 1975, 44 (46); BGH v. 18.1.1995, NJW-RR 1995, 715 (715).

Zeitraum erstreckt, in dem die Nutzung der Lizenz vollständig ausgeschlossen ist. Liegt lediglich eine geminderte Nutzungsmöglichkeit vor, so ist auch die Zahlung der Lizenzgebühr von Gesetzes wegen gemindert (§ 581 Abs. 2; 536 BGB).

Die Begrenzung der Minderung auf den Zeitraum, in dem die Nutzungsmöglichkeit eingeschränkt war, wird dem Charakter des Lizenzvertrages als Dauerschuldverhältnis besser gerecht als die kaufrechtliche Regelung, bei der die Ausübung der Minderung ein einmaliger, sich auf den kompletten Vertrag erstreckender Vorgang ist. Treten Mängel auf, hat der Lizenzgeber die Möglichkeit, diese zu beheben, um den Vertrag als solchen zu retten.

Dies ist seit der Schuldrechtsreform zwar auch im Kaufrecht durch Einführung des Fristsetzungserfordernisses bei Rücktritt und Minderung möglich, dennoch ist die Frage zu stellen, wie unterschiedliche Beeinträchtigungsgrade in verschiedenen Zeitperioden zu behandeln sind. Bei den Pachtvorschriften ist dies durch den unmissverständlichen Wortlaut des § 536 Abs. 1 Satz 1 BGB klar. Die Minderung ist entsprechend dem Zeitraum, in dem der Mangel bestand, zu berechnen.

Bei analoger Anwendung der kaufrechtlichen Vorschriften dagegen muss man sich zur Berechnung der Höhe der Minderung an § 441 Abs. 3 BGB orientieren, der lediglich vom Wert der Sache in mangelfreiem Zustand und dem wirklichen Wert der Sache spricht. Ein Zeitmoment kann dieser Vorschrift nicht entnommen werden.

Schadensersatz erhält der Lizenznehmer gemäß § 536a BGB. Dabei haftet der Lizenzgeber für die bei Vertragsschluss vorliegenden Mängel verschuldensunabhängig.[326] Eine außerordentliche Kündigung ist unter den zusätzlichen Voraussetzungen des § 543 BGB möglich.

c) Rechtsprechung

Die Rechtsprechung hat im Laufe der Zeit keine klare Linie erkennen lassen.[327] Zunächst wurde versucht, über die Natur des Vertrages ein Leistungsverweigerungsrecht des Lizenznehmers für den Fall zu konstruieren, dass die Lizenz nicht genutzt werden konnte.[328] Später stellte man dann auf den Grundsatz von Treu und Glauben ab[329], um sodann sowohl eine analoge Anwendung der Regelungen

326 Palandt/Weidenkaff, § 536a Rn 9.

327 Vgl. Groß, Der Lizenzvertrag Rn. 309ff.; Ingerl/Rohnke, MarkenG, § 30 Rn. 60; Osterrieth, Patentrecht, Rn. 374ff.

328 RG v. 1.3.1911, RGZ 75, 400 (402f.).

329 RG v. 29.4.1931, MuW 1931, 441 (442).

für das Kauf-, Miet- und Pachtrecht zu vertreten[330] als auch auf die allgemeinen Vorschriften für gegenseitige Verträge zurückzugreifen.[331] Der Lizenzgeber soll danach auch für anfängliches Unvermögen ohne eine spezielle Zusicherung auf Schadensersatz wegen Nichterfüllung haften, wenn die Lizenz für den vertraglich vorgesehenen Zweck unbrauchbar ist.[332]

Auch ein Rücktritt soll nur dann möglich sein, wenn sich endgültig herausstellt, dass die überlassene Erfindung technisch unbrauchbar ist.[333] Dies gilt jedoch nur, „sofern sich nicht aus den Umständen des Falles eine andere Risikoverteilung ergibt“[334].

Aufgrund dieser uneinheitlichen Betrachtungsweisen und der Tatsache, dass selbst bei einer Favorisierung eines Lösungsweges für einen Fall dieser nur für den speziellen Fall gelten soll und keine Allgemeingültigkeit beanspruchen darf, zeigt sich, dass bei der Frage der Haftung des Lizenzgebers aufgrund der zahlreichen Möglichkeiten, die Lizenzverträge in sich bergen, die Einzelfallgerechtigkeit über eine allgemeine Rechtssicherheit gestellt wird.

Die Verwendung der allgemeinen Rechtsbegriffe wie Treu und Glauben[335] oder der Bezeichnung der „billigen Verteilung des Risikos“ als „der springende Punkt“[336] hat im Ergebnis dazu geführt, dass sich die Vertragsparteien mangels Sicherheit in Bezug auf die Rechtsprechung auf sich allein gestellt sahen. Im Ergebnis wird dadurch die Notwendigkeit geschaffen, bereits im Vorfeld alle denkbaren Vertragsszenarien durchzuspielen und vertraglich zu regeln.[337]

d) Stellungnahme

Der Lizenzvertrag stellt eine atypische selbstständige Vertragsfigur dar, die sich an den Grundprinzipien der dem BGB bekannten Vertragsmodelle, insbesondere denen der Pacht und des Kaufes, orientiert.[338]

330 BGH v. 11.6.1970, GRUR 1970, 547 (549).
331 BGH v. 28.6.1979, GRUR 1979, 768 (769).
332 BGH v. 28.6.1979, GRUR 1979, 768 (769).
333 BGH v. 1.12.1964, GRUR 1965, 298 (301).
334 BGH v. 28.6.1979, GRUR 1979, 768 (769).
335 RG v. 29.4.1931, MuW 1931, 441 (442).
336 Pietzcker, PatG, § 6 Anm. 35.
337 Vgl. zur uneinheitlichen Beurteilung der Rechtsprechung auch BGH v. 12.1.1961, GRUR 1961, 494 (495); BGH v. 1.12.1964, GRUR 1965, 298 (301).
338 RG v. 19.10.1926, RGZ 115, 17 (20); RG v. 4.2.1927, RGZ 116, 78 (82); RG v. 28.9.1928, RGZ 122, 70 (73); BGH v. 17.11.2005, GRUR 2006, 435 (437); Forkel,

Bei der Frage nach den anwendbaren Vorschriften bei der Mängelgewähr ergeben sich jedoch diverse Vorteile für die Anwendung pachtrechtlicher Vorschriften. Liegt bspw. ein Rechtsmangel aufgrund entgegenstehender Rechte Dritter vor, so würde nach Kaufrecht auch dann eine Mängelgewährleistung eintreten, wenn sich die Rechte des Dritten nicht auswirken. Nach § 435 BGB liegt beim bloßen Vorhandensein von Drittrechten ein Rechtsmangel vor. Die Vorschriften aus dem Pachtrecht werden der Lizenzierung von Immaterialgüterrechten hier eher gerecht als andere Vorschriften aus dem BGB. Nach § 581 Abs. 2 BGB i. V. m. § 536c Abs. 1 Satz 2 BGB liegt ein Rechtsmangel erst dann vor, wenn sich das Recht des Dritten an der vermieteten bzw. verpachteten Sache als Gebrauchshindernis für den Mieter ausgewirkt hat. Dabei reicht es aus, wenn der Rechtsinhaber androht, sein Recht geltend zu machen.[339] Das bloße Vorhandensein von Drittrechten allein reicht hierfür noch nicht aus.

Die Anwendung pachtrechtlicher Vorschriften auf einen Lizenzvertrag ist eher geeignet, diesem besonderen Vertragstypus gerecht zu werden, als es kaufrechtliche Normen vermögen. Der Lizenznehmer hat keinen Grund, Gewährleistung zu verlangen, wenn er in der Ausübung des eingeräumten Nutzungsrechts nicht eingeschränkt war. Erst wenn ein Dritter androht, seine Rechte geltend zu machen, wird die Einschränkung für den Lizenznehmer offenbar. Erst zu diesem Zeitpunkt wirkt sich das Drittrecht aus, weshalb auch erst dann von einem Rechtsmangel gesprochen werden kann.[340]

Auch der Dauerschuldcharakter des Lizenzvertrages wird durch die Anwendung der pachtrechtlichen Vorschriften besser repräsentiert als dies beim Kaufrecht der Fall ist. Schon bei der Berechnung der Minderung bietet das Pachtrecht die besseren Möglichkeiten, den Interessen der Parteien gerecht zu werden.[341]

Nach der hier vertretenen Auffassung ist demnach der Anwendung pachtrechtlicher Vorschriften der Vorzug vor der Anwendung kaufrechtlicher Vorschriften zu geben, wenngleich ein völliger Ausschluss der Grundsätze aus dem Kaufrecht nicht angezeigt ist.

NJW 1990, 2805 (2805); Groß, Der Lizenzvertrag, Rn. 24; Rasch, Lizenzvertrag, S. 4f.; s.o. Teil 2, B., II., 5.

339 BGH v. 30.10.1974, NJW 1975, 44 (46); BGH v. 18.1.1995, NJW-RR 1995, 715 (715).

340 BGH v. 30.10.1974, NJW 1975, 44 (46); BGH v. 18.1.1995, NJW-RR 1995, 715 (715).

341 S.o. Teil 3, B., I., 1., b).

2. Definition des Rechtsmangels bei Immaterialgüterrechten

Bei Rechtsmängeln ist zwischen den Mängeln, die der Verfügungsbefugnis des Lizenzgebers innewohnen, und solchen, die durch entgegenstehende Rechte Dritter bestehen, zu unterscheiden. Kann der Lizenzgeber das Schutzrecht mangels eigener Verfügungsbefugnis nicht vertragsgemäß einräumen oder liegt bereits eine eingeschränkte Schutzfähigkeit des Rechts vor, so stellt sich die Frage, ob darin ein Rechtsmangel oder eine Unmöglichkeit der Leistung zu sehen ist. Darüber hinaus kommen entgegenstehende Rechte Dritter, die nicht die Verfügungsbefugnis betreffen, in Betracht.

a) Fehlende Rechtsinhaberschaft als Rechtsmangel?

Ein Verpächter muss nicht zwangsläufig Eigentümer der Pachtsache sein. Gemäß § 581 Abs. 2 BGB i. V. m. § 536 Abs. 3 bzw. § 536c Abs. 1 Satz 2 BGB muss, damit ein Rechtsmangel vorliegt, dem Pächter der vertragsgemäße Gebrauch an der Pachtsache durch das Recht des Dritten ganz oder teilweise entzogen worden sein. Dabei reicht es jedoch aus, wenn der Dritte seinen Anspruch dem Pächter gegenüber androht.[342] Wenn also ein Nichteigentümer eine Pachtsache ohne Befugnis verpachtet, liegt so lange kein Rechtsmangel vor, wie der Berechtigte die Verpachtung duldet. Gleiches gilt, wenn der Verpächter die Pachtsache neben dem Pächter an einen Dritten gleichzeitig verpachtet hat. Erst wenn der Dritte die Pachtsache derart in Gebrauch nimmt, dass der Pächter in seinem Gebrauch der Pachtsache eingeschränkt ist, liegt ein Rechtsmangel vor.[343]

Überträgt man diesen Grundsatz auf das Immaterialgüterrecht, so müsste man annehmen, dass eine Lizenz an einem Immaterialgüterrecht auch ohne Berechtigung des Lizenzgebers so lange wirksam ist, wie der Berechtigte die erteilte Lizenz duldet. Fraglich ist aber, ob die Eigentümereigenschaft im Pachtrecht mit der Rechtsinhaberschaft bei Immaterialgütern derart vergleichbar ist, dass eine gleiche Beurteilung der Rechtslage angezeigt ist.

Bei Lizenzverträgen an Immaterialgütern besteht der Vertragsgegenstand in der Einräumung eines Nutzungsrechts. Immaterialgüter sind ubiquitär. Sie können mehrfach nebeneinander benutzt werden, ohne dass die einzelnen Nutzer zwangsläufig in ihrem Gebrauch eingeschränkt wären. Lizenziert aber der angebliche

342 BGH v. 30.10.1974, NJW 1975, 44 (46); BGH v. 18.1.1995, NJW-RR 1995, 715 (715).

343 BGH v. 5.7.1991, NJW 1991, 3277 (3277).

Inhaber eines Schutzrechtes dieses an den Lizenznehmer, obwohl ein Dritter Inhaber des Schutzrechtes ist, so verfügt er über ein ihm nicht gehörendes Gut. Dies ist zwar auch bei der Verpachtung fremden Eigentums der Fall, der Unterschied liegt aber darin, dass der Pächter tatsächlich in den Besitz der Pachtsache gebracht wird.

Bei Immaterialgütern kann nur insoweit von einem „tatsächlichen Besitz" die Rede sein, wie man sich gedanklich auf die Verkörperung des Rechts stützt. So kann ein Filmvorführer zwar in den Besitz des Filmstreifens gelangen, er erhält aber keinen Besitz an dem Urheberrecht.[344] Wenn der Lizenznehmer keinen Besitz an dem Urheberrecht erhält, kann auch nicht von einer Gebrauchsbeeinträchtigung gesprochen werden, wenn ein Dritter Inhaber des Rechts ist. Der vermeintliche Lizenzgeber ist schon nicht in der Lage, ein Recht einzuräumen.

Ist also ein Dritter Inhaber des lizenzierten Schutzrechtes oder besteht das Schutzrecht wider Erwarten überhaupt nicht, so liegt kein Mangel im Recht, sondern eine subjektive bzw. objektive Unmöglichkeit nach § 275 Abs. 1 BGB vor.[345]

b) Entgegenstehende Rechte Dritter als Rechtsmangel

Geht man davon aus, dass nur Rechte Dritter als Rechtsmangel in Betracht kommen, die nicht die Verfügungsbefugnis des Lizenzgebers betreffen, so sind folgende entgegenstehende Rechte Dritter als potenzielle Rechtsmängel in Betracht zu ziehen.

aa) Doppellizenzierung

Wird eine rein schuldrechtlich wirkende Lizenz erteilt, so besteht die Gefahr der Doppellizenzierung seitens des Lizenzgebers. Bei der ausschließlichen Lizenz ist ein Fall der Doppellizenz deshalb nicht möglich, weil der Lizenzgeber seine Einräumungsbefugnis nach der Erteilung einer ausschließlichen Lizenz verliert. Eine weitere ausschließliche Lizenz wäre demnach eine Verfügung vom Nichtberechtigten und damit unwirksam.[346]

Bei der einfachen Lizenz dagegen kann eine Vielzahl von weiteren Lizenzen erteilt werden.[347] Es ist gerade Inhalt einer einfachen Lizenz, dass sich der

344 BGH v. 15.6.1951, GRUR 1951, 471 (473); vgl. Eidenmüller, NJW 2002, 1625 (1626).

345 BGH v. 15.6.1951, GRUR 1951, 471 (474); vgl. Eidenmüller, NJW 2002, 1625 (1626).

346 S.o. Teil 2, A., II., 2.

347 S.o. Teil 2, A., II., 3.

Lizenzgeber ein eigenes Nutzungsrecht zurückbehält oder weitere Lizenzen erteilt. Lediglich bei der Doppellizenzierung einer einfachen Lizenz mit Meistbegünstigungsklausel könnte man von einem Rechtsmangel durch Doppellizenzierung ausgehen, wenn der Lizenznehmer durch den Dritten in seinem Gebrauch der Lizenz eingeschränkt wird.[348]

bb) Patentrechtliches Vorbenutzungsrecht

Vorbenutzungsrechte entstehen, wenn Erfindungen bereits vor der Patentanmeldung in Gebrauch genommen werden. Die Person, die für sich ein Vorbenutzungsrecht reklamiert, muss dabei einen sog. Erfindungsbesitz innehaben sowie die Erfindung benutzen bzw. feste Anstalten machen, die Erfindung in naher Zukunft ernstlich gewerblich zu verwenden.[349]

Liegen die Voraussetzungen für die Entstehung eines Vorbenutzungsrechts vor, so treten gem. § 12 Abs. 1 PatG die Wirkungen des Patents gegenüber dem Inhaber des Vorbenutzungsrechts nicht ein. Die Erfindung kann dann vom Benutzer ohne die Zahlung etwaiger Lizenzgebühren genutzt werden. Darin ist für den Lizenznehmer einer ausschließlichen Lizenz ein Rechtsmangel zu sehen. Bei der Vergabe einer einfachen Lizenz dagegen entfällt die Mangelhaftigkeit des Schutzrechtes. Der Lizenznehmer hat ohnehin keine ausschließliche Stellung inne und muss mit weiteren Konkurrenten, die von demselben Schutzrecht Gebrauch machen, rechnen.[350]

cc) Abhängigkeit

Ein Mangel im Recht kann auch dann vorliegen, wenn das lizenzierte Schutzrecht von einem anderen Schutzrecht abhängt, dessen Inhaber die Nutzung seines Rechts verweigert.[351]

Diese Konstellation kann dann vorkommen, wenn auf der Grundlage eines älteren Patents eine Weiterentwicklung eintritt, die so different vom ursprünglichen Patent ist, dass sie eine neue Patentanmeldung erlaubt, die Nutzung der neuen Erfindung ohne eine Nutzung der alten Erfindung aber nicht möglich ist.[352] Die Abhängigkeit einer neuen Erfindung von einer bereits bestehenden

348 S.o. Teil 3, A., II., 3.; a) und Teil 3, B., I., 1., d).

349 Reimer/Nastelski, PatG, § 6 Anm. 62 zu Rn. 1ff.; Groß, Der Lizenzvertrag, Rn. 345.

350 RG GRUR 1936, 1056 (1057); Henn, Patent- und Know-how-Lizenzvertrag, Rn. 319.

351 BGH v. 13.2.1962, GRUR 1962, 370 (374); Henn, Patent- und Know-how-Lizenzvertrag, Rn. 319; Bartenbach, Patentlizenz- und Know-how-Vertrag, Rn. 1539.

352 Osterrieth, Patentrecht, Rn. 293.

Erfindung hindert nicht ihre Anmeldung zum Patent.[353] Zwar darf dem Erfinder durch die Weiterentwicklung seines Patents nicht der in § 9 PatG gesicherte Schutz abhanden kommen, dennoch muss es möglich bleiben, Fortentwicklungen an Erfindungen vorzunehmen. Dabei kann es sich um selbstständige Elemente oder um konkretisierte Merkmale handeln, die in der älteren Erfindung enthalten sind und für den Fachmann als solche erkennbar sind.[354] Handelt es sich um Abwandlungen, so ist zu prüfen, ob der neue Lösungsvorschlag derart auf der in der patentierten Erfindung enthaltenen Lösung beruht, dass dem Fachmann ein Bezug zu der älteren Erfindung nahe liegt.[355] Ist es ihm möglich den angestrebten Erfolg anhand der Beschreibungen im Patent mit anderen Mitteln gleichwertig zu bewirken, so fallen die Abwandlungen ebenfalls unter den bereits bestehenden Patentschutz.[356]

Liegt eine Abhängigkeit eines Patents vor und verweigert der Altrechtsinhaber die Nutzung seines Patents, so liegt ein Rechtsmangel vor, für den der Lizenzgeber verschuldensunabhängig zu haften hat.[357] Sind die Voraussetzung einer Zwangslizenzerteilung nach § 24 Abs. 2 PatG nicht gegeben und beeinträchtigt dies den Lizenznehmer, so kann er eine der Beeinträchtigung entsprechende Minderung verlangen[358], Schadensersatz wegen Nichterfüllung verlangen bzw. nach dem Ablauf einer angemessenen Behebungsfrist fristlos den Vertrag kündigen.[359]

Das Problem an dieser Lösung liegt darin, dass der Lizenzgeber oft die Abhängigkeit des Patents nicht kennt und somit eine unbillige Härte bei dem Versuch der Mängelbeseitigung erfährt. Aus diesem Grund wurde vertreten, dass bei Abhängigkeiten, die dem Lizenzgeber unbekannt waren, ein stillschweigender Ausschluss der Mängelgewähr für Mängel, die aus einer Abhängigkeit resultieren, gelten soll.[360] Heute kann dieses Problem durch das kodifizierte Rechtsinstitut der Störung der Geschäftsgrundlage (§ 313 BGB) zufriedenstellend gelöst werden. Ein stillschweigender Ausschluss der Mängelgewähr muss nicht mehr angenommen werden.[361]

---

353 Osterrieth, Patentrecht, Rn. 293.

354 BGH v. 12.7.1990, GRUR 1991, 436 (440).

355 BGH v. 17.3.1994, GRUR 1994, 597 (599).

356 BGH v. 29.4.1986, GRUR 1986, 803 (805).

357 Henn, Patent- und Know-how-Lizenzvertrag, Rn. 319.

358 §§ 581 Abs. 2, 536 BGB.

359 §§ 581 Abs. 2, 536a, 543 BGB.

360 Kraßer/Schmid, GRUR Int. 1982, 324 (340).

361 Henn, Patent- und Know-how-Lizenzvertrag, Rn. 320.

dd) Weitere Einschränkungen

Ähnlichkeit zur Abhängigkeit eines Patents hat auch die Situation, dass das Produkt selbst als Ergebnis des lizenzierten Verfahrens unter das Schutzrecht eines Dritten fällt. Wenn das mittels einer verkauften Maschine hergestellte Produkt unter das Schutzrecht eines Dritten fällt und somit ein Vertrieb der Herstellungsmaschine bzw. des Verfahrens erheblich erschwert wird, liegt eine weitere Einschränkung der Verfügungsbefugnis des Lizenzgebers vor.[362]

Auch das Bestehen einer Zwangslizenz oder einer gesetzlichen Lizenz (§ 24 PatG; §§ 45a, 46, 47, 49, 52, 52a, 52b, 53 und 54ff. UrhG) stellt einen Rechtsmangel dar. Der Schutzrechtsinhaber hat aus der jeweils genannten Vorschrift automatisch einen Anspruch auf eine angemessene Vergütung. Da er aber sein Schutzrecht bereits wirksam vertreibt und eine darüber hinausgehende Nutzung für ihn grundsätzlich nicht möglich ist, kann der Lizenznehmer, der die neue Lizenz neben sich dulden muss, gemäß § 285 BGB die angemessene Vergütung als Entschädigung verlangen.

3. Definition des Sachmangels bei Immaterialgüterrechten

a) Technische Schutzrechte

Bei technischen Schutzrechten hat der Lizenzgeber zunächst für alle zugesicherten Eigenschaften sowie für die vertragsgemäße Brauchbarkeit der Erfindung einzustehen.[363] Dabei wird diese Verpflichtung teilweise aus einer entsprechenden Anwendung der kauf-, miet- und pachtrechtlichen Vorschriften (§§ 437 Nr. 3, 536a und 581 BGB)[364] hergeleitet, teilweise wird die Anwendung der Vorschriften über gegenseitige Verträge bevorzugt (§§ 320ff. BGB)[365].

Unabhängig von den anwendbaren Vorschriften ist die Feststellung zu treffen, in welchem Fall der Lizenzgegenstand fehlerbehaftet ist. Dies muss, wenn keine dahingehenden Vereinbarungen der Parteien bestehen, anhand einer Definition über die technische Brauchbarkeit einer Erfindung geführt werden.[366]

---

362 RG v. 7.1.1888, RGZ 20, 94 (96).

363 BGH v. 11.6.1970, GRUR 1970, 547 (549); BGH v. 26.11.1954, GRUR 1955, 338 (340); Lüdecke/Fischer, Lizenzverträge, B3; Malzer, GRUR 1971, 96 (96).

364 Vgl. BGH v. 11.6.1970, GRUR 1970, 547 (549).

365 RG v. 21.10.1908, RGZ 69, 355 (357); BGH v. 28.6.1979, GRUR 1979, 768 (769); BGH v. 16.12.1952, BGHZ 8, 222 (232).

366 Vgl. Nirk, GRUR 1970, 329 (332); zum Begriff der technischen Brauchbarkeit i. S. d. technischen Ausführbarkeit vgl. Pietzcker, PatG, § 6 Anm. 12, 22 und 35.

Der Begriff der technischen Brauchbarkeit ist mangels gesetzlicher Regelung von Rechtsprechung und Literatur selbstständig zu konkretisieren. Teilweise wird unter technischer Brauchbarkeit die Eignung verstanden, das gesetzte technische Ziel zu erreichen[367], teilweise wird die Möglichkeit gesehen, das konkret fokussierte Problem unter Verwendung der angegebenen Mittel zu lösen.[368]

Andere Meinungen gehen dahin, lediglich von der Ausführbarkeit der Erfindung zu sprechen und die Begriffe „technische Ausführbarkeit" und „technische Brauchbarkeit" aufzugeben.[369] Eine Unterscheidung zwischen technischer Brauchbarkeit und technischer Ausführbarkeit würde dann nämlich zu dem Problem führen, dass unter dem Begriff der technischen Brauchbarkeit zwei verschiedene Dinge verstanden werden könnten, zum einen die technische Brauchbarkeit i. S. e. Leistungsfähigkeit und zum anderen die allgemeine Brauchbarkeit i. S. e. Nützlichkeit.[370]

Die Rechtsprechung hat sich im Zuge dieser Diskussion relativ früh für das Kriterium der technischen Ausführbarkeit ausgesprochen, das auch in dieser Arbeit vertreten wird.[371] Diese vom Reichsgericht aufgestellte Wertung wurde später auch vom BGH übernommen.[372] Ob eine Erfindung gewerblich verwertbar ist, liegt demnach ausschließlich in der Risikosphäre des Lizenznehmers. Der Lizenzgeber hat lediglich dafür einzustehen, dass die Erfindung technisch wie beschrieben realisierbar ist. Dabei müssen nicht zwangsläufig alle Erwartungen der Vertragsparteien erfüllt werden.[373] Insbesondere bei Verfahren, die noch nicht völlig ausgereift sind, besteht keine Verpflichtung, eine absolute Zuverlässigkeit zu gewährleisten.[374] Lediglich bei Sicherheitsvorrichtungen zum Schutze vor Personenschäden kann man diese absolute Zuverlässigkeit verlangen.[375]

Ist die Erfindung technisch nicht ausführbar, kann der Lizenznehmer dem Lizenzgeber die technische Wertlosigkeit der Erfindung entgegenhalten und bei Unbrauchbarkeit des Erzeugnisses die Zahlung der Lizenzgebühren verweigern.[376] Eine Zahlungsverweigerung aufseiten des Lizenznehmers ist auch für den Fall

---

367 Lindenmaier/Weiss, § 9 Anm. 19.
368 Rasch, Lizenzvertrag, S. 22ff.
369 Reimer/Reimer, PatG, § 9 Anm. Rn. 37; Klauer-Möhring, PatG, § 9 Rn. 73.
370 Vgl. Reimer/Nastelski, PatG, § 1 Anm. 20f.; Reimer/Reimer, PatG, § 9 Anm. 37.
371 RG v. 1.3.1911, RGZ 75, 400 (402).
372 BGH v. 26.11.1954, GRUR 1955, 338 (341).
373 BGH v. 28.6. 1979, GRUR 1979, 768 (770).
374 RG v. 29.4.1931, MuW 1931, 441 (442).
375 RG v. 1.3.1911, RGZ 75 400 (401).
376 RG v. 13.11.1912, MuW 1912, 284 (285).

möglich, dass der Lizenzgeber dem Lizenznehmer nicht die tatsächliche Möglichkeit einräumt, die lizenzierte Erfindung zu nutzen und so den mit dem Schutzrecht erstrebten Erfolg mit den Mitteln des Schutzrechtes zu erreichen.[377]

b) Urheberrechte

Auch im Urheberrecht wird eine Sachmängelhaftung teils aus den Vorschriften über die Miete/Pacht gezogen, teils werden kaufrechtliche Vorschriften zur Anwendung gebracht.[378]

Ist der Gegenstand, an dem ein Nutzungsrecht eingeräumt werden soll, noch nicht erschaffen, können auch werkvertragliche Vorschriften in Betracht kommen (§§ 633ff. BGB).[379]

Ein Sachmangel kann bei künstlerischen Werken gegeben sein, wenn mit dem Künstler strenge Auflagen für die Herstellung des Werkes vereinbart wurden und der Künstler hiervon abweicht.[380] Im Übrigen ist von einem weiten gestalterischen Freiraum des Künstlers auszugehen, der grundsätzlich einen Sachmangel am urheberrechtlich geschützten Werk ausschließt.[381]

Bei Verträgen über Software kann ein Sachmangel gegeben sein, wenn das zur Nutzung der Software erforderliche Handbuch fehlerhaft ist[382] oder Viren bzw. Programmierfehler zu einem gestörten Programmablauf führen.[383]

Ist eine geistige oder wissenschaftliche Arbeit Gegenstand des Vertrages und soll diese verlegt werden, so kann der Verleger, dem die Nutzungsrechte eingeräumt werden, in der Regel keine inhaltlichen Mängel geltend machen. Dem Verfasser steht es, sofern keine entsprechenden vertraglichen Vereinbarungen getroffen wurden frei, zu entscheiden, welchen wissenschaftlichen Gebieten er sich in welchem Umfang zuwendet, solange er das versprochene Thema umfassend bearbeitet. Ein Lehrbuch zum Strafrecht muss daher auch zur Verjährung und zum Strafantrag, wenn auch nur in kurzer Form, Stellung nehmen.[384] Lediglich wenn

---

377 BGH v. 28.6.1979, GRUR 1979, 768 (769); Benkard/Ullmann, PatG, § 15 Rn. 179.

378 Schricker/Loewenheim, UrhG, § 31 Rn. 30f.

379 LG Mainz v. 18.11.2004, GRUR-RR 2005, 292 (292); Wandtke/Bullinger/Grunert, Urheberrecht, Vor §§ 31ff. Rn. 129.

380 BGH v. 31.1.1966, GRUR 1966, 390 (391).

381 Vgl. BGH v. 24.1.1956, BGHZ 19, 382 (384); BGH v. 1.10.1998, GRUR 1999 230 (231); OLG Hamm v. 4.12.2007, ZUM-RD 2008, 199 (201).

382 BGH v. 4.11.1992, NJW 1993, 461 (462); BGH v. 22.12.1999, NJW 2000, 1415 (1416); BGH v. 20.2.2001, ZUM-RD 2001, 375 (376).

383 BGH v. 4.11.1987, BGHZ 102, 135 (138).

384 Schricker, Verlagsrecht, § 31 Rn. 5.

dem Werk vertraglich vereinbarte Eigenschaften fehlen oder der Vertragszweck nicht erfüllt werden kann, liegt ein Sachmangel des Werkes vor.[385]

Bei der Lizenzierung eines Filmes sind Sachmängel dahingehend denkbar, dass der Filmstreifen, mit dem der Film vorgeführt werden soll, Beschädigungen aufweist.[386]

II. Verzug

Für den Verzug sind gemäß § 280 Abs. 2 BGB die Voraussetzungen des § 286 BGB für eine Geltendmachung des Verzögerungsschadens erforderlich. Der Gläubiger hat demzufolge nach Eintritt der Fälligkeit eine Mahnung an den Schuldner zu senden, es sei denn, die Mahnung ist gemäß § 286 Abs. 2 BGB entbehrlich.

Für Geldforderungen gilt gemäß § 286 Abs. 3 BGB, dass der Schuldner spätestens 30 Tage nach Fälligkeit und Zugang einer Rechnung bzw. gleichwertigen Zahlungsaufstellung automatisch in Verzug kommt. Dies gilt nicht, wenn der Gläubiger selbst seine Leistungspflichten nicht erfüllt. Der Lizenznehmer ist folglich nur dann zur Zahlung der Lizenzgebühren verpflichtet, wenn der Lizenzgeber seinerseits die bestehenden Pflichten erfüllt (§ 320 BGB). Unbeachtlich ist dabei, welche der dem Lizenzgeber obliegenden Pflichten nicht erfüllt wurden, seien sie im Vergleich zur Leistung des Lizenznehmers noch so geringwertig.[387]

III. Haftung bei anfänglicher objektiver Unmöglichkeit der Schutzrechtsübertragung

Der Grundsatz der Vertragsfreiheit lässt es zu, dass Verträge über Immaterialgüterrechte ohne Rücksicht darauf geschlossen werden, ob der Vertragsgegenstand überhaupt besteht. Weder das Bestehen des Schutzrechtes noch die erfolgte, nicht einmal die beabsichtigte Anmeldung zur Erteilung eines Schutzrechtes sind notwendig, um einen wirksamen Vertrag zu schließen. Nach bürgerlichem Recht sind solche Verträge grundsätzlich gültig (§ 311a BGB).

Haben die Parteien aber einen Vertrag über ein Immaterialgüterrecht geschlossen und erweist sich dieses als inexistent, haftet der Lizenzgeber dem

385 BGH v. 8.7.1960, GRUR 1960, 642 (644); OLG München v. 19.7.2007, ZUM 2007, 863 (865).

386 BGH v. 15.6.1951, GRUR 1951, 471 (473).

387 BGH v. 13.7.1970, BGHZ 54, 244 (249); Palandt/Grüneberg, § 320 Rn. 8.

Lizenznehmer nach §§ 311a Abs. 2, 275 Abs. 1 BGB auf Schadensersatz statt der Leistung bzw. Ersatz der Aufwendungen im Rahmen des § 284 BGB, sofern er das Leistungshindernis bei Vertragsschluss kannte oder seine Unkenntnis zu vertreten hat (§ 311a Abs. 2 Satz 2 BGB).

Neben dem Schadensersatz statt der Leistung kann der Gläubiger gemäß § 325 BGB vom Vertrag unabhängig von einem möglichen Verschulden des Schuldners zurücktreten.

Fraglich ist jedoch, wann ein Immaterialgüterrecht als inexistent zu bezeichnen ist. Dabei ergeben sich Unterschiede zwischen dem Patent-, Marken- und Urheberrecht.

1. Behandlung der anfänglichen objektiven Unmöglichkeit im Patentrecht

Schließen die Parteien einen Lizenzvertrag über ein Patentrecht, obwohl dieses nicht besteht, liegt eine anfängliche objektive Unmöglichkeit vor. Aus dem Grundsatz „Nemo plus iuris transferre potest quod ipse haberet"[388] ergibt sich gerade die Notwendigkeit der Rechtsinhaberschaft aufseiten des Lizenzgebers.[389]

Problematisch ist jedoch der Fall, wenn das Patent entweder von Anfang an nie bestanden hat oder wenn die Rechte widerrufen oder für nichtig erklärt werden. Gemäß §§ 21 Abs. 3 und 22 Abs. 2 PatG gelten dann die Wirkungen des Schutzrechtes als von Anfang an nicht eingetreten. Jegliche Wirkungen des Patents entfallen somit rückwirkend und mit Wirkung für und gegen jedermann.[390] Es soll die Rechtslage hergestellt werden, die bestünde, wenn das Patent überhaupt nicht erteilt worden wäre.[391] Der Lizenzgeber lizenziert also ein rechtliches Nichts, wenn er dem Lizenznehmer eine Lizenz an dem nur scheinbar existierenden oder rückwirkend gelöschten Patent einräumt. Die rückwirkende Nichtigkeitserklärung sowie der Widerruf i. S. d. §§ 21, 22 PatG führt demnach zu einer anfänglichen Unmöglichkeit der Leistung.

Trotz dieser anfänglichen Unmöglichkeit der Leistung kann es vorkommen, dass der Lizenznehmer einen wirtschaftlichen Vorteil durch eine bloß faktische Vorzugsstellung genießt, die daraus resultieren kann, dass das Scheinrecht im

---

388 Ulpian, D. 50, 17, 54: *Ulp. 46 ad ed.*

389 S.o. Teil 3, B., I., 2., a).

390 Busse/Keukenschrijver, PatG, § 21 Rn. 115.

391 RG v. 4.4.1906, RGZ 63, 140 (141); RG v. 9.1.1929, RGZ 123, 113 (115); BGH v. 8.7.1955, BGHZ 18, 81 (95f.); BGH v. 29.9.1964, GRUR 1965, 231 (232); Lunze, Rechtsfolgen des Fortfalls des Patents, S. 64.

Rechtsverkehr vollständig respektiert wird. Die Frage ist demzufolge, ob auch bei einer faktischen Vorzugsstellung, die durch die Nutzung eines in Wirklichkeit nicht bestehenden Schutzrechtes entsteht, eine anfängliche Unmöglichkeit i. S. d. §§ 275, 311a BGB gegeben ist.

a) Meinungsstand

Gemäß § 15 Abs. 2 PatG können das Recht auf das Patent, der Anspruch auf Erteilung des Patents und das Recht aus dem Patent Gegenstand von ausschließlichen oder nicht ausschließlichen Lizenzen sein. Das Recht auf das Patent steht dem Erfinder zu (§ 6 PatG). § 1 Abs. 1 PatG bestimmt dabei, welche Anforderungen eine Erfindung erfüllen muss, um Patentschutz zu erlangen.[392] Daraus, dass der bloße Anspruch des Erfinders auf Erteilung des Patents bereits Gegenstand einer Lizenz sein kann, wird hergeleitet, dass eine bloße faktische Vorzugsstellung als Gegenleistung für die Zahlung der Lizenzgebühr zu werten sei.[393] Der gesetzliche Schutz einer Rechtsposition müsse noch nicht den Umfang eines Vollrechts erreicht haben, um lizenzfähig zu sein. Der Lizenznehmer sei auch stets an der wirtschaftlichen Vorzugsstellung interessiert, die letztlich nur aus der Lizenzierung des Schutzrechtes resultiere. Für die wirtschaftliche Vorzugsstellung zahle er regelmäßig die Lizenzgebühr.[394] Diese Vorzugsstellung bilde die Geschäftsgrundlage des Lizenzvertrages, die daraus resultiere, dass das zu Unrecht erteilte Schutzrecht weiter anerkannt wurde. Es läge daher eine Erfüllung seitens des Lizenzgebers vor.[395]

Auch die Rechtsprechung geht davon aus, dass eine faktische Vorzugsstellung als ausreichende Gegenleistung zu werten sei.[396] Dabei basiert diese Rechtsprechung noch auf der Anwendung des § 306 BGB a. F., wonach ein auf eine unmögliche Leistung gerichteter Vertrag nichtig war. Wäre man also von einer nicht ausreichenden Gegenleistung bei bloß faktischer Vorzugsstellung des unwirksamen Schutzrechtes ausgegangen, wäre der Lizenznehmer nach altem

392 S.o. Teil 1, B.; Mes, PatG, § 6 Rn. 3.

393 Pahlow, Lizenz und Lizenzvertag, S. 293f.

394 Pahlow, Lizenz und Lizenzvertag, S. 293, 315.

395 Trüstedt, GRUR 1939, 516 (518); Lindenmaier, GRUR 1955, 507 (510); Malzer, GRUR 1964, 349 (352); Kraßer/Schmid, GRUR Int. 1982, 324 (338); Lunze, ZGE 2011, 282 (284f.).

396 BGH v. 26.6.1969, GRUR 1969, 677 (678); BGH v. 28.9.1976, GRUR 1977, 107 (109); BGH v. 14.11.2000, GRUR 2001, 223 (226); OLG Karlsruhe v. 23.7.2008, GRUR-RR 2009, 121 (122).

Recht berechtigt gewesen, seine Lizenzgebühren nach den Vorschriften über das Bereicherungsrecht (§§ 812ff. BGB) zurückzuverlangen.[397]

Die Rückwirkung habe also keine Auswirkungen auf die vertraglichen Abmachungen über die Nutzung des Schutzrechtes für die vor der Nichtigerklärung liegende Zeit.[398] Aus der Wagnisnatur eines Lizenzvertrages ergebe sich, dass der Lizenzgeber in der Regel keine Haftung für den künftigen Bestand des Schutzrechtes übernimmt.[399]

Solange das erteilte Schutzrecht noch nicht für nichtig erklärt oder nach erfolgter Offenlegung der Anmeldung noch nicht rechtskräftig versagt worden ist, könne der Schutzrechtsinhaber das ihm in § 9 PatG gegebene Ausschließungsrecht gegen jedermann geltend machen und durchsetzen. Dies gilt freilich nicht gegenüber einem Lizenznehmer, dem er die Nutzung der geschützten Erfindung gestattet hat.

Das Reichsgericht hat diese faktische Vorzugsstellung mit einer nur fiktiven Rückwirkung der Nichtigkeit umschrieben, die keine Auswirkungen auf die tatsächlich bestandene Schutzsituation habe.[400] Der Lizenznehmer zahlt nach dieser Theorie demzufolge für einen faktischen Wettbewerbsvorteil. Liegt dieser nicht mehr vor, weil das Schutzrecht für nichtig erklärt wurde, ist eine Auflösung des Lizenzvertrages nach den Grundsätzen über den Wegfall der Geschäftsgrundlage für die Zukunft möglich.[401]

Ausgehend von der Überlegung, dass der Lizenznehmer für einen faktischen Wettbewerbsvorteil seine Zahlungen erbringt, ist die Situation zu betrachten, dass Konkurrenten des Lizenznehmers, obwohl das Schutzrecht noch nicht für nichtig erklärt wurde, dieses aufgrund des offenbar gewordenen Nichtigkeitsgrundes nicht mehr beachten. In diesem Fall ist anerkannt, dass die offenbar oder wahrscheinlich gewordene Nichtigkeit des Schutzrechtes der tatsächlichen Vernichtung gleichgestellt ist, wenn nach den Umständen das Schutzrecht seine Wirkung verloren hat und die einst bestehende Vorzugsstellung in eine nachteilige Situation des

---

397 So auch Malzer, GRUR 1964, 415 (419).

398 BGH v. 12.4.1957, GRUR 1957, 595 (596); BGH v. 24.9.1957, GRUR 1958, 231 (232); BGH v. 17.3.1961, GRUR 1961, 466 (468); BGH v. 8.6.1962, GRUR 1963, 52 (54); vgl. auch BGH v. 25.10.1966, BGHZ 46, 365 (371); BGH v. 17.10.1968, GRUR 1969, 409 (410); BGH v. 25.1.1983, BGHZ 86 330 (334); BGH v. 28.9.1976, GRUR 1977, 107 (109).

399 BGH v. 17.3.1961, GRUR 1961, 466 (468); vgl. zur Wagnisnatur des Lizenzvertrages: Lunze, Rechtsfolgen des Fortfalls des Patents, S. 135ff.

400 RG v. 17.12.1886, RGZ 17, 53 (53f.).

401 BGH v. 12.4 1957, GRUR 1957, 595 (596); BGH v. 17.3.1961, GRUR 1961, 466 (468).

Lizenznehmers umschwenkt.[402] Hat nämlich der Lizenznehmer weiterhin seine Lizenzgebühr zu zahlen, ohne aber den Vorteil einer Vorzugsstellung im Wettbewerb zu genießen, so erleidet er dadurch einen nicht hinnehmbaren Nachteil, der es rechtfertigt, die Lizenzgebührenzahlung zu verweigern und sich gemäß § 313 BGB vom Vertrag zu lösen. Die Tatsache, dass das Patent bis zur Nichtigerklärung Bestand hatte, ändert hieran nichts. Das Patentgesetz stellt eine Rückwirkungsfiktion für die Nichtigerklärung auf. § 21 Abs. 3 i. V. m. § 22 Abs. 2 PatG sieht vor, dass die Wirkungen der Anmeldung als von Anfang an nicht eingetreten gelten. Die Rechtswirkungen eines für nichtig erklärten Patents sollen demnach dem Tatbestand gleichgestellt werden, dass das Patent niemals bestand.[403]

b) Stellungnahme

Rechtlich gesehen macht es aufgrund der *Ex-tunc*-Wirkung der Nichtigerklärung eines Schutzrechtes keinen Unterschied, ob das Schutzrecht von Anfang nicht bestanden hat oder die Nichtigkeit erst später offenbar wird. In beiden Fällen ist der Vertrag gemäß § 311a BGB wirksam.[404] Es besteht jedoch nur dann ein Anspruch auf eine Lizenzgebühr, wenn der Lizenzgeber seinerseits erfüllt hat. Andernfalls kann der Lizenznehmer bei Kenntnis oder fahrlässiger Unkenntnis des Lizenzgebers von der Nichtigkeit des Schutzrechtes Schadensersatz verlangen sowie die Zahlung der Lizenzgebühren gem. § 320 BGB verweigern. Darüber hinaus kommt ein Rückzahlungsanspruch des Lizenznehmers für etwaig bereits gezahlte Gebühren gem. §§ 275 Abs. 1, 326 Abs. 1 und Abs. 4, 346ff. BGB in Betracht.[405]

Fraglich ist, ob die faktische Vorzugsstellung eine Gegenleistung i. S. d. § 320 BGB darstellt. Wäre dies der Fall, so träte die faktische Vorzugsstellung an die Stelle der eigentlich vereinbarten Einräumung eines Nutzungsrechts.

aa) Faktische Vorzugsstellung als Vertragsgegenstand eines Lizenzvertrages?

Regelmäßig wird die erlaubte Nutzung eines Schutzrechtes zu einer Vorzugsstellung am Markt führen. Der Lizenznehmer kann durch die Nutzung des lizenzierten Schutzrechtes etwas nutzen, über das seine Konkurrenten nicht verfügen können. Dennoch erwächst aus dieser Möglichkeit nicht zwangsläufig eine wirtschaftlich vorteilhafte Situation. Es liegt am Lizenznehmer selbst, einen Vorteil aus seiner

---

402 RG 21.11.1914, RGZ 86, 45 (56); BGH v. 12.4.1957, GRUR 1957, 595 (596); Kraßer, GRUR Int. 1990, 611 (612).

403 Lunze, Rechtsfolgen des Fortfalls des Patents, S. 130ff. m.w.N.

404 Lunze, Rechtsfolgen des Fortfalls des Patents, S. 73.

405 So bereits Lunze, ZGE 2011, 282 (293); vgl. auch McGuire, Die Lizenz, S. 728.

privilegierten Stellung zu ziehen.[406] Hat bspw. das Schutzrecht keinen wirtschaftlichen Nutzen für den Lizenznehmer, so kann er auch dadurch keine Vorzugsstellung am Markt erwirken. Dennoch wäre der Lizenzgeber seiner Pflicht der Nutzungsrechtseinräumung nachgekommen und hätte somit ordentlich erfüllt. Der Lizenznehmer trägt demnach das Risiko der wirtschaftlichen Verwertbarkeit des Schutzrechtes.[407]

Bei der Betrachtung der Lizenzierung eines Schutzrechtes ist keine Garantie gegeben, dass der Lizenznehmer einen wirtschaftlichen Erfolg daraus erhält. Umgekehrt darf aus dem Umstand, dass der Lizenznehmer zufällig eine wirtschaftliche Vorzugsstellung genießt, kein Anspruch auf eine Lizenzgebühr hergeleitet werden. Es gibt keinen sachlichen Grund, weshalb der Lizenznehmer das Risiko allein tragen soll, dass das Schutzrecht mit Wirkung *ex tunc* wegfällt.[408] Vereinbaren die Parteien die Lizenzierung eines Schutzrechtes, so ist Vertragsgegenstand eben nur dieses bestehende Schutzrecht bzw. der Anspruch auf Erteilung desselben. Die Tatsache, dass daraus eine Vorzugsstellung am Markt inbegriffen ist, ist solange nicht Vertragsinhalt, wie dies nicht ausdrücklich im Vertrag vereinbart ist. Neben der Einräumung der Lizenz ist Vertragsgegenstand die Befugnis, andere von der Nutzung des Immaterialguts ausschließen zu können.[409] Fällt aber das Schutzrecht mit Wirkung *ex tunc* weg, so steht dem Schutzrechtsinhaber die Rechtsstellung, die eine Ausschließlichkeit bewirken könnte, bereits anfänglich nicht zu.[410] Hieran ändert auch die Tatsache nichts, dass Dritte das Schutzrecht respektiert und sich einer faktisch für sie möglichen Nutzung enthalten haben, um Verletzungsprozesse und eine Verpflichtung zum Schadensersatz zu vermeiden. Aus der bloßen Enthaltung Dritter entsteht noch keine Vorzugsstellung. Erst mit Beginn der eigenen Nutzung durch den Lizenznehmer beginnt die Entstehung einer Vorzugsstellung. Vorher besteht lediglich ein Möglichkeit, dass diese entsteht, tatsächlich aber noch nicht vorliegt.

Eine Leistung im Sinne des BGB ist die bewusste und zweckgerichtete Mehrung fremden Vermögens.[411] Dabei wird diese aus dem Bereicherungsrecht stammende Definition auch in § 241 BGB nicht näher erklärt, sondern von den jeweiligen

---

406 Lunze, ZGE 2011, 282 (291).

407 BGH v. 26.11.1954, GRUR 1955, 338 (340); BGH v. 11.10. 1977, GRUR 1978, 166 (167); BGH v. 14.11.2000, GRUR 2001, 223 (226); Osterrieth, Patentrecht, Rn. 376.

408 Lunze, ZGE 2011, 282 (291).

409 Lunze, ZGE 2011, 282 (291); Ohly, „Volenti non fit iniuria“ Die Einwilligung im Privatrecht, S. 275.

410 BGH v. 5.7.2005, GRUR 2005, 935 (936).

411 BGH v. 31.10.1963, NJW 1964, 399 (399); MüKo/Schwab, Band 5, § 812 Rn. 41.

Normen des speziellen Vertragstypus aus dem besonderen Schuldrecht konkretisiert.[412] Für den Lizenzvertrag, auf den als Vertrag *sui generis* grundsätzlich keine speziellen Vorschriften aus dem besonderen Schuldrecht zur Anwendung berufen sind, können nur kauf- und pachtrechtliche Normen zur Konkretisierung des Leistungsbegriff herangezogen werden.[413] Diese sehen aber nur eine Verpflichtung zur Besitzeinräumung und Eigentumsübertragung (§ 433 Abs. 1 BGB) bzw. den Gebrauch an der Pachtsache vor (§ 581 Abs. 1 BGB) und helfen bei der Einordnung der faktischen Vorzugsstellung nicht weiter. Die faktische Vorzugsstellung kann daher nur dann als Leistung des Lizenzgebers gewertet werden, wenn die Parteien eine dahingehende Vereinbarung getroffen haben.[414]

Es bleibt zu überlegen, ob der Lizenzvertrag nicht dahingehend ausgelegt werden kann, dass die Parteien gerade immer eine Vorzugsstellung des Lizenznehmers im Blick hatten und es ihnen nicht auf die Art und Weise der Durchsetzung dieser Vorzugsstellung ankam.

Würde der Lizenzgeber neben dem Nutzungsrecht auch eine faktische Vorzugsstellung leisten und wäre dies Teil der Vereinbarung, dann müsste der Lizenzgeber das Risiko einer etwaigen Unverwertbarkeit der Lizenz und somit das Risiko der wirtschaftlichen Verwertbarkeit der Lizenz tragen, denn wenn die faktische Vorzugsstellung Vertragsgegenstand wäre, läge nur dann eine ordnungsgemäße Erfüllung vor, wenn neben der Einräumung die gerade dargelegte Vorzugsstellung besteht. Dies ist aber gerade nicht der Fall, weshalb die Vorzugsstellung des Lizenznehmers bei einem Lizenzvertrag nicht automatisch zum Vertragsgegenstand wird und daher auch nicht, wenn sie trotz Unwirksamkeit des Schutzrechtes besteht, als Zahlungsgrund für Lizenzgebühren herangezogen werden kann.[415] Die faktische Vorzugsstellung kann darüber hinaus auch nicht als Teilleistung des Lizenzgebers verstanden werden.[416] Damit man die faktisch beim Lizenznehmer verbliebenen wirtschaftlichen Vorteile als Teilleistung begreifen könnte, müsste eine zeitweilige Erfüllung gegeben sein.[417] Das ist jedoch, wie gerade gezeigt, nicht der Fall. Zum einen wird die faktische Vorzugsstellung seitens des Lizenzgebers nicht geleistet, zum anderen entfallen die Wirkungen des Schutzrechtes

412 MüKo/Bachmann, Band 2, § 241 Rn. 17.
413 S.o. Teil 2, B., II., 5.
414 MüKo/Bachmann, Band 2, § 241 Rn. 17.
415 Lunze, ZGE 2011, 282 (292).
416 aA Lunze, ZGE 2011, 282 (293).
417 Trüstedt, GRUR 1939, 516 (520); vgl. MüKo/Fetzer, Band 2, § 362 Rn. 27.

durch den Widerruf oder die Nichtigerklärung *ex tunc*. Dies geht so weit, dass auch rechtskräftige Urteile von der Rückwirkung betroffen sind.

Wird eine Partei wegen Verletzung eines Patents dazu verurteilt, an den Inhaber des Patents eine Schadensersatzsumme zu zahlen, und wird das Patent, auf dessen Verletzung das Urteil basiert, später für nichtig erklärt, so kann der zum Schadensersatz Verurteilte gegen das Urteil mit der Restitutionsklage nach § 580 ZPO vorgehen.[418] Gemäß § 580 Nr. 6 ZPO findet die Restitutionsklage statt, wenn das Urteil eines ordentlichen Gerichts, auf welchem die Verurteilung beruht, durch ein anderes rechtskräftiges Urteil aufgehoben ist. In diesem Kontext meint Urteil nicht jedes Urteil i. e. S., sondern eben auch jeden Verwaltungsakt, der einem Urteil gleichkommt.[419] Bei der Nichtigerklärung eines Patents handelt es sich um einen solchen Verwaltungsakt.[420] Gleiches gilt für die übrigen Rechte des Gewerblichen Rechtsschutzes.[421] Eine Restitutionsklage ist daher statthaft.[422]

Berücksichtigt man also die vollständige Vernichtung der Wirkungen des Schutzrechtes, kann man die faktische Vorzugsstellung bereits nicht als Leistung begreifen.

Dass der Lizenznehmer einen Vorteil genießt, der u. U. die Zahlung einer bestimmten Summe rechtfertigt, soll an dieser Stelle nicht bestritten werden. Bei diesem Betrag handelt es sich jedoch nicht um Lizenzgebühren. Zwar ist die Vorzugsstellung ein unmittelbares Resultat aus der Gewährung des vermeintlich bestehenden Schutzrechtes und der Lizenznehmer wäre ohne diese Gewährung nicht in die ihm nun zur Verfügung stehende Position gelangt; jedoch ist dies ein zufälliges Produkt der ursprünglich nicht bedachten Rechtslage. Dem Lizenzgeber fehlt es an der Kontrolle über das Handeln Dritter. Er hat neben der Einräumung eines Nutzungsrechts keine Einwirkungsmöglichkeit auf das Entstehen der Vorzugsstellung.

418 LG Düsseldorf v. 24.6.1986, GRUR 1987, 628 (629); BPatG v. 7.12.1992, GRUR 1993, 732 (733); BGH v. 15.11.2005, GRUR 2006, 316 (316); Bacher, GRUR 2009, 216 (216).

419 BGH v. 21.1.1988, NJW 1988, 1914 (1915); Musielak/Musielak, ZPO, § 580 Rn. 12.

420 LG Düsseldorf v. 24.6.1986, GRUR 1987, 628 (629); BPatG v. 7.12.1992, GRUR 1993, 732 (733); BGH v. 15.11.2005, GRUR 2006, 316 (316); Bacher, GRUR 2009, 216 (216); Musielak/Musielak, ZPO, § 580 Rn. 12.

421 BGH v. 29.7.2010, GRUR 2010, 996 (996); Musielak/Musielak, ZPO, § 580 Rn. 12.

422 LG Düsseldorf v. 24.6.1986, GRUR 1987, 628 (629); BPatG v. 7.12.1992, GRUR 1993, 732 (733); BGH v. 15.11.2005, GRUR 2006, 316 (316).

Ein Vergleich zu nichtigen Versicherungsverträgen soll diese Meinung unterstreichen.[423] Bei Versicherungsverträgen sichert der Versicherer im Austausch zu meist regelmäßigen Zahlungen eine Deckungszusage für den Fall eines versicherten Schadenseintritts zu. Ist der Vertrag nichtig, liegt keine wirksame Deckungszusage vor. Auch eine im Fall eines „versicherten" Schadens bereits erbrachte Leistung könnte, nachdem bekannt geworden ist, dass der Versicherungsvertrag nichtig war, kondiziert werden.[424] Der Versicherer hat somit nichts geleistet, was einen Anspruch auf Zahlung der Versicherungsprämie erlauben würde.[425]

Dennoch darf der Versicherer, wenn die Nichtigkeit des Vertrages auf einer arglistigen Täuschung des Versicherungsnehmers beruht, die gezahlten Prämien gem. § 39 Abs. 1 Satz 2 VVG behalten. Hierbei handelt es sich um eine folgenbeschränkende Sonderregelung des VVG. Trotz der *ex tunc* wirkenden Nichtigkeit des Versicherungsvertrages gem. §§ 123, 142 BGB; 21 Abs. 2 Satz 2, 22 VVG, soll der Versicherungsgeber die erhaltenen Prämien als Sanktion für den Versicherungsnehmer behalten dürfen.[426]

Der Versicherer ist im täglichen Massengeschäft gerade darauf angewiesen, dass die von ihm gestellten Formularfragen wahrheitsgemäß beantwortet werden. Unrichtige Angaben sind für den Versicherer trotz sorgfältiger Prüfung nur schwer zu erkennen. Könnte der Versicherte trotz seiner Täuschung seine gezahlten Prämien zurückverlangen, bestünde ein erheblicher Anreiz, unrichtige Angaben zu machen. Der Versicherte würde zwar seinen Versicherungsschutz, nicht aber seine gezahlten Prämien verlieren.[427]

Bei der Sonderregelung des § 39 Abs. 1 Satz 2 VVG handelt es sich aber gerade um eine Sanktion für wahrheitswidriges Verhalten. Der Versicherer darf nicht deshalb die erhaltenen Prämien behalten, weil er selbst eine Leistung erbringt, er erhält die Prämien, um dem Versicherten den Anreiz unrichtiger Angaben im Versicherungsvertrag zu nehmen. Außerhalb der Fälle des § 22 VVG bleibt es bei der allgemeinen Regelung, dass die Prämien zurückgezahlt werden müssen.[428]

Bezieht man die Wertung aus nichtigen Versicherungsverträgen auf nichtige Immaterialgüterrechte, so ist eine Gleichbehandlung gerechtfertigt. Besteht ein

---

423 Vgl. Kohler, VersR 1988, 563 (563ff.).

424 MüKo/Looschelders, VVG, § 1 Rn. 80.

425 OLG Nürnberg v. 23.12.1999, NVersZ 2000, 264 (265); BGH v. 1.6.2005, NJW 2005, 2549 (2550); Kohler, VersR 1988, 563 (564).

426 BGH v. 1.6.2005, NJW 2005, 2549 (2550); Prölss/Martin, VVG, § 39 Rn. 6.

427 BGH v. 1.6.2005, NJW 2005, 2549 (2550).

428 Prölss/Martin, VVG, § 39 Rn. 7.

Schutzrecht nicht und wird dies im Nachhinein bekannt, kann der vermeintliche Lizenznehmer auch rückwirkend seine Konkurrenten von der Nutzung nicht mehr ausschließen. Bereits anhängige Schutzrechtsverletzungsklagen würden zulasten des Lizenznehmers ausgehen. Wie bei einem nichtigen Versicherungsvertrag, bei dem die vertragliche Risikoübernahme rückwirkend wegfällt, fällt auch bei einem nichtigen Immaterialgut der Vertragsgegenstand rückwirkend weg. Die Sonderregelung des § 39 Abs. 1 Satz 2 VVG ist eine reine Sanktionsnorm, die auf Immaterialgüter nicht anwendbar ist. Die faktische Vorzugsstellung würde also, wenn man die Verbietungsbefugnis betrachtet, zum Teil rückwirkend entfallen. Der Lizenznehmer könnte einen Rückzahlungsanspruch auf die geleisteten Lizenzgebühren in voller Höhe (§§ 275 Abs. 1, 326 Abs. 1 und Abs. 4 BGB) haben. Fraglich ist an dieser Stelle, ob das Rücktrittsrecht auf Lizenzverträge überhaupt Anwendung finden darf.

bb) Anwendbarkeit des Rücktrittsrechts auf einen in Vollzug gesetzten Lizenzvertrag

Grundsätzlich finden auch auf Lizenzverträge als gegenseitige Verträge die Vorschriften der §§ 275ff. und 320ff. BGB Anwendung.[429] Charakterisiert man den Lizenzvertrag als Dauerschuldverhältnis, ist zu berücksichtigen, dass der an sich eröffnete Rücktritt regelmäßig von der Kündigung aus wichtigem Grund verdrängt wird, wenn das Schuldverhältnis schon in Vollzug gesetzt ist.[430] Bei Lizenzverträgen, die kein Dauerschuldverhältnis darstellen, stellt sich dieses Problem nicht.

Der Grundsatz, dass die Kündigung den Rücktritt verdrängt, gilt allerdings nur dann, wenn die Parteien kein Interesse haben, aufgrund einer während der Vertragslaufzeit eingetretenen Störung auch die bisher erbrachten Leistungen rückabzuwickeln.[431] Das macht regelmäßig bei teilbaren Leistungen Sinn, bei denen die ordnungsgemäße Vertragsdurchführung lediglich am Verzug einer Partei mit ihrer Gegenleistung scheitert.[432] Die Parteien werden kein Interesse haben, auch alle vergangenen, rechtzeitig und mangelfrei erbrachten Leistungen zurückzugeben.

---

429 RG v. 18.8.1937, RGZ 155, 306 (310); Nirk, GRUR 1970, 329 (330); Osterrieth, Patentrecht, Rn. 322.

430 BGH v. 22.5.1959, GRUR 1959, 616 (617); BGH v. 10.7.1968, BGHZ 50, 312 (315); BGH v. 11.2.1981, NJW 1981, 1264 (1264f.); BGH v. 6.2.1985, NJW 1986, 124 (125); Osterrieth, Patentrecht, Rn. 321.

431 MüKo/Ernst, Band 2, § 323 Rn. 35 m.w.N.

432 BGH v. 23.2.1972, NJW 1972, 827 (828), BGH v. 6.2.1985, NJW 1986, 124 (125);

Anderes kann sich ergeben, wenn der Vertrag scheitert, weil die ursprüngliche Leistung bereits fehlerhaft war und es nicht nach einem längeren Zeitraum der guten Vertragsbeziehungen an der Rechtzeitigkeit der Leistung mangelt.[433] Dies ist insbesondere dann der Fall, wenn sich herausstellt, dass das lizenzierte Schutzrecht überhaupt nicht bestanden hat oder das lizenzierte Schutzrecht rückwirkend wegfällt.

Liegt eine dieser Fallgestaltungen vor, wird jedenfalls der Lizenznehmer ein berechtigtes Interesse an der Rückabwicklung des Vertrages haben.[434] Er hat fälschlicherweise Lizenzgebühren im Vertrauen auf den Bestand der Gegenleistung gezahlt, die sich nun als fehlerhaft bzw. inexistent offenbart.

Auch wenn die Vertragsparteien in der Praxis regelmäßig die Stärke des Schutzrechtes bei der Vereinbarung über die Höhe der Lizenzgebühr mitberücksichtigen und sich somit das Risiko der späteren Vernichtung in einer Reduzierung der Lizenzgebühr widerspiegelt, so besteht dennoch, sowohl aus dogmatischer als auch aus praktischer Sicht, ein Bedürfnis des Lizenznehmers, den Vertrag aufgrund der mangelhaften Leistung des Lizenzgebers rückabzuwickeln. Dieses Bedürfnis ergibt sich daraus, dass die Ausübung des Rücktritts als Gestaltungsrecht in den Händen des Lizenznehmers liegt und anders als beim Schadensersatz unabhängig von einem Verschulden des Lizenzgebers ausgeübt werden kann (§§ 280 Abs. 1 Satz 2, 346, 349 BGB).

In den dargelegten Fällen besteht ein besonderes Interesse einer Partei, das es erlaubt, die Rücktrittsvorschriften beim Lizenzvertrag als Dauerschuldverhältnis anzuwenden.[435]

cc) Auswirkungen der Anwendbarkeit des Rücktrittsrechts auf einen in Vollzug gesetzten Lizenzvertrag

Die Wirkungen des Rücktritts ergeben sich aus den §§ 346ff. BGB. Nach § 346 Abs. 1 BGB sind im Falles des Rücktritts die empfangenen Leistungen zurückzugewähren sowie die gezogenen Nutzungen herauszugeben. Verlangt also der Lizenznehmer seine Lizenzgebühren wegen Unwirksamkeit des Schutzrechtes zurück, stellt sich die Frage, ob er für die erhaltene faktische Vorzugsstellung eine Gegenleistung erbringen muss, ob also die faktische Vorzugsstellung eine

---

433 BGH v. 25.3.1987, NJW 1987, 2004 (2006).

434 aA: Pahlow, Lizenz und Lizenzvertrag, S. 315.

435 BGH v. 25.3.1987, NJW 1987, 2004 (2006); BGH v. 19.2.2002, NJW 2002, 1870 (1870); Haedicke, GRUR 2004, 123 (126); aA Benkard/Ullmann, PatG, § 15 Rn. 165 m.w.N.

Nutzung i. S. d. § 346 Abs. 1 BGB darstellt, für die der Lizenznehmer wegen Unmöglichkeit der Herausgabe Wertersatz leisten müsste (§ 346 Abs. 2 Satz 1 Nr. 1 BGB). Nachfolgend wird die Nutzung dem Unterabschnitt entsprechend zunächst nur für das Patent betrachtet, bevor unter 2. und 3. eine Betrachtung für Urheberrecht und Marke erfolgt.

aaa) Faktische Vorzugsstellung als Nutzung i. S. d. § 346 BGB?

Bei Patenten werden durch den Lizenznehmer das Recht auf das Patent, der Anspruch auf Erteilung des Patents oder das Recht aus dem Patent genutzt (§ 15 Abs. 1 Satz 1, Abs. 2 Satz 1 PatG).

Zu den Nutzungen i. S. d. § 346 BGB zählen gemäß § 100 BGB die Früchte einer Sache oder eines Rechts sowie die Gebrauchsvorteile, die der Gebrauch der Sache bzw. des Rechts mit sich bringt. Fraglich ist, ob die faktische Vorzugsstellung als Nutzung i. S. d. § 346 BGB betrachtet werden kann. Man unterscheidet zwischen unmittelbaren und mittelbaren Rechtsfrüchten (§§ 99 Abs. 2 und 99 Abs. 3 BGB). Unter unmittelbare Rechtsfrüchte fallen die Erträge, die das Recht seiner Bestimmung nach gewährt.[436] Bei Immaterialgüterschutzrechten gehören dazu die Einnahmen, die sich aus der Verbreitung des Schutzrechtes ergeben.[437] Auch Einnahmen aus der Vergabe einer Unterlizenz durch den Lizenznehmer zählen zu den unmittelbaren Rechtsfrüchten i. S. d. § 99 Abs. 2 BGB.[438] Unter § 99 Abs. 3 BGB fallen dagegen alle Leistungen, die als Gegenleistung für die Möglichkeit der Rechtsnutzung getätigt werden. Mittelbare Rechtsfrüchte sind demnach die Lizenzgebühren, die der Lizenzgeber für die Lizenzierung des Schutzrechtes erhält.[439]

Wenn unter unmittelbare Rechtsfrüchte alle Erträge fallen, die das Recht seiner Bestimmung nach gewährt, so ist auch die faktische Vorzugsstellung als unmittelbare Rechtsfrucht zu qualifizieren. Die Bestimmung eines Immaterialgüterrechts ist gerade die Möglichkeit, andere von einer Nutzung auszuschließen und sich somit eine Vorzugsstellung zu sichern.

Fraglich ist jedoch, ob eine unmittelbare Rechtsfrucht auch dann entstehen kann, wenn das eigentliche Schutzrecht gar nicht besteht, das Recht also *de facto* überhaupt nicht genutzt werden kann. Die Frage muss demnach lauten: „Kann ein Recht genutzt werden, das gar nicht existiert?“

---

436 § 99 Abs. 2 BGB.

437 Staudinger/Jickeli/Stieper, § 99 Rn. 17.

438 Staudinger/Jickeli/Stieper, § 99 Rn. 18.

439 MüKo/Gaier, Band 2, § 346 Rn. 25.

Zur Beantwortung dieser Frage ist die Entstehung einer Rechtsfrucht zu betrachten. Rechtsfrüchte entstehen zwar durch die Nutzung des Rechts, dabei ist aber der unkörperliche Charakter des Rechts in besonderem Maße zu berücksichtigen.

Bei körperlichen Gegenständen ist die Entstehung einer Sachfrucht ohne das Bestehen der Sache von vornherein ausgeschlossen. Möglicherweise muss aber für unkörperliche Gegenstände etwas anderes gelten.

Besteht bspw. ein Schutzrecht nicht, wird aber von allen Beteiligten wie ein wirksames Schutzrecht behandelt, so besteht zunächst kein Unterschied zu einem tatsächlich bestehenden Schutzrecht. In dieser Zeit können Rechtsfrüchte entstehen, die sich von Rechtsfrüchten, resultierend aus einem tatsächlich bestehenden Schutzrecht, nicht unterscheiden. Die Entstehung einer Rechtsfrucht ist folglich losgelöst von einem möglichen Nichtbestehen des Ausgangsrechts zu beurteilen. Die faktische Vorzugsstellung ist mithin unmittelbare Rechtsfrucht eines Schutzrechtes, auch wenn dieses nur als Scheinrecht existiert.

bbb) Auswirkungen der Betrachtung der faktischen Vorzugsstellung als unmittelbare Rechtsfrucht i. S. d. § 99 Abs. 2 BGB

Wird die faktische Vorzugsstellung als unmittelbare Rechtsfrucht i. S. d. § 99 Abs. 2 BGB qualifiziert, so fällt sie auch unter den Begriff der Nutzung i. S. d. § 346 Abs. 1 BGB. Bei der Rückabwicklung des Lizenzvertrages und der damit zusammenhängenden Rückgewähr der beiderseits erbrachten Leistungen bzw. der Herausgabe von Nutzungen (§ 346 Abs. 1 BGB) stellt sich das Problem, dass eine Vorzugsstellung ihrer Natur nach nicht herausgegeben werden kann. Aufgrund dieser Unmöglichkeit ist im Falle eines Rücktritts Wertersatz zu leisten (§ 346 Abs. 2 Satz 1 Nr. 1 BGB).[440]

Nach § 346 Abs. 2 Satz 2 BGB ist bei der Berechnung des Wertersatzes eine vereinbarte Gegenleistung als Bemessungsgrundlage zugrunde zu legen. Daraus ergibt sich, dass die vereinbarte Lizenzgebühr Grundlage der Berechnung des Wertersatzes für die faktische Vorzugsstellung ist. Besteht also trotz Nichtigkeit des Schutzrechtes keine wirtschaftlich nachteilige Stellung des Lizenznehmers, weil an der Wirksamkeit des Schutzrechtes nicht gezweifelt wird, so ist die volle Lizenzgebühr als Wertersatz zu zahlen. Lediglich wenn Konkurrenten aufgrund von Zweifeln an der Wirksamkeit des Schutzrechtes dieses selbst genutzt haben, ist eine objektive Wertfeststellung durchzuführen.

---

440 § 346 Abs. 2 Satz 1 Nr.1 BGB.

2. Behandlung der anfänglichen objektiven Unmöglichkeit im Urheberrecht

Im Urheberrecht unterscheidet sich die Behandlung der anfänglichen objektiven Unmöglichkeit geringfügig von der Situation bei Patentrechten. Anders als bei Patent und Marke, bei der das Schutzrecht selbst genutzt wird (vgl. §§ 15 Abs. 1 Satz 1 PatG und 30 Abs. 1 MarkenG), nutzt der Lizenznehmer im Urheberrecht das Werk selbst (§ 31 Abs. 1 Satz 1 UrhG). Es wird gerade kein Teil der Schutzposition abgespalten, sondern ein Nutzungsrecht am urheberrechtlich geschützten Werk eingeräumt.[441] Wird jedoch ein Nutzungsrecht an einem Werk eingeräumt, das überhaupt keinen urheberrechtlichen Schutz genießt, z. B. weil es an der persönlichen geistigen Schöpfung fehlt, so liegt eine sog. Leerübertragung vor.[442]

Auch bei einer Leerübertragung gehen sowohl die Rechtsprechung als auch die Literatur von einer ordnungsgemäßen Erfüllung aus, solange der Lizenznehmer eine wirtschaftliche Vorzugsstellung erhalten hat.[443]

Wie bei Patenten wird demzufolge die faktische Vorzugsstellung im Urheberrecht an die Stelle eines wirksamen Nutzungsrechts gestellt. Die faktische Vorzugsstellung ist jedoch nicht Teil des Lizenzvertrages und kann somit die ordnungsgemäße Erfüllung durch Einräumung eines Nutzungsrechts nicht ersetzen.[444]

Wie bei Patenten liegt also bei einer sog. Leerübertragung auch im Falle einer wirtschaftlich gesehenen faktischen Vorzugsstellung keine Erfüllung, sondern eine anfängliche Unmöglichkeit i. S. d. § 275 BGB vor. Der Lizenznehmer hat ggf. einen Anspruch auf Schadensersatz und kann vom Vertrag zurücktreten. Im Übrigen gilt das oben zum Patent Gesagte entsprechend.

3. Behandlung der anfänglichen objektiven Unmöglichkeit im Markenrecht

Bei Marken nutzt der Lizenznehmer das durch die Eintragung, die Benutzung oder die notorische Bekanntheit einer Marke begründete Recht (§ 30 Abs. 1 MarkenG).

---

441 S.o.: Teil 1, A., II., 2., b).

442 Dreier/Schulze/Schulze, UrhG, § 31 Rn. 14; Schricker/Loewenheim, UrhG, § 31 Rn. 29; Schack, Urheber- und Urhebervertragsrecht, Rn. 1154.

443 BGH v. 27.6.1991, NJW 1992, 232 (234); LG Oldenburg v. 31.1.1996, GRUR 1996, 481 (484); Schack, Urheber- und Urhebervertragsrecht, Rn. 1154.

444 S.o. Teil 3, B., I., 1.

Es ist zwischen Registermarken einerseits und Marken, die aufgrund Verkehrsgeltung oder notorischer Bekanntheit Markenschutz erlangen, zu unterscheiden.[445] Die dargelegte Scheinrechtsproblematik bzw. die Problematik der rückwirkenden Löschung ist rein logisch nur dann möglich, wenn die Marke ihre Wirksamkeit konstitutiv aufgrund einer Eintragung nach § 4 Abs. 1 MarkenG erlangt hat. Nur in diesen Fällen kann eine Löschung aus dem Register wiederum konstitutiv wirken und somit die Rückwirkungsproblematik der Löschung entstehen lassen.[446]

Nach § 52 Abs. 2 MarkenG gelten die Wirkungen der Eintragung einer Marke in dem Umfang, in dem die Eintragung wegen Nichtigkeit gelöscht wird, als von Anfang an nicht eingetreten. Dies gilt gemäß § 52 Abs. 3 MarkenG jedoch nicht für Entscheidungen in Verletzungsverfahren, die vor der Entscheidung über den Antrag auf Löschung rechtskräftig geworden und vollstreckt worden sind sowie für Verträge, die vor der Entscheidung über den Löschungsantrag geschlossen wurden, wenn sie zum Zeitpunkt der Löschungsentscheidung bereits erfüllt wurden.

Bei einem Dauerschuldverhältnis wie dem Lizenzvertrag liegt Erfüllung vor, wenn der Schuldner schuldgerecht leistet. Die Dauerschuld erlischt gemäß § 362 BGB über den Zeitraum hinweg durch Teilerfüllungen.[447] Für den Markenlizenzvertrag gilt also, dass die Löschung der Marke keine Auswirkungen auf den bereits durchgeführten Lizenzvertrag hat, sofern beide Seiten ihren Verpflichtungen nachgekommen sind. Die Löschung wirkt sich weder auf die Wirksamkeit des Vertrages noch auf den Rechtsgrund der Erfüllung aus.[448] Die gesetzliche Einschränkung der *Ex-tunc*-Wirkung der Löschung der Marke führt also dazu, dass ein wirksames Schutzrecht für die Vergangenheit besteht.

Für die Zukunft dagegen kann die Rückwirkung der Löschung der Eintragung der Marke gemäß § 320 BGB als Einrede gegen den Erfüllungsanspruch des Lizenzgebers vorgebracht werden.[449]

Für die anfängliche Unmöglichkeit eines Markenlizenzvertrages ergibt sich demgemäß, dass sie nur dann gegeben ist, wenn die Marke bereits vor Vertragsschluss gelöscht wurde oder nie bestanden hat.[450]

---

445 S.o. Teil 1, C.

446 Fezer, MarkenG, § 52 Rn. 1.

447 MüKo/Fezer, Band 2, § 362 Rn. 27.

448 Fezer, MarkenG, § 52 Rn. 12.

449 Fezer, MarkenG, § 52 Rn. 11.

450 Ingerl/Rohnke, MarkenG, § 30 Rn. 60.

Für die Problematik der Leerübertragung bzw. der Rückwirkung der Löschung der Eintragung der Marke bei Markenlizenzverträgen ergibt sich, dass eine vergleichbare Situation wie bei Patenten oder Urheberrechten nur schwer möglich ist. Sobald der Lizenznehmer eine faktische Vorzugsstellung dadurch erhält, dass Dritte das Markenzeichen respektieren, ist ein Markenschutz durch Verkehrsgeltung anzunehmen.[451] In den Fällen der Registermarke wirkt bei erfüllten Verträgen die Löschung nicht *ex tunc*. In beiden möglichen Fällen liegt also ein wirksamer Vertragsgegenstand vor.

4. Analoge Anwendung des § 52 Abs. 3 Nr. 2 MarkenG?

Fraglich ist, ob die Wertung des § 52 Abs. 3 Nr. 2 MarkenG auf Patent und Urheberrecht übertragen werden kann und somit die dargelegte strenge Rückabwicklung entfällt.[452]

Will man die von herrschender Lehre und Rechtsprechung als sachgerecht empfundene Lösung der Vertragsauflösung nur für die Zukunft rechtlich verankern, so bleibt als einzige Möglichkeit eine analoge Anwendung des § 52 Abs. 3 Nr. 2 MarkenG.[453] In der Tat ist die Rechtslage im Patent- und Urheberrecht mit der des Markenrechts vergleichbar. In allen Fällen liegt eine Leistungsstörung vor, die streng genommen durch die *Ex-tunc*-Wirkung der Nichtigerklärung zu einer umfassenden Rückabwicklung des Vertrages führen muss.[454] Aus dem bloßen Umstand heraus, dass dieses Ergebnis als unbillig empfunden wird, kann aber noch keine Regelungslücke angenommen werden, die durch eine Analogie geschlossen werden muss. Bevor eine analoge Anwendung anderer Vorschriften in Erwägung gezogen wird, sind zunächst die bestehenden Normen genauer daraufhin zu untersuchen, ob das gewünschte oder ein dem entsprechendes Ergebnis nicht durch die bestehenden Normen erreicht werden kann. Das ist, wie gezeigt, mithilfe der Einstufung der faktischen Vorzugsstellung als unmittelbare Rechtsfrucht und dem damit verbundenen Nutzungsersatz möglich. Es besteht somit bereits kein Raum für eine analoge Anwendung des Markenrechts auf Patent- und Urheberrechtslizenzverträge.

Darüber hinaus wurde § 52 MarkenG am 25. Oktober 1994 in seiner jetzigen Form verkündet.[455] Er ist dem nahezu gleichlautenden Art. 54 der GMVO

451 S.o. Teil 1, C., 2.
452 Vgl. McGuire, Die Lizenz, S. 729f.
453 McGuire, Die Lizenz, S. 730.
454 McGuire, Die Lizenz, S. 728.
455 BGBl. Teil 1, 1994, S. 3082.

nachgebildet. Dem Gesetzgeber daher fast zwei Jahrzehnte Untätigkeit im Patent- und Urheberrecht vorzuwerfen, halte ich angesichts der alternativen Lösungsmöglichkeiten für verfehlt.

IV. Haftung bei anfänglicher subjektiver Unmöglichkeit

1. Allgemeines

Von den Fällen der Lizenzierung eines nicht bestehenden Schutzrechtes bzw. eines Schutzrechtes, das im Nachhinein mit Wirkung *ex tunc* für nichtig erklärt wird, sind die Fälle zu unterscheiden, in denen der Lizenzgeber ein ihm nicht gehörendes Schutzrecht lizenziert. Im Unterschied zu der anfänglichen objektiven Unmöglichkeit liegt hier zwar ein wirksames Schutzrecht vor, der Lizenzgeber ist aber nicht Inhaber und kann somit als Nichtberechtigter keine wirksame Lizenz daran vergeben. Weigert sich der eigentliche Schutzrechtsinhaber, die unwirksame Verfügung des Lizenzgebers zu genehmigen (§ 185 Abs. 2 BGB), liegt ein Unvermögen des Lizenzgebers i. S. d. § 275 Abs. 1 BGB vor.[456]

2. Ansprüche des Schutzrechtsinhabers gegen den Lizenznehmer

a) Anspruch auf Schadensersatz

Nutzt der Lizenznehmer ein Schutzrecht, ohne eine wirksame Berechtigung hierfür zu haben, begeht er eine Schutzrechtsverletzung. Mangels wirksamer Nutzungsrechtseinräumung seitens des Lizenzgebers ist der Lizenznehmer trotz eines vermeintlich bestehenden Lizenzvertrages wie jeder Dritte zu behandeln, der ohne bestehenden Lizenzvertrag das Schutzrecht nutzt. Handelt der Lizenznehmer vorsätzlich oder fahrlässig, so ist er dem Schutzrechtsinhaber zum Ersatz des durch die Nutzung entstandenen Schadens gemäß §§ 97 Abs. 2 Satz 1 UrhG; 139 Abs. 2 Satz 1 PatG; 14 Abs. 6 Satz 1 MarkenG verpflichtet.

b) Bereicherungsrechtliche Ansprüche

Neben einem u. U. bestehenden Schadensersatzanspruch kommt im Verhältnis zwischen dem Schutzrechtsinhaber, der nicht als Lizenzgeber fungierte, und dem Nutzer des Schutzrechtes ein bereicherungsrechtlicher Anspruch gem. § 812 Abs. 1, Satz 2 BGB aF in Betracht, der in der Praxis aufgrund des fehlenden

---

456 S.o. Teil 3, B., I., 2., a).

Verschuldensvorwurfs beim Schadensersatz interessanter sein wird als der Schadensersatzanspruch gemäß §§ 97 Abs. 2 Satz 1 UrhG; 139 Abs. 2 Satz 1 PatG und 14 Abs. 6 Satz 1 MarkenG.

Gemäß § 812 Abs. 1, Satz 2 BGB aF muss der Lizenznehmer, damit ein bereicherungsrechtlicher Anspruch gegeben ist, etwas erlangt haben. Der Lizenznehmer hat durch die unbefugte Nutzung des Schutzrechtes ggf. eine faktische Vorzugsstellung erhalten.[457] Diese Nutzung ist als erlangtes Etwas i. S. d. § 812 Abs. 1 BGB zu werten.[458] Die faktische Vorzugsstellung ist auch nicht Teil einer möglichen Leistung seitens des Lizenzgebers geworden und ist damit in sonstiger Weise erlangt worden. Mangels wirksamen Lizenzvertrages liegt keine Berechtigung des Lizenznehmers vor. Er hat die faktische Vorzugsstellung ohne Rechtsgrund erlangt. Er ist damit dem Schutzrechtsinhaber zur Herausgabe des Erlangten nach § 818 Abs. 1 BGB verpflichtet. Mangels Möglichkeit der Herausgabe der faktischen Vorzugsstellung ist hierfür gemäß § 818 Abs. 2 BGB Wertersatz zu leisten. Der Wertersatz bemisst sich bei einem Bereicherungsausgleich nach dem Grundsatz der Lizenzanalogie.[459] Dabei ist zu prüfen, was die Parteien als angemessene Lizenzgebühr vereinbart hätten, wenn im Vorfeld der Nutzung ein Lizenzvertrag abgeschlossen worden wäre.[460]

3. Ansprüche des Lizenznehmers gegen den Lizenzgeber

Lizenziert der Lizenzgeber ein ihm nicht gehörendes Schutzrecht, kann der Lizenznehmer Schadensersatz statt der Leistung gem. §§ 311a Abs. 2 und 275 Abs. 1 BGB oder Ersatz seiner Aufwendungen nach § 284 BGB verlangen. Dies gilt jedoch nicht, wenn der Lizenzgeber keine Kenntnis über seine Nichtberechtigung hatte und diese Unkenntnis auch nicht zu vertreten hat (§ 311a Abs. 2 Satz 2 BGB). Dabei richten sich die Anforderungen der Exkulpation nach § 276 Abs. 1 Satz 1 BGB.[461] Der Schuldner hat also Vorsatz und Fahrlässigkeit zu vertreten, wenn eine strengere oder mildere Haftung weder bestimmt noch aus dem sonstigen Inhalt des Schuldverhältnisses, insbesondere aus der Übernahme einer Garantie oder eines Beschaffungsrisikos, zu entnehmen ist.

---

457 S.o. Teil 3, B., III.

458 MüKo/Schwab, Band 5, § 818 Rn. 30.

459 BGH v. 24.11.1981, BGHZ 82, 299 (305f.); BGH v. 18.2.1992, BB 1992, 1302 (1302f.); BGH v. 17.3.1998, WM 1998, 1736 (1739); MüKo/Schwab, Band 5, § 818 Rn. 94.

460 BGH v. 18.2.1992, NJW-RR 1992, 872 (872); Jauernig/Stadler, BGB, § 818 Rn. 21.

461 MüKo/Ernst, Band 2, § 311a, Rn. 52.

Bei der Lizenzierung eines Schutzrechtes kann sich eine strengere Haftung aus kaufrechtlichen oder pachtrechtlichen Vorschriften ergeben.

a) Strenge Haftung aus der analogen Anwendung kaufrechtlicher Vorschriften

Nach § 437 BGB aF haftete der Verkäufer eines Rechts für den rechtlichen Bestand des Rechtes. In der Neuregelung der Gewährleistung des Rechtskaufes durch das Schuldrechtsmodernisierungsgesetz in § 453 BGB i. V. m. § 433ff. BGB, ist eine Garantiehaftung bzgl. der Verität nicht mehr aufgenommen worden.[462] Will der Verkäufer nach neuem Recht eine Garantie für den Bestand oder seine Berechtigung erteilen, so muss dies ausdrücklich oder stillschweigend vereinbart werden.[463] Eine Garantieerklärung, dass das verkaufte Recht besteht und dem Verkäufer zusteht, wird man nicht in jeden Kaufvertrag implizieren können.[464] Durch die Anwendung kaufrechtlicher Vorschriften entsteht keine strengere Haftung bei der Beurteilung der fahrlässigen Unkenntnis über die Rechtsinhaberschaft des Lizenzgebers.

b) Strenge Haftung aus der Anwendung pachtrechtlicher Vorschriften

Möglicherweise kommt aber eine Garantiehaftung für den Bestand des Rechts und die Berechtigung des Lizenzgebers durch die Anwendung pachtrechtlicher Vorschriften in Betracht. Gem. §§ 581 Abs. 2, 536a Abs. 1 BGB besteht für den Verpächter eine Garantiehaftung bzgl. Rechtsmängel, die bei Vertragsschluss bereits vorlagen. Wie bereits gezeigt, handelt es sich bei der Nichtberechtigung des Lizenzgebers zwar nicht um einen Rechtsmangel, sondern um eine subjektive Unmöglichkeit[465], wenn aber schon bei der geringeren Belastung eines Rechtsmangels eine Garantiehaftung gegeben ist, so muss diese erst recht für den Fall gelten, dass das Schutzrecht zum Zeitpunkt des Vertragsschlusses nicht bestand oder der Lizenzgeber nicht Schutzrechtsinhaber war.[466] Unabhängig von einer fahrlässigen Unkenntnis ist der Lizenzgeber also dem Lizenznehmer zum Schadensersatz gem. §§ 311a Abs. 2, 275 Abs. 1, 276 Abs. 1 Satz 1, 581 Abs. 2 und 536a Abs. 1 BGB verpflichtet, wenn er ein ihm nicht gehörendes Schutzrecht lizenziert und der Lizenznehmer vom eigentlichen Schutzrechtsinhaber wegen der Nutzung seines Rechts in Anspruch genommen wird.

---

462 Vgl. §§ 437 BGB aF, 453 BGB nF, 433ff. BGB nF.

463 MüKo/Ernst, Band 2, § 311a, Rn. 56; BT-Drucks. 14/6040, S. 242.

464 MüKo/Ernst, Band 2, § 311a, Rn. 56.

465 S.o. Teil 3, B., I., 2., a).

466 Vgl. MüKo/Harke, Band 3, § 581 Rn. 37.

4. Ansprüche des Schutzrechtsinhabers gegen den Lizenzgeber

a) Schadensersatz

Der Inhaber des Schutzrechtes kann gemäß §§ 97 Abs. 2, Satz 1 UrhG; 139 Abs. 2 Satz 1 PatG; 14 Abs. 6 Satz 1 MarkenG einen Anspruch auf Schadensersatz gegen den Lizenzgeber haben. Dann müsste die unwirksame Lizenzierung des Schutzrechtes Verletzungshandlung i. S. d. §§ 97 Abs. 2 Satz 1 UrhG; 139 Abs. 2 Satz 1 PatG; 14 Abs. 6 Satz 1 MarkenG sein. Die §§ 139 Abs. 2 Satz 1 PatG und 14 Abs. 6 Satz 1 MarkenG sehen eine Verletzungshandlung nur für die Nutzung des Schutzrechtes vor.[467] Lediglich § 97 Abs. 2 Satz 1 UrhG spricht anstelle von Nutzung von Verletzung des Urheberrechts. Einen faktischen Unterschied macht dieser Regelungsunterschied jedoch nicht. Für die Frage der Schutzrechtsverletzung durch Lizenzierung kommt es gerade darauf an, ob die Lizenzierung eine Nutzung darstellt und ob dadurch das Schutzrecht verletzt wird. Der weite Begriff der Verletzung umfasst eben auch die Nutzung des Schutzrechtes. Ein Unterschied zwischen Patent-, Marken- und Urheberrecht besteht insoweit nicht.

Für eine Einordnung der Lizenzierung eines Schutzrechtes als Nutzung spricht, dass der berechtigte Lizenzgeber dem Lizenznehmer ein Nutzungsrecht einräumt und infolgedessen Lizenzgebühren erhält. Er nutzt also das Recht, indem er es einem anderen zur Verfügung stellt.

Der unberechtigte Lizenzgeber demgegenüber kann indes schon keine wirksame Nutzungsrechtseinräumung durchführen und hat keinen Anspruch auf Zahlung der Lizenzgebühren.[468] Seine scheinbare Rechtseinräumung tangiert somit nicht das Schutzrecht. Der Lizenzgeber kann das Schutzrecht mangels Rechtsinhaberschaft deshalb auch nicht nutzen. Es liegt lediglich eine Scheinnutzung vor. Wenn aber schon keine Nutzung gegeben ist, so kann diese bloß scheinbare Nutzung auch keine Schutzrechtsverletzung darstellen.

Ein weiteres Argument gegen die Einordnung der Lizenzierung durch einen Nichtberechtigten als Schutzrechtsverletzung stellt die Verweisung in § 139 Abs. 2 Satz 1 PatG dar. § 139 Abs. 2 Satz 1 PatG verweist gerade nur auf die §§ 9 bis 13 PatG und lässt damit die Lizenzierung des Schutzrechtes, die in § 15 PatG geregelt ist, außen vor.

---

467 Vgl. Mes, PatG, § 139 Rn. 21; Ingerl/Rohnke, MarkenG, § 14 Rn. 93ff.; Wandtke/Bullinger/v. Wolff, Urheberrecht, § 97 Rn. 8ff.

468 S.o. Teil 3, B., III., 1., b), aa).

Die unwirksame Lizenzierung eines einem Dritten gehörenden Schutzrechtes stellt also keine Schutzrechtsverletzung i. S. d. §§ 97 Abs. 2 Satz 1 UrhG; 139 Abs. 2 Satz 1 PatG und 14 Abs. 6 Satz 1 MarkenG dar.

Der Schutzrechtsinhaber hat keinen direkten Schadensersatzanspruch gegen den Lizenzgeber.

b) Bereicherungsrechtliche Ansprüche

Genehmigt der Schutzrechtsinhaber gemäß § 185 Abs. 2 BGB die Verfügung des Lizenzgebers, so ist Letzterer dem Schutzrechtsinhaber gemäß § 816 Abs. 1 Satz 1 BGB zur Herausgabe des durch die Verfügung Erlangten verpflichtet.

Durch die Genehmigung entfällt die Leistungsstörung im Schuldverhältnis zwischen Lizenznehmer und Lizenzgeber. Der Lizenzgeber hat also einen Anspruch auf Zahlung der vereinbarten Lizenzgebühr. Nach Erhalt des Geldes bzw. des Auszahlungsanspruchs gegen die Bank (bei einer Zahlung durch Überweisung) hat der Lizenzgeber sogleich gemäß § 816 Abs. 1 Satz 1 BGB Besitz und Eigentum an dem erhaltenen Geld bzw. den Auszahlungsanspruch gegen die Bank an den Schutzrechtsinhaber herauszugeben.

5. Zusammenfassung

Im Fall einer Schutzrechtslizenzierung eines nichtberechtigten Lizenzgebers, läuft der Lizenznehmer Gefahr, für die Nutzung des Schutzrechtes doppelt in Anspruch genommen zu werden. Zunächst schuldet er die Lizenzgebühr an den vermeintlich berechtigten Lizenzgeber bzw. im Falle des Rücktritts wegen nichterbrachter Leistung Nutzungsersatz wegen der Nutzung des Scheinrechtes.[469]

Des Weiteren ist er dem eigentlichen Schutzrechtsberechtigten zum Ersatz des Schadens verpflichtet, der dadurch entstanden ist, dass er das Schutzrecht ohne wirksame Berechtigung genutzt hat (§§ 97 Abs. 2 Satz 1 UrhG; 139 Abs. 2 Satz 1 PatG; 14 Abs. 6 Satz 1 MarkenG). Dies gilt jedoch nur dann, wenn der Lizenznehmer vorsätzlich oder fahrlässig gehandelt hat. Neben dem ggf. bestehenden Anspruch auf Schadensersatz ist der Lizenznehmer gemäß § 812 Abs. 1 Satz 2 BGB aF zur Herausgabe des Erlangten an den Schutzrechtsinhaber verpflichtet.

Wird der Lizenznehmer vom Schutzrechtsinhaber in Anspruch genommen, hat er einen Schadensersatzanspruch in Höhe der Inanspruchnahme gegen den Lizenzgeber gemäß §§ 311a Abs. 2; 275 Abs. 1; 276 Abs. 1 Satz 1; 581 Abs. 2; 536a Abs. 1 BGB. Der Lizenznehmer kann also die doppelte Zahlung dadurch

469 S.o. Teil 3, B., III.

abwenden, dass er die Inanspruchnahme durch den Schutzrechtsinhaber über den Weg des Schadensersatzes an den Lizenzgeber „durchreicht". Der Schutzrechtsinhaber hat seinerseits die Wahl, ob er den Lizenznehmer oder den Lizenzgeber in Anspruch nehmen will.

V. Haftung bei nachträglicher Unmöglichkeit

§ 275 BGB gilt sowohl für die anfängliche als auch für die nachträgliche Unmöglichkeit. Es wird somit keine Unterscheidung mehr gemacht, ob das zur Unmöglichkeit führende Ereignis vor oder nach Vertragsschluss eingetreten ist. Der Schuldner wird gemäß § 275 Abs. 1 BGB von seiner Leistungsverpflichtung frei, verliert aber gemäß § 326 Abs. 1 Satz 1 BGB seinen Anspruch auf die Gegenleistung.

Gemäß § 275 Abs. 4 BGB bestimmen sich die Rechte des Gläubigers nach den §§ 280, 283 bis 285, 311a und 326 BGB. Der Gläubiger wird gemäß § 326 Abs. 1 Satz 1 BGB von seiner Leistungspflicht befreit, es sei denn, er ist für den zur Unmöglichkeit führenden Umstand allein oder weit überwiegend verantwortlich (§ 326 Abs. 2 Satz 1 BGB).

Die Regelung, nach der ein Schadensersatz wegen nachträglicher Unmöglichkeit nur bei Vertretenmüssen des Schuldners infrage kommt, findet sich zentral für alle vertraglichen Schadensersatzarten in § 280 Abs. 1 Satz 2 BGB.

In § 325 BGB ist geregelt, dass sich Rücktritt und das Recht, bei einem gegenseitigen Vertrag Schadensersatz zu verlangen, nicht ausschließen. Auch hier ist wieder der Charakter des Lizenzvertrages als Dauerschuldverhältnis zu beachten, denn auch nach neuem Recht tritt an die Stelle des Rücktrittsrechts bei Dauerschuldverhältnissen in der Regel ein Recht zur Kündigung.[470] Spezieller Kriterien, die festlegen, wann aus dem Rücktrittsrecht ein Kündigungsrecht wird, bedarf es nicht.[471]

Die Kündigung von Dauerschuldverhältnissen aus wichtigem Grund gem. § 314 BGB soll an die Stelle des an sich eröffneten Rücktritts treten.[472] Ein Rücktritt kann ausnahmsweise vollzogen werden, wenn ein besonderes Interesse der Vertragsparteien besteht, neben künftigen Leistungen auch die bereits erbrachten Leistungen rückabzuwickeln, und diese Rückabwicklung sachgerecht erscheint.[473]

470 BGH v. 11.2.1981, NJW 1981, 1264 (1265); BGH v. 19.2.2002, NJW 2002, 1870 (1870).

471 aA Ann/Barona, S. 27, Rn. 91; B. Bartenbach, Mitt. 2003, 102 (107).

472 MüKo/Gaier, Band 2, § 314 Rn. 3.

473 BGH v. 19.2.2002, NJW 2002, 1870 (1870); MüKo/Ernst, Band 2, § 323 Rn. 36.

Eine nachträgliche Unmöglichkeit, die der Lizenzgeber zu vertreten hat, entsteht bspw. dann, wenn der Lizenzgeber dem Löschungsantrag eines Dritten nicht entgegentritt oder die Jahresgebühren, die zur Aufrechterhaltung des Schutzrechtes notwendig sind, nicht gezahlt werden.[474] Die Unwirksamkeit des Schutzrechtes muss demnach ausschließlich für die Zukunft wirken.[475]

C. Innovationen

Grundsätzlich ist Vertragsgegenstand einer Lizenz das Schutzrecht, wie es bei Vertragsschluss ausgestaltet war. Der Lizenzgeber hat somit, wenn dies nicht ausdrücklich im Vertrag vereinbart wurde, nicht die Pflicht, Verbesserungen eines Verfahrens dem Lizenznehmer mitzuteilen.[476] Seine Verpflichtung beschränkt sich auf den Bestand und die Durchsetzung des lizenzierten Rechtes, nicht jedoch auf die Verbesserung.

474 Ingerl/Rohnke, MarkenG, § 30 Rn. 60; s.o. Teil 3, A., II., 1.
475 Zur Abgrenzung zur anfänglichen objektiven Unmöglichkeit s.o. Teil 3, B., III., 1.
476 Groß, Der Lizenzvertrag, Rn. 287.

Teil 4: Englisches Contract Law

Verträge, die nicht in einem Dokument festgehalten werden, sind nach englischem Recht unwirksam. Diese Lehre, bekannt als „doctrine of Consideration", beruht auf dem Grundsatz der Gegenseitigkeit.[477] Für einen wirksamen Vertragsschluss reicht aber das bloße Versprechen, irgendetwas zu leisten, nicht aus. Die Parteien müssen jeweils etwas von Wert versprechen.[478]

Hieraus ergeben sich bei der Behandlung von Lizenzverträgen, die ein nichtiges Immaterialgut zum Gegenstand haben, diverse Probleme. Darüber hinaus werden durch die englischen Gerichte verschiedene Bestandteile in einen Vertrag impliziert.[479] Welche gegenseitigen Pflichten ein Lizenzvertrag beinhaltet, wird anhand verschiedener Fälle erläutert. Teil 4 dient daher dazu, ein allgemeines Verständnis für das englische Vertragsrecht zu vermitteln, ohne das ein Verständnis für die Anwendung der allgemeinen Regeln auf das Recht des Geistigen Eigentums nicht möglich ist.

A. Objektive oder subjektive Betrachtungsweise der Frage, ob eine Einigung vorliegt

Die Frage, ob die Parteien einen Vertrag geschlossen haben, wird im englischen Recht anhand einer objektiven Betrachtung über das Bestehen einer Einigung beantwortet.[480] Das englische Recht stellt folglich nicht primär auf die Sicht der Parteien ab, sondern übernimmt die Rolle eines objektiven Beobachters.

Liegt aus der Sicht eines objektiven Beobachters eine Einigung vor, so ist ein Vertrag zwischen den Parteien gegeben. Dabei kann man diese Feststellung objektiv aus Sicht der versprechenden Partei, aus Sicht der Partei, der etwas versprochen wurde, oder aber aus Sicht eines objektiven Dritten treffen.[481]

---

477 Treitel, The Law of Contract, Rn. 3-001 und 3-002.

478 *Thomas v Thomas* (1842) 2 QB 851 (859); Treitel, The Law of Contract, Rn. 3-002; s.u. Teil 4, D.

479 S.u. Teil 4, C., 5.

480 Treitel, The Law of Contract, Rn. 1-002 und 2-002.

481 Vgl. Howarth, LQR 1984, S. 265.

Lediglich in zwei Situationen wurde bisher ein subjektiver Maßstab angesetzt. Es handelt sich dabei zum einen um die Situation, dass eine Partei ein Angebot annimmt, von dem sie weiß, dass die andere Partei es so nicht gemeint hat[482] und zum anderen die Situation, dass eine Partei schuldhaft verkannt hat, dass die andere Partei einen Fehler begangen hat.[483]

Fraglich ist jedoch, aus welcher Sicht im Regelfall eine objektive Betrachtung zu erfolgen hat.

Nach Spencer hat die Feststellung, ob eine Einigung vorliegt, aus Sicht der Partei zu erfolgen, die die Willenserklärung entgegennimmt (sog. „orthodox theory").[484]

Eine zweite Betrachtungsweise wird allgemein als „fly on the wall theory" oder auch „detached objectivity" bezeichnet. Hierbei geschieht die Überprüfung eines Vertragsschlusses mittels eines objektiven Dritten, der die Vertragsgespräche „belauscht" und so einen Eindruck von den Geschehnissen erhält.[485] Das Problem dieser Theorie und auch der Grund, warum sie von der Mehrheit der englischen Entscheidungen abgelehnt wird, ist ihre strenge Objektivität. Die Feststellung einer Einigung geschieht gerade, ohne dabei den Standpunkt einer Vertragspartei zu berücksichtigen, allein auf der Grundlage objektiver Überlegungen. Es kann nach dieser Theorie demnach dazu kommen, dass den Parteien ein Vertrag „aufgezwungen" wird, obwohl beide Parteien selbst noch nicht von einem Vertragsschluss ausgegangen sind.[486]

Die Lösung, welcher Theorie gefolgt werden soll, wird nachfolgend anhand eines Leitfalls hinsichtlich dieser Frage illustriert.[487]

In *Smith v Hughes*[488] wollte ein Bauer Hafer an einen Rennpferdtrainer verkaufen. Die Parteien waren sich schnell einig, jedoch blieb nach der Aussage des Bauers offen, ob es sich bei der Ware um alten Hafer oder um Hafer aus der

---

482 *Hartog v Colin & Shields* (1939) 3 All ER 566; McKendrik, Contract Law, S. 23.

483 *Scriven Brothers & Co v Hindley & Co* (1913) 3 KB 564; McKendrik, Contract Law, S. 23.

484 Spencer, CLJ 1973, 104 (121f.).

485 Vorster, LQR 1987, 274 (275); *Storer v Manchester City Council* (1974) 1 WLR 1403, 1408H (CA); *Upton-on-Severn R.D.C. v Powell.* (1942) 1 All ER 220 (CA); McKendrik, Contract Law, S. 23.

486 Vgl. McKendrik, Contract Law, S. 23 und 28f.

487 *Smith v Hughes* (1871) LR 6 QB 597 (CA); vgl. auch *Centrovincial Estates plc v Merchant Investors Assurance Company Ltd* [1983] WL 215645 (CA); McKendrik, Contract Law, S. 24.

488 *Smith v Hughes* (1871) LR 6 QB 597 (CA).

aktuellen Ernte handelte. Der Trainer dagegen war der Ansicht, der Vertrag beträfe ausschließlich alten Hafer, da er als guter Trainer ausschließlich solchen an seine Pferde verfüttere und dies auch in den Vertragsgesprächen dargelegt habe.

Das Gericht musste entscheiden, ob trotz des Dissenses bez. der Qualität des Hafers (alt oder neu) ein Vertrag gegeben war und welchen Inhalt er hatte.

So stellten die Richter fest, dass die Parteien einig über den Verkauf dieser speziellen Menge Hafer waren und ein Vertrag hierüber also geschlossen wurde. Der Käufer hatte es versäumt, das Alter des Hafers zur Vertragskondition zu machen und musste dementsprechend den Kaufgegenstand abnehmen, gleichgültig welche Qualität er aufweist. Der Verkäufer ist nicht verpflichtet, einen Irrtum des Käufers aufzudecken, auch wenn er ihn erkannt hat. Er darf nur nicht arglistig gehandelt haben.[489]

Auf der anderen Seite stellten die Richter jedoch fest, dass der Verkäufer sich dann nicht auf den geschlossenen Vertrag berufen kann, wenn er den Käufer in der Sicherheit gewogen hat, es handele sich um alten Hafer.

Die Frage war also, wie ein objektiver Empfänger des Verkäuferangebots dieses Angebot aufgefasst hätte. Die Richter prüften, ob der Verkäufer gewusst hatte, dass der Käufer ausschließlich alten Hafer kauft und ihm somit, gemessen an einem objektiven Empfänger, durch seine Willenserklärung ein Angebot zum Erwerb von altem Hafer gemacht hat. Wusste er dies, so ist, auch wenn die Qualität der Sache nicht Vertragskondition geworden ist, die Ansicht eines objektiven Empfängers maßgebend, der diese Qualität als vom Verkäufer angeboten angesehen hat.[490]

Die Frage, ob eine Einigung und damit ein Vertrag gegeben ist, bemisst sich also nach dem objektiven Empfängerhorizont, wie eine vernünftige Person in der Situation des Käufers das Angebot des Verkäufers hätte auffassen können.

B. Die Vereinbarung – „offer“ und „acceptance“

Um einen Vertrag zu schließen, muss zunächst eine Vereinbarung der Parteien gegeben sein. Dies wird von den Gerichten an dem Merkmal eines Angebots festgemacht, das durch die inhaltlich spiegelbildliche Annahme akzeptiert wird.[491]

489 *Smith v Hughes* (1871) LR 6 QB 597 (CA).
490 *Smith v Hughes* (1871) LR 6 QB 597 (CA).
491 McKendrik, Contract Law, S. 46f.

I. „Offer“

Erste Voraussetzung beim Vorliegen eines Angebots ist der Rechtsbindungswille des Anbietenden. Damit ein wirksames Angebot vorliegt, muss es sich bei der Willenserklärung des Anbietenden tatsächlich um ein Angebot und nicht um eine bloße Darstellung des derzeitigen Verhandlungsstatus oder um eine *invitatio ad offerendum* handeln. Der Anbietende muss sich darüber im Klaren sein, dass er sich rechtlich binden will.[492]

Das Angebot muss so angenommen werden, wie es vom Anbietenden geäußert wurde. Jede inhaltliche Veränderung stellt keine Annahme, sondern eine Ablehnung des Angebots mit Äußerung eines neuen Angebots dar.[493] Bei der Frage, ob ein Angebot vorliegt, haben sich vier Beispielgruppen von Transaktionen herausgebildet, die im Folgenden dargelegt werden:

1. Werbung

Damit der Anbietende nicht mit einer unüberschaubaren Anzahl von Personen einen Vertrag eingeht, wenn er eine Werbung aufgibt, wird die Werbung generell als *invitatio ad offerendum* und nicht als Angebot angesehen.[494] Dennoch gibt es Fälle, in denen auch eine Werbung als Angebot gilt.

So war im Fall *Carlill v Carbolic Smoke Ball Company*[495] eine Werbung mit einem Angebot verknüpft, das jedem, der ein spezielles Medikament regelmäßig einnahm und dennoch an einer Grippe erkrankte, einen Anspruch auf Zahlung von 100 Pfund zusicherte.[496]

Die zugesagte Zahlung sollte den Kunden von der Wirksamkeit des Medikaments überzeugen. Ist demnach eine werbende Aussage dermaßen bindend und mit Rechtsbindungswillen gefasst, dass ein objektiver Dritter diese als Angebot auffassen würde, so kommt auch einer werbenden Aussage Angebotsqualität zu.[497]

---

492 Vgl. *Harvey v Facey* (1893) AC 552; *Gibson v Manchester City Council* (1979) 1 WLR 294; Treitel, The Law of Contract, Rn. 2-003.

493 Vgl. *Hyde v Wrench* (1840) 3 Beav 334.

494 *Patridge v Crittenden* (1968) 1 WLR 1204; McKendrik, Contract Law, S. 58f.; Treitel, The Law of Contract, Rn. 2-010.

495 *Carlill v Carbolic Smoke Ball Company* (1893) 1 QB 256, CA.

496 *Carlill v Carbolic Smoke Ball Company* (1893) 1 QB 256, CA.

497 McKendrik, Contract Law, S. 58f.; Treitel, The Law of Contract, Rn. 2-011.

Das Angebot muss dabei klar verständlich, bestimmt und eindeutig sein und darf dabei keinen Platz für Verhandlungen lassen.[498]

2. Warenausstellungen zum Verkauf

Das bloße Auslegen zum Verkauf an sich stellt noch kein Angebot, sondern nur eine *invitatio ad offerendum* dar.[499] Nimmt also ein Kunde eine ausgestellte Ware aus dem Regal und legt sie in seinen Einkaufskorb, so stellt dies noch keinen fertigen Vertragsschluss dar. Auch in diesem Bereich gibt es jedoch Ausnahmen.

Kriterium der Abgrenzung soll das Merkmal sein, ob ein Händler das Recht besitzt, den Verkauf der ausgestellten Waren zu verweigern, wenn der Käufer zum Bezahlen an die Kasse kommt.[500] Dies kann bspw. in Verbindung mit einer Werbeannonce, in der alle zum Kauf erforderlichen Details enthalten sind und nur ein Vorbeischauen im Geschäft verlangt wird, dem Verkäufer verweigert sein. In diesem Fall wäre schon das Auslegen im Geschäft ein Angebot, das der Käufer durch das Betreten des Geschäftes und die dazugehörige Willensäußerung zum Erwerb annimmt.

Die Annahme kann konkludent durch das Ergreifen der Sache oder ausdrücklich geäußert werden. Der Verkäufer kann in diesem Fall nicht ohne Weiteres vom Kaufvertrag Abstand nehmen.[501]

3. Ausschreibung

Generell werden Ausschreibungen bzw. Aufforderungen, ein Preisangebot abzugeben, nicht als selbstständiges Angebot, sondern nur als eine *invitatio ad offerendum* gewertet.[502] Auch hier sind jedoch Ausnahmen möglich.

So haben die Gerichte im Fall *Blackpool and Fylde Aero Club Ltd v Blackpool Borough Council*[503] festgestellt, dass eine Ausschreibung dann auf ein Angebot

---

498 Vgl. *Johnson v Capital City Ford Co.*

499 Vgl. *Pharmaceutical Society of Great Britain v Boots Cash Chemists (Southern Ltd)*; McKendrik, Contract Law, S. 65; Treitel, The Law of Contract, Rn. 2-009.

500 *Lefkowitz v Great Minneapolis Surplus Stores Inc* (1957) 86 NW2d 689; McKendrik, Contract Law, S. 68f.

501 Vgl. McKendrik, Contract Law, S. 68.

502 *Spencer v Harding* (1870) LR 5 CP 561; Treitel, The Law of Contract, Rn. 2-013; McKendrik, Contract Law, S. 72.

503 *Blackpool and Fylde Aero Club Ltd v Blackpool Borough Council* (1990) 1 WLR 1195.

hinauslaufen kann, wenn die Aufforderung, ein Preisangebot abzugeben, nur an einen kleinen Personenkreis gerichtet ist, das Ausschreibungsverfahren bekannt und klar geregelt ist und das Ergebnis dieses Auswahlverfahrens mit den Erwartungen der Parteien generell übereinstimmt.

In dem angegebenen Beispielsfall hatte der Blackpool Borough Council eine Ausschreibung herausgegeben, um einen Betreiber für Vergnügungsflüge zu finden. Die Flüge sollten vom ansässigen Flughafen aus starten. Unter den Adressaten der Ausschreibung war auch der Blackpool and Fylde Aero Club (im Folgenden „Aero Club"), der die Erlaubnis in den vergangenen acht Jahren erhalten hatte. Die Ausschreibung war befristet bis zum 17. März 1983, 12 Uhr mittags. Der Aero Club hatte sein Angebot per Post an diesem Tag vor Mittag übermittelt. Normalerweise wurde auch der Briefkasten des Councils jeden Tag zur Mittagszeit geleert. An diesem Tag geschah dies jedoch nicht, weshalb der Council das Angebot des Aero Clubs als verspätet ansah und einem anderen Betreiber den Zuschlag erteilte. Als der Council davon erfuhr, dass das Angebot des Aero Clubs fristgerecht eingegangen war, wollte er den Vergabeprozess erneut starten, um auch den Aero Club berücksichtigen zu können. Nachdem dem Council aber rechtliche Schritte vonseiten des zweiten Betreibers angedroht worden waren, nahm er von diesem Vorhaben Abstand und blieb bei seiner ursprünglichen Entscheidung. Der Aero Club verfolgte mit der Klage die Betreibererlaubnis gerichtlich zu erlangen. Die Richter mussten entscheiden, ob in diesem Ausnahmefall eine Ausschreibung als Angebot gegenüber dem Aero Club zu werten war oder nicht.

Der Aero Club argumentierte mit der Aussage, dass zwar grundsätzlich eine Ausschreibung kein bindendes Angebot darstelle, aber unter bestimmten Umständen, durch ausdrücklichen Wortlaut oder wie hier durch das Verhalten beider oder nur einer Partei ein konkludentes Angebot vorläge. Der Sachverhalt müsse nach dem objektiven Empfängerhorizont ausgelegt werden. Danach hatte der Aero Club acht Jahre lang die fragliche Erlaubnis inne. In den letzten drei Jahren war er zudem vom Council im Ausschreibungsverfahren ausgewählt worden. Die Parteien sind beide auch davon ausgegangen, dass alle rechtzeitig abgegebenen Angebote bei der Vergabe der Erlaubnis Berücksichtigung finden würden.

Isoliert betrachtet können die vorgebrachten Argumente keinen Grund dafür darstellen, ausnahmsweise einen Vertragsschluss anzunehmen, obwohl „nur" ein Ausschreibungsverfahren vorliegt.

Bei jeder Ausschreibung bleibt es dem Ausschreibenden anheimgestellt, den Bewerber auszuwählen. Er muss weder das höchste Angebot noch das zeitlich erste Angebot noch überhaupt ein Angebot annehmen. Ein Ausschreibungsverfahren dient gerade dazu, eine Vielzahl von Angeboten zu sichten, um die Marktlage in Erfahrung zu bringen.[504]

Bei der kumulativen Betrachtung aller Gesichtspunkte dagegen wird eine andere Betrachtungsweise deutlich. Auch bei Ausschreibungen sind die Prinzipien des Contract Laws zu berücksichtigen. Es bedarf demnach einer individuellen Beurteilung des Falles unter kumulativer Berücksichtigung aller Vertragsumstände.[505]

- Die Ausschreibung ging nur an einen eng begrenzten Personenkreis.
- Das Ausschreibeverfahren war den Parteien geläufig, es war übersichtlich und unverändert.
- In den Augen des Gerichts stimmte das Ergebnis schon im Vorfeld mit den Ansichten der Parteien überein.
- Der Aero Club war Halter der Erlaubnis und hatte somit ein berechtigtes Interesse auf Erneuerung der Erlaubnis.
- Der Council ist Träger öffentlicher Aufgaben und somit verpflichtet, in angemessener Weise Ausgaben zu tätigen.
- Durch Verwendung eines Ausschreibeverfahrens wird der Ausschreibende zwar nicht gezwungen, einen Vertrag mit einem der Anbietenden zu schließen, wohl aber ist er verpflichtet, seine eigenen Auflagen einzuhalten und alle korrekt, insbesondere fristgerecht, eingereichten Angebote zu prüfen und zu berücksichtigen.[506]

Liegen diese Punkte kumulativ vor, so soll aus einer Ausschreibung ein bindendes Angebot werden.[507]

Bedenken gegen diese Vorgehensweise ergeben sich jedoch, wenn man eine Berücksichtigung des Aero-Club-Angebots fingiert. Wäre das Angebot bei der Vergabe berücksichtigt worden und hätte der Council dennoch einem anderen Anbieter den Vorzug gegeben, so bestünde kein Anspruch des Aero Clubs, die Erlaubnis zu erhalten. Streng genommen hat der Aero Club nicht die Vergabe

---

504 McKendrik, Contract Law, S. 72.

505 *Blackpool and Fylde Aero Club Ltd v Blackpool Borough Council* (1990) 1 WLR 1195; McKendrik, Contract Law, S. 76.

506 Unberücksichtigt von dieser Aussage soll jedoch die angemessene Nichtberücksichtigung eines Angebots bleiben, das ihre Nichtberücksichtigung aus internen Gründen erfährt, wie z. B. ein Interessenskonflikt zweier Mitarbeiter der Ausschreibenden und der anbietenden Partei vgl. *Fairclough Building Ltd v Borough Council of Port Talbot* (1993) 62 Build LR 82.

507 Vgl. *Blackpool and Fylde Aero Club Ltd v Blackpool Borough Council* (1990) 1 WLR 1195.

der Erlaubnis verloren, sondern nur die Chance, hieran teilzunehmen.[508] Wem der Council letztendlich die Erlaubnis zugeteilt hätte, wenn das Angebot des Aero Clubs auch berücksichtigt worden wäre, kann abschließend nicht festgestellt werden.[509]

4. Versteigerung

Bei einer Versteigerung fordert der Auktionator das Publikum auf, ein Angebot abzugeben.[510] Die Aufforderung stellt demnach nur eine *invitatio ad offerendum* und noch kein Angebot dar.[511]

Meist werden die Angebote durch Aufrufen eines bestimmten Geldbetrages und die dazugehörige Akzeptanz durch Armheben erwirkt. Das abgegebene Angebot wird jedoch nicht sofort angenommen. Im Gegenteil wird der Auktionator, gleich nach der Abgabe des Angebots, einen höheren Betrag aufrufen, um ein höheres Angebot zu erzielen. Die Annahme des Angebots erfolgt schließlich erst mit dem Hammerschlag des Auktionators.[512]

Bevor das Angebot angenommen wird, können beide Parteien ihr Gebot bzw. die zur Versteigerung ausgestellte Ware zurückziehen. Zieht der Bieter sein Angebot zurück, so besteht jedoch auch das vormals höchste Gebot nicht mehr, denn mit Abgabe eines neuen Gebots im Plenum wird das alte Höchstgebot hinfällig.[513]

Geht der Auktionator versehentlich auf ein unter dem festgelegten Mindestpreis liegendes Gebot ein, so kommt kein Vertrag mit dem Bietenden zustande.[514] Problematisch ist jedoch der Fall, wenn kein Mindestpreis bei einer Auktion angegeben ist, der Auktionator es aber ablehnt, das Höchstgebot anzunehmen.

So lehnte es der Auktionator im Fall *Barry v Davies*[515] ab, das Angebot i. H. v. 200 £ für zwei Maschinen, die einen Wert von je 14.521 £ hatten, anzunehmen, nachdem er vergeblich versucht hatte, Gebote i. H. v. 5.000 £ und 3.000 £ zu erhalten. Der Bieter verlangte daraufhin 27.600 £ Schadensersatz vom Auktionator. Die

508 Treitel, The Law of Contract, Rn. 2-013.

509 McKendrik, Contract Law, S. 77f.

510 Treitel, The Law of Contract, Rn. 2-008.

511 McKendrik, Contract Law, S. 79.

512 *Sale of Goods Act* 1979, Sec. 57 (2); *Payne v Cave* (1789) 3 TR 148; *British Car Auctions Ltd v Wright* (1972) 1 WLR 1519.

513 Vgl. Treitel, The Law of Contract, Rn. 2-008.

514 *McManus v Fortescue* (1907) 2 KB 1.

515 *Barry v Davies* (2000) 1 WLR 1962 CA; Treitel, The Law of Contract, Rn. 2-008.

Höhe des Schadensersatzes ergab sich aus der Summe der Kosten für einen Erwerb auf „normalem“ Weg abzüglich des bei der Auktion abgegebenen Angebots.

Die Richter gaben dem Kläger daraufhin Recht mit der Begründung, dass bei einer Auktion ohne Mindestpreis alle Parteien davon ausgingen, dass der Höchstbietende, unabhängig von der Höhe des abgegebenen Höchstgebotes, den Zuschlag erhält. Dies wurde damit begründet, dass zwischen dem Auktionator und dem Höchstbietenden bei jeder Auktion eine Nebenverpflichtung bestünde, den Zuschlag zu erteilen.[516]

Die Argumentation verwundert, zumal ein Vertrag bei einer Auktion erst mit dem Hammerschlag entsteht und ein Rückzug von beiden Parteien bis zu diesem Zeitpunkt möglich ist.[517] Darüber hinaus stellt die Aufforderung des Auktionators, Gebote abzugeben, gerade kein Angebot dar, das durch die Abgabe des Höchstgebots angenommen werden kann.[518]

Auf der anderen Seite ist es dem Verkäufer nach dem *Sale of Goods Act* untersagt, selbst an seinen Auktionen teilzunehmen.[519] Der Verkäufer kann infolgedessen nicht ohne Weiteres eine Auktion zurücknehmen, nur weil ihm das Gebot zu gering ist.[520] Die Rücknahmemöglichkeit dient dazu, bei Unstimmigkeiten zwischen mehreren Bietern Frieden zu schaffen. Gibt es aber nur einen Bieter, so besteht die Möglichkeit des Verkäufers, die Auktion zu annullieren, gerade nicht.[521]

Die Bieter kommen dorthin mit dem berechtigten Vertrauen auf einen Abschluss der Auktion, bei der der Höchstbietende den Zuschlag erhält.[522] Dies gilt für Auktionen mit und ohne Mindestgebot, wobei der Auktionator bei Auktionen mit Mindestgebot noch die Auktion bis zu dem Zeitpunkt stoppen kann, indem das Mindestgebot noch nicht erreicht ist.[523]

Rechtsfolge der Verweigerung des Auktionators ist indes kein fingierter Vertragsschluss mit dem Verkäufer, sondern vielmehr eine Schadensersatzpflicht des Auktionators.[524] Er kommt seiner Pflicht, den Vertrag zwischen Verkäufer und Höchstbietendem zu vermitteln, nicht nach.

---

516 *Barry v Davies* (2000) 1 WLR 1962 CA; *Warlow v Harrison* (1859) 1 E & B 309.

517 *Sale of Goods Act* 1979, Sec. 57 (2); *Payne v Cave* (1789) 3 TR 148; *British Car Auctions Ltd v Wright* (1972) 1 WLR 1519; Treitel, The Law of Contract, Rn. 2-008.

518 *Payne v Cave* (1789) 3 Durn & E 148.

519 *Sale of Goods Act* 1979, Sec. 57 (4).

520 Vgl. *Warlow v Harrison*, 1 E & B 309.

521 McKendrik, Contract Law, S. 83.

522 Vgl. *Barry v Davies* (2000) 1 WLR 1962 CA.

523 Scott, LMCLQ 2001, 334 (336f.).

524 McKendrik, Contract Law, S. 83.

II. „Acceptance“

Der Gegenpart zum Angebot ist die Annahme. Die Annahme muss so beschaffen sein, dass eine uneingeschränkte Zustimmung zum Angebot vorliegt.[525] Uneingeschränkt in diesem Sinne bedeutet nicht, dass eine wortwörtliche Übereinstimmung des Angebots gegeben sein muss. Auch kleinere Abweichungen in der Annahme sind zulässig. Es ist nur wichtig, dass die Parteien in allen essenziellen Vertragspunkten Einigkeit erwirkt haben.[526] Geht der Wortlaut der Annahme über kleinere Abweichungen hinaus, so liegt keine Annahme, sondern eine Ablehnung des Angebots mit gleichzeitiger Unterbreitung eines neuen Angebots vor.[527]

Äußert demnach der Käufer auf ein Angebot zu 1.000 € seine Zustimmung für 950 € und lehnt der Verkäufer es ab, zu 950 € zu verkaufen, so kann der Käufer nicht mehr auf das Angebot zu 1.000 € zurückkommen. Es bedarf also eines erneuten Angebots zu 1.000 €, um einen gültigen Vertragsschluss zu erwirken.[528]

Auf der anderen Seite ist nicht jede Äußerung des Annehmenden, die keine uneingeschränkte Annahme beinhaltet, eine Ablehnung des gestellten Angebots. So stellte das Gericht im Fall *Stevenson, Jacques & Co v Mc Lean*[529] fest, dass die Äußerung des Annehmenden dahingehend genau betrachtet werden muss, ob ein neues Angebot mit der darin enthaltenen Ablehnung des Erstangebots gegeben ist oder ob nicht vielmehr eine bloße Nachfrage des Annehmenden vorliegt, die das Angebot letztlich nicht entfallen lässt. Letzteres war nach der Auffassung des Richters gegeben, sodass eine darauffolgende, bedingungslose Zustimmung innerhalb des vertraglich vereinbarten Zeitfensters zu einem wirksamen Vertragsschluss führte.

Die verdeutlichte starre Regelung der absoluten Übereinstimmung von Angebot und Annahme hat in der Praxis zu verschiedenen Problemen bei Vertragsschlüssen geführt. Hier bilden sich häufig eigene Verhaltensweisen und Begrifflichkeiten heraus, die einen Vertragsschluss begründen sollen. Darüber hinaus ist die Verwendung von Musterverträgen üblich, bei der jede Partei grundsätzlich ihren eignen Mustervertrag als Grundlage sehen möchte. Daraus erwachsen folgende Probleme:

---

525 McKendrik, Contract Law, S. 84; Treitel, The Law of Contract, Rn. 2-019.

526 *Butler MachineTool Co Ltd v Ex-Cell-O Corporation (England) Ltd* (1979) 1 WLR 401 CA.

527 *Butler MachineTool Co Ltd v Ex-Cell-O Corporation (England) Ltd* (1979) 1 WLR 401 CA.

528 Vgl. *Hyde v Wrench* (1840) 3 Beav 334.

529 *Stevenson, Jacques & Co v Mc Lean* (1880) 5 QBD 346.

1. „The battle of forms“

Legen die Vertragsparteien jeweils der anderen Partei Vertragsmuster vor, die sich inhaltlich in gewissen Punkten unterscheiden, stellt sich die Frage, auf welcher Grundlage eine Einigung entstanden ist, was also Inhalt der gegenseitigen Verpflichtungen geworden ist. Zwei prinzipielle Lösungsansätze haben sich hier herausgebildet.[530]

Der eine Lösungsansatz greift den oben dargelegten Grundsatz aus *Hyde v Wrench*[531] auf. Eine veränderte Zustimmung auf ein Angebot bildet danach ein eigenes Angebot und zugleich die Ablehnung des ersten Angebots. Nach dieser Theorie „gewinnt“ die Partei, die ihre Konditionen als letzte in die Verhandlungen eingebracht hat und gegen die die andere Partei keine Einwände mehr erhoben hat (sog. „last shot theory“).[532]

Das Problem dieser Herangehensweise ist die isolierte Betrachtung des Angebots und ihrer uneingeschränkten Akzeptanz durch die Annahme. Dies führt schnell dazu, zu dem Ergebnis zu kommen, dass die Parteien aufgrund von ständigen Gegenangeboten (sog. „counter-offers“) überhaupt keinen Vertrag geschlossen haben.[533] Die Richter kontrollieren nämlich nur anhand des zeitlich letzten Angebots und der dazugehörigen Annahme, ob eine Einigung vorliegt.[534]

Die zweite Herangehensweise legt mehr Wert auf den Verlauf der Verhandlungen und misst dem zeitlich letzten Angebot weniger Bedeutung zu als die zuvor geschilderte Meinung.[535] Auf diese Art wird die starre Angebot-Annahme-Grenze durchbrochen. In der Praxis sind Vertragsverhandlungen mehr als nur die direkte Zustimmung zu einem abgegebenen Angebot. Sie ziehen sich oft über einen längeren Zeitraum hin, geraten ins Stocken und werden wieder aufgenommen. Hier wird also zunächst festgestellt, ob überhaupt ein Vertrag vorliegt, bevor die Einzelheiten des Vertrages genau untersucht werden.

---

530 Vgl. *Butler MachineTool Co Ltd v Ex-Cell-O Corporation (England) Ltd* (1979) 1 WLR 401 CA; McKendrik, Contract Law, S. 92; Treitel, The Law of Contract, Rn. 2-020f.

531 *Hyde v Wrench* (1840) 3 Beav 334.

532 Vgl. *British Road Services Ltd v Arthur v. Crutchley & Co Ltd* (1968) 1 Lloyd’s Rep. 271, 281–282.

533 McKendrik, Contract Law, S. 91.

534 *Butler MachineTool Co Ltd v Ex-Cell-O Corporation (England) Ltd* (1979) 1 WLR 401 CA.

535 *Butler MachineTool Co Ltd v Ex-Cell-O Corporation (England) Ltd* (1979) 1 WLR 401 CA; Treitel, The Law of Contract, Rn. 2-021.

Unabhängig von der verwandten Form wird bei der Untersuchung gefragt, ob die Parteien bzgl. einzelner Punkte eine Einigung erreicht haben und wie diese aussieht. Dabei ist bei den Punkten, die uneinig geblieben sind, vom Gericht ein objektiver vernünftiger Maßstab bei der Bestimmung des Inhalts anzulegen.[536] Das Gericht darf also auf die Punkte, die aufgrund sich kreuzender Vertragsbestimmungen uneinig geblieben sind, einen objektiven Maßstab ansetzen und so den Parteien dort Pflichten auferlegen, die sie u. U. so nicht vereinbart haben.[537]

Demnach würde es ausreichen, wenn die Parteien bei den essenziellen Vertragspunkten Einigkeit erwirkt haben. Die darüber hinaus uneinig gebliebenen Punkte würde das Gericht dann anhand eines vernünftigen Maßstabs im Sinne der Parteien auslegen.

Bei der Betrachtung, ob ein Vertrag gegeben ist oder nicht, wird von den Gerichten meist der Schriftwechsel als Prüfungsmaßstab herangezogen. Das Argument für diese Herangehensweise ist der Hintergrund eines Vertrages. In Verträgen versprechen sich die Parteien gegenseitig, Pflichten zu erfüllen. Inhalt eines Vertrages ist also nicht das Verhalten der Parteien, sondern deren Aussage.[538]

Eine zweite Sichtweise stellt bevorzugt auf das Verhalten der Parteien ab. Danach liegt ein Vertrag bereits dann vor, wenn die Parteien entsprechend ihrem Umgang miteinander einen Vertragsschluss vermuten lassen.[539]

Im Fall *Mathieson Gee (Ayrshire) Ltd v Quigley*[540] setzten sich die Richter mit der Unterscheidung weiter auseinander. Das Problem in dem angegebenen Fall war, dass der Kläger ein Angebot zur Verfügungstellung von Gerätschaften gemacht hatte, mit denen Schlamm vom Boden eines Teiches entfernt werden kann. Der Beklagte richtete aber in seinem Antwortschreiben seine Annahme auf eine Entfernung des Schlamms vom Boden seines Teiches. Der Kläger schickte daraufhin Personal und die Gerätschaften zum Beklagten und entfernte den Schlamm vom Boden des Teiches. Der Beklagte wollte jedoch anschließend die Kosten hierfür nicht tragen mit der Begründung, diese seinen unverhältnismäßig hoch.

Das Gericht stellte in seinem Urteil fest, dass nicht auf das Verhalten der Parteien abzustellen sei, sondern auf ihren Schriftwechsel. Danach lag kein Konsens vor,

---

536 *Butler MachineTool Co Ltd v Ex-Cell-O Corporation (England) Ltd* (1979) 1 WLR 401 CA.

537 Zum Umfang und den Inhalten solcher implizierten Vertragsbestandteile s.u. Teil 4, E.

538 McKendrik, Contract Law, S. 93.

539 McKendrik, Contract Law, S. 93.

540 *Mathieson Gee (Ayrshire) Ltd v Quigley* (1952) SC (HL) 38.

weshalb überhaupt kein Vertrag geschlossen wurde. Zwar ist dem Gericht bei der Feststellung zuzustimmen, dass auf der Grundlage der Abreden kein Vertrag zustande gekommen war; leider wurde aber die Möglichkeit einer konkludenten Annahme durch den Kläger außer Betracht gelassen.

Im englischen Recht muss eine Willenserklärung nicht zwangsläufig ausdrücklich angenommen werden. Eine konkludente Annahme ist insbesondere durch Versendung der bestellten Ware oder durch den Beginn der georderten Dienstleistung möglich.[541]

Nach den Regeln von „offer" und „counter-offer" hätte das Gericht in der veränderten „Annahme" des Beklagten ein eigenes Angebot an den Kläger erblicken können, was auf der anderen Seite wiederum eine Anwendung der „last shot theory" mit sich bringt.

Die Partei, die zuletzt ihre Vertragsbedingungen in die Verhandlungen einbringt, gibt ein Angebot ab, das u. U. nur konkludent durch Auslieferung der Ware angenommen wird.

Anders war dies jedoch im Fall Butler *MachineTool Co Ltd v Ex-Cell-O Corp.*[542] In diesem Fall ging es um eine Preisanhebungsklausel, die in den Vertragsbedingungen des Verkäufers enthalten war. Der Käufer antwortete auf das Angebot mit einer Bestellung, die ihrerseits Vertragsbedingungen ohne Preisanhebungsklausel enthielt. Der Verkäufer bestätigte diese Bedingungen mit seiner Unterschrift auf einem beigelegten Abreiß-Beleg, fügte jedoch seinerseits wiederum einen Brief bei, indem er bestätigte, er werde die Bestellung in Übereinstimmung mit dem ursprünglich geäußerten Angebot eintragen.

Hier wurde vom Gericht festgestellt, dass die Preisanhebungsklausel nicht Teil des Vertrages wurde, obwohl der Verkäufer „den letzten Schuss" getätigt hatte.

Durch den bloßen Verweis auf den Gegenstand des ersten Angebots wurde nur auf diesen Gegenstand Bezug genommen. Die übrigen Vertragsbedingungen blieben dagegen außen vor.[543]

Will eine Partei, dass ihre Vertragsbedingungen Bestandteil des Vertrages werden und antwortet sie auf ein Angebot ihres Vertragspartners, so hat sie,

---

541 *Harvey v Johnston* (1848) 6 C.B. 295 (305); *Steven v Bromley & Son* (1919) 2 KB 722 (728); *Interfoto Picture Library Ltd v Stiletto Visual Programmes Ltd* (1989) QB 433 (436); *The Kurnia Dewi* (1997) 1 Lloyd's Rep. 533.

542 *Butler MachineTool Co Ltd v Ex-Cell-O Corporation (England) Ltd* (1979) 1 WLR 401 (405) CA.

543 Treitel, The Law of Contract, Rn. 2-021.

insbesondere wenn schon ein mehrmaliger Austausch von Angebot und Gegenangebot stattgefunden hat, explizit auf ihre Vertragsbedingungen hinzuweisen. Das Verfahren für die Bestimmung des Vertragsinhalts findet wie folgt statt:

Der komplette Austausch von Willenserklärungen ist zu berücksichtigen. Dabei wird beginnend mit dem zeitlich ersten Angebot versucht, eine Übereinstimmung mit der zweiten Willenserklärung zu finden. Lediglich die sich widersprechenden Vertragsbestandteile werden aus dem Gesamtvertrag annulliert und durch den Inhalt der zuletzt abgegebenen Willenserklärung ersetzt. Hier soll bewusst nicht von Angebot und Annahme gesprochen werden, zumal die Grenzen von Angebot und Gegenangebot dann verwischen, wenn Teile einer Willenserklärung abgespalten und zum Gesamtvertrag zusammengefügt werden. Ein bloßer Blick auf die letzte Willenserklärung ist somit nicht angezeigt. Vielmehr ist auch der Inhalt der beiderseitigen Kommunikation zu betrachten und nur die sich darin kreuzenden Vertragsbestandteile unterliegen der „last shot theory“.[544]

2. Übermittlung der Annahme an den Anbietenden?

Grundregel im englischen Recht ist die Unwirksamkeit einer Annahme bis zu ihrer Übermittlung an den Anbietenden.[545] Unter gewissen Umständen kann aber von dieser Grundregel abgewichen werden.

a) Übermittlung an einen Vertreter

Zunächst ist es möglich, anstatt die Annahme an den Anbietenden zu übermitteln, diese an einen Vertreter zu senden. Wann der Vertragsschluss als geschlossen gilt, hängt davon ab, welche Vollmacht der Vertreter innehat.

Erstreckt sich die Vollmacht auf die Annahme einer Willenserklärung, so wird der Vertrag bereits dann geschlossen, wenn dem Vertreter die Annahme übermittelt wird. Beschränkt sich die Vollmacht auf die Annahme und die darauf folgende Übermittlung der Willenserklärung, kommt es auf den Zeitpunkt an, an dem der Vertreter die Annahmeerklärung an den Anbietenden weiterleitet.[546]

---

544 McKendrik, Contract Law, S. 96.

545 *M'Iver v Richardson* (1813) 1 M. & S. 557; *Ex p. Stark* (1897) 1 Ch 575; *Holwell Securities Ltd v Hughes* (1974) 1 WLR 155 (157); *The Leonidas D* (1985) 1 WLR 925 (937).

546 Vgl. *Henthorn v Fraser* (1892) 2 Ch 27 (33); Treitel, The Law of Contract, Rn. 2-025.

b) Fehler aufseiten des Anbietenden

Der Anbietende kann sich u. U. dann nicht auf einen fehlenden Zugang der Annahmeerklärung berufen, wenn die Übermittlung der Annahmeerklärung auf einem Fehler beruht, der in seinem Pflichtenkreis liegt. Dies kann bspw. dann der Fall sein, wenn der Anbietende die Annahmeerklärung per Telefonat übermittelt bekommen soll, aufgrund von Lärm diese jedoch nicht erhält, es darüber hinaus aber auch nachzufragen versäumt.[547]

Auch wenn die Annahmeerklärung schriftlich abgegeben wird, der Anbietende es aber versäumt, diese zu lesen, so liegt eine wirksame Übermittlung vor, wenn die Erklärung zu den Bürozeiten in den Risikobereich des Anbietenden gelangt ist.[548] Geht die Erklärung außerhalb der Bürozeiten ein, so ist der darauf folgende Tag als Zugangsdatum maßgebend.[549]

c) Verzicht auf eine Annahmeerklärung

Die Parteien können ausdrücklich oder stillschweigend auf eine Annahmeerklärung verzichten. Üblich ist dies bspw. bei der Übermittlung eines Kaufangebots durch Versenden der Ware. Hier wird durch die Ingebrauchnahme der Sachen das Angebot konkludent angenommen.[550]

Gleiches gilt beim Kauf von Waren mit gleichzeitigem Auftrag, diese zu versenden. Hier kann durch das bloße Versenden der Ware das Angebot angenommen werden.[551]

d) Postalische Annahme

Übermittelt der Annehmende seine Willenserklärung per Post, so gilt der Vertrag als geschlossen, sobald der Brief, der die Annahmeerklärung enthält, bei der Post aufgegeben wurde.[552] Aufgeben in diesem Sinne bedeutet ausschließlich die

---

547 *Entores Ltd v Miles Far east Corp.* (1955) 2 QB 327 (333); Treitel, The Law of Contract, Rn. 2-026.

548 *The Brimnes* (1975) QB 929, dort für ein Telefax, das zwar ausgedruckt aber nicht gelesen wurde.

549 *The Pamela* (1995) 2 Lloyd's Rep. 249 (252).

550 *Weatherby v Banham* (1832) 5 C & P 228.

551 *Port Huron Machinery Co v Wohlers* (1928) 221 NW 843.

552 *Henthorn v Fraser* (1892) 2 Ch 27 (33); *Adams v Lindsell* (1818) 1 B. & Ald. 681; McKendrik, Contract Law, S. 109; Treitel, The Law of Contract, Rn. 2-030.

Überstellung des Briefes in den Herrschaftsbereich der Poststelle oder die Übergabe an einen zum Empfang von Briefen berechtigten Mitarbeiter.[553]

Die Parteien müssen einen plausiblen Grund haben, den Postweg für ihre Vertragsverhandlungen zu wählen. Nutzt eine Partei die Aufgabe bei der Post, obwohl im Vorfeld die Vertragsverhandlung am Telefon bzw. per Fax geführt wurde, oder gibt die annehmende Partei die Annahmeerklärung bei der Post auf, obwohl sie weiß, dass die Post im Augenblick ernsthafte Probleme bei der Übermittlung von Briefen hat, so greift die Regel, dass die Annahme mit Aufgabe bei der Post erfolgt ist, nicht.[554]

Ein plausibler Grund kann dagegen auch dann gegeben sein, wenn der Anbietende dem Annehmenden das Angebot in Anwesenheit beider Parteien übermittelt, das Angebot eine Annahmefrist beinhaltet und die annehmende Partei zurück zu ihrem Standort fährt.[555]

Entscheidendes Kriterium der Anwendbarkeit dieser Regel ist, ob die Parteien die postalische Übermittlung als adäquates Mittel zur Übermittlung der Annahme in Betracht gezogen haben. Liegen dagegen keine rationalen Gründe für den Postweg vor oder hat der Anbietende u. U. ausdrücklich den Postweg zur Übermittlung der Annahme ausgeschlossen, so findet die dargestellte Regel keine Anwendung.[556]

Auch eine Übertragung der Postregel auf neuere Kommunikationsmittel wie Fax oder E-Mail ist nicht möglich.[557]

e) *Vom Anbietenden festgelegte Art der Annahme*

Legt der Anbietende Regeln für die Annahme fest, z. B. an welchem Ort diese zu erfolgen hat oder dass ausschließlich eine schriftliche Annahmeerklärung wirksam ist, so wird der Anbietende erst gebunden, wenn die Annahme in der festgelegten Art und Weise erfolgt.[558]

Trotz dieser Festlegung bleibt es dem Anbietenden unbenommen, eine Annahmeerklärung, die nicht der festgelegten Form entspricht, zu akzeptieren und damit auf seine selbst aufgestellten Regeln zu verzichten.[559] Darüber hinaus kommt

553 *Brinkibon Ltd v Stahag Stahl und Stahlwarenhandelsgesellschaft mbH* (1983) 2 AC 34 (41); *Re London & Northern Bank* (1900) 1 Ch 220.

554 *Quenerduaine v Cole* (1883) 32 WR 185; Treitel, The Law of Contract, Rn. 2-032.

555 *Henthorn v Fraser* (1892) 2 Ch 27 (33).

556 Vgl. *Holwell Securities Ltd v Hughes* (1974) WLR 155.

557 Vgl. *Brinkibon Ltd v Stahag Stahl und Stahlwarenhandelsgesellschaft mbH* (1983) 2 AC 34 (41); Treitel, The Law of Contract, Rn. 2-034.

558 *Frank v Knight* (1973) OQPD 113; *Financings Ltd v Stimson* (1962) 1 WLR 1184 (1186); McKendrik, Contract Law, S. 105; Treitel, The Law of Contract, Rn. 2-040.

559 McKendrik, Contract Law, S. 105.

die bereits beschriebene Regel von „offer“ und „counter-offer“ in Betracht. Eine aufgrund mangelnder Formwahrung unwirksame Annahme bildet danach ein eigenes Angebot, das der ursprünglich Anbietende seinerseits wieder konkludent oder ausdrücklich annehmen kann.[560]

f) Schweigen als Annahme

Generell gilt Schweigen als Ablehnung eines unterbreiteten Angebots.[561] Auch wenn ein Angebot so formuliert ist, dass darin Schweigen als Annahme gewertet wird, bindet dies den Annehmenden nicht.[562] Vertragsparteien müssen demnach keine aktiven Schritte unternehmen, um ihnen unterbreitete Angebote abzulehnen.

Ausnahmsweise kann Schweigen als Annahme gewertet werden. Dies ist insbesondere der Fall, wenn der Anbietende selbst darum bittet, sein Schweigen als Annahme zu werten, bspw. durch einen vom Annehmenden erstellten Angebotsbrief, der sein Schweigen als Annahme vorsieht.[563]

Darüber hinaus können auch fortlaufende Vertragsbeziehungen oder eine ständige Praxis, in der auf Angebote geschwiegen wurde und dennoch ein Vertrag zustande gekommen ist, dazu führen, Schweigen als Annahme zu werten.[564] Auch ein Verhalten, das trotz eigentlicher Unwirksamkeit des Vertrages darauf schließen lässt, dass der Vertrag wirksam ist, kann zu einer wirksamen Bindung der Vertragsparteien führen.[565]

Darüber hinaus existiert eine ausdrückliche oder implizierte Verpflichtung, eine Ablehnung zu formulieren, die dem Inhalt der Vertragsverhandlungen entstammen kann oder aus den Gewohnheiten resultiert, die in einem bestimmten Geschäftszweig üblich sind.[566]

Demgegenüber ist die Annahme durch Schweigen von der konkludenten Abgabe einer Willenserklärung abzugrenzen. Wenn bspw. ein Mieter das ihm unterbreitete

---

560 *Wetter Electric Ltd v Welsh Development Agency* (1983) QB 796.

561 McKendrik, Contract Law, S. 106; Treitel, The Law of Contract, Rn. 2-043.

562 *Felthouse v Bindley* (1862) 11 CBNS 869, 142 ER 1037; Treitel, The Law of Contract, Rn. 2-043.

563 Vgl. *Alexander Hamilton Institute v Jones* (1924) 234 Ill. App.; Treitel, The Law of Contract, Rn. 2-044.

564 Vgl. *Cole-McIntyre-Norfleet Co v Holloway* (1919) 141 Tenn. 679; 214 SW 87; Treitel, The Law of Contract, Rn. 2-044.

565 *Vitol SA v Norelf Ltd* (1996) AC 800 (811); McKendrik, Contract Law, S. 109.

566 Vgl. *The Agrabele* (1985) 2 Lloyd's Rep. 496 (509); *Re Selectmove* (1995) 1 WLR 474 (478); *Minories Finance Ltd v Afribank Nigeria Ltd* (1995) 1 Lloyd's Rep. 134; Treitel, The Law of Contract, Rn. 2-044.

Angebot, einen Mietvertrag abzuschließen, durch Nutzung der Mietsache annimmt, liegt keine Form des Schweigens auf ein Angebot vor, sondern vielmehr eine konkludente Annahme des Angebots durch vertragskonformes Verhalten.[567]

3. Annahme bei einseitig verpflichtenden Verträgen

Einseitig verpflichtende Verträge zeichnen sich dadurch aus, dass eine Partei eine Leistung, meist eine Geldleistung, für die Erbringung eines Dienstes oder eines Erfolges anbietet, ohne dass der Annehmende zu einer Gegenleistung verpflichtet wird (z. B. die Zahlung von 100 €, wenn die Gegenpartei zu Fuß von London nach York geht.)[568]

Ist ein Angebot für einen einseitig verpflichtenden Vertrag ausgesprochen worden, so kann der Annehmende dieses durch vollständige Erfüllung der dargelegten Konditionen annehmen.[569] Er ist nicht verpflichtet, den Anbietenden vorher von der Erbringung der Konditionen zu unterrichten.[570] Der Anbietende kann jedoch, wie bei allen Willenserklärungen, das Angebot zurückziehen, bevor es angenommen wurde.[571]

Fraglich ist jedoch, ob eine Rücknahme auch dann noch möglich ist, wenn der Annehmende bereits einen Teil der geforderten Leistung erbracht hat, wenn er bspw. bereits auf halbem Weg zu Fuß nach York ist. Die allgemeine Regel muss also lauten, dass zwar ein Erfüllungsanspruch erst dann entsteht, wenn der Annehmende die Konditionen vollständig erbracht hat, der Anbietende jedoch bereits ab dem Zeitpunkt gebunden ist, an dem der Annehmende mit der Erbringung der Leistung begonnen hat.[572]

4. Annahme in Unkenntnis eines Angebots

Die Annahme eines Angebots in Unkenntnis ihrer Existenz kann im Grunde nur dann entstehen, wenn ein einseitig verpflichtender Vertrag besteht.[573] Grundsätzlich

---

567 *Roberts v Hayward* (1828) 3 C & P 432; Treitel, The Law of Contract, Rn. 2-047.

568 McKendrik, Contract Law, S. 117.

569 *Daulia Ltd v Four Millbank Nominees Ltd* (1978) Ch 231 (238); Treitel, The Law of Contract, Rn. 2-052.

570 *Carlill v Carbolic Smoke Ball Co* (1893) 1 QB 256; McKendrik, Contract Law, S. 117; Treitel, The Law of Contract, Rn. 2-052.

571 McKendrik, Contract Law, S. 117.

572 Vgl. *Daulia Ltd v Four Millbank Nominees Ltd* (1978) Ch 231 (238); *Errington v Errington* (1952) 1 KB 290; McKendrik, Contract Law, S. 117.

573 Vgl. McKendrik, Contract Law, S. 118.

müssen beide Parteien von der Existenz der Annahme wissen, denn das Ziel eines jeden Vertrages ist es gerade, eine Übereinkunft zu treffen.

Bei einseitig verpflichtenden Verträgen dagegen kann eine Annahme durch Erfüllung der gestellten Konditionen erfolgen.[574] Ist das Angebot eines solchen Vertrages an einen unbestimmten Personenkreis gestellt und erbringt eine Person die Konditionen, ohne Kenntnis vom Angebot zu haben, so stellt sich die Frage, ob der Annehmende einen Anspruch auf die versprochene Gegenleistung hat.

Die beiden Fälle, nach denen eine Abgrenzung aufgezeichnet wird, sind *Williams v Carwadine*[575] und *R. v Clarke.*[576] In beiden Fällen war eine Belohnung für Hinweise, die zur Verurteilung des Mörders im speziellen Fall führen würden, versprochen worden. In beiden Fällen stellte sich der Täter in Kenntnis der Auslobung. Im ersten Fall jedoch stellte sich die Täterin, um die Belohnung zu kassieren, im zweiten Fall stellte sich der Täter, „um sich von der ihm anhaftenden Schuld zu befreien".

Die Richter stellten fest, dass nur im ersten Fall ein Anspruch auf die Belohnung gegeben war. Es reicht also die Kenntnis über das Angebot nicht aus, der Annehmende muss auch (und stimmen seine Motive noch so wenig mit den Motiven des Anbietenden überein) die Leistung zum Erhalt der versprochenen Leistung erbringen.[577]

Eine Annahme in völliger Unkenntnis des Angebots ist somit nicht möglich.

5. Rücknahme des Angebots

Bis zur Annahme des Angebots ist es dem Anbietenden möglich, sein Angebot zurückzunehmen. Für die Rücknahme ist aber entgegen der oben beschriebenen „postal rule" der Zeitpunkt der tatsächlichen Übermittlung an den Annehmenden maßgebend.[578]

Bei Kaufleuten soll dann aber diese Regel mit der Einschränkung gelten, dass eine tatsächliche Übermittlung auch dann als gegeben angesehen wird, wenn sie zu den Bürozeiten beim Annehmenden eingegangen ist.[579] Dabei ist es unerheblich,

---

574 McKendrik, Contract Law, S. 119.

575 *Williams v Carwadine* (1833) 5 C & P 566.

576 *R. v Clarke* (1927) 40 CLR 227.

577 *Williams v Carwadine* (1833) 5 C & P 566; *R. v Clarke* (1927) 40 CLR 227; McKendrik, Contract Law, S. 118; Treitel, The Law of Contract, Rn. 2-050.

578 *Byrne & Co v Van Tienhoven & Co* (1880) 5 CPD 344; *Henthorn v Fraser* (1892) 2 Ch 27 (32); McKendrik, Contract Law, S. 120; Treitel, The Law of Contract, Rn. 2-058.

579 *The Brimnes* (1975) QB 929; McKendrik, Contract Law, S. 122.

von wem der Annehmende erfährt, dass der Anbietende von seinem Angebot Abstand genommen hat. Es muss sich lediglich um eine glaubwürdige Quelle handeln, von der der Annehmende die Information erhält.[580]

C. „Uncertain and incomplete agreements“

Sind die Vereinbarungen eines Vertrages zu ungenau oder hat die Vereinbarung essenzielle Lücken, wird darin kein fertiger Vertrag gesehen, der die Parteien bindet.[581]

So wurde bspw. die Vereinbarung zum Kauf auf Raten als zu ungenau bezeichnet, um einen Vertrag darzustellen.[582] Es gibt zu viele Arten eines Ratenkaufs, als dass darin eine genaue Bezeichnung der Vereinbarung gesehen werden könnte.

Auf der anderen Seite wird nicht erwartet, dass die Parteien einen präzisen, lückenlosen Vertrag aufgestellt haben. Insbesondere, wenn die Parteien schon nach dem Vertrag gearbeitet haben, werden die Gerichte alles tun, um ihn am Leben zu erhalten.[583]

So kann bspw. ein unbestimmter Vertrag durch gewöhnliche Verträge gleicher Art ausgelegt und ergänzt werden oder es wird ein vernünftiger Maßstab zum Erhalt und zur Auslegung des Vertrages angesetzt.[584]

Hat ein Vertrag Lücken, weil die Parteien bei Teilen des Vertrages zu keiner Einigung gekommen sind, aber dennoch schon mit dem Vollzug beginnen möchten, oder Lücken im Vertrag bestehen, die bewusst offengelassen wurden, um sie in der Zukunft genauer zu spezifizieren, so ist zu prüfen, ob die bestehenden Vereinbarungen ausreichen, um einen Vertrag anzunehmen.[585]

I. Hauptvereinbarung

Haben die Parteien nur eine Übereinstimmung bzgl. der Hauptleistungen getroffen, stellt sich die Frage, ob dies für einen gültigen Vertrag ausreicht. Ein Mietvertrag, der den Beginn der Mietzeit nicht vorsieht, ist demnach unwirksam.[586]

---

580 Vgl. *Dickinson v Dodds* (1876) 2 Ch D. 463; Treitel, The Law of Contract, Rn. 2-059.
581 McKendrik, Contract Law, S. 128.
582 *Scammell & Nephew Ltd v Ouston* (1941) AC 251.
583 Vgl. *Brown v Gould* (1972) Ch 53 (57f.); Treitel, The Law of Contract, Rn. 2-079.
584 *Hillas & Co Ltd v Arcos Ltd* (1932) 147 LT 503; Treitel, The Law of Contract, Rn. 2-081.
585 McKendrik, Contract Law, S. 136.
586 *Harvey v Pratt* (1965) 1 WLR 1025; Treitel, The Law of Contract, Rn. 2-085.

Es müssen jedoch nicht alle Details abschließend geregelt sein. Der *Sale of Goods Act* von 1982 sieht selbst vor, dass beim Fehlen einer Vereinbarung über den Preis beim Kauf einer Sache ein angemessener Preis zu zahlen ist.[587]

Eine vergleichbare Regelung liegt für die Erbringung von Dienstleistungen vor.[588] Im Umkehrschluss liegt bei andersartigen Verträgen gerade kein bindender Vertrag vor, wenn sich die Parteien uneinig über den zu zahlenden Preis sind oder es gar versäumt haben, hierüber Vertragsverhandlungen zu führen.[589] In diesen Fällen ist die Regel, eine angemessene Summe zur Zahlung anzunehmen, nicht anwendbar.

Zwar bleibt die Möglichkeit gegeben, eine solche angemessene Summe einzuklagen, dies geschieht dann aber gerade aufgrund des Vertrauens in die Wirksamkeit eines nicht bestehenden Vertrages über den Grundsatz der ungerechtfertigten Bereicherung bzw. „Quantum meruit".[590] Eine Voraussetzung ist dort aber, dass gerade kein Vertrag über die erbrachten Leistungen geschlossen wurde, wohingegen die Annahme eines angemessenen Kaufpreises beim *Sale of Goods Act* einen Vertrag bestehen lässt.

II. „Subject to contract"

Der Begriff „subject to contract" entstammt dem Sachenrecht und bedeutet, dass alle „Vereinbarungen", die unter „subject to contract" getroffen wurden, lediglich vorläufiger Natur sind und noch keinen Vertragsschluss nach sich ziehen.[591]

Dadurch wird vermieden, dass mündliche Abreden versehentlich als Vertragsschluss gewertet werden. Solange die Vereinbarungen unter „subject to contract" getroffen werden, liegt solange kein wirksamer Vertrag vor, bis die Parteien die Vertragsdokumente ausgetauscht haben.[592]

Beide Parteien können vom Vertrag Abstand nehmen, ohne rechtliche Konsequenzen fürchten zu müssen. Steht der eigentliche Sinn des Vertragsdokuments in krassem Widerspruch zu „subject to contract", kann im Einzelfall eine

587 *Sale of Goods Act* 1982, Sec. 8 (2).
588 Sec. 15 (1) *Supply of Goods and Services Act* 1982.
589 *May & Butcher v The King* (1934) 2 KB 17n; *Courtney & Fairbain Ltd v Tolaini Bros (Hotels) Ltd* (1975) 1 WLR 297; Treitel, The Law of Contract, Rn. 2-086.
590 McKendrik, Contract Law, S. 100 und 135ff.
591 Gray and Gray, Land Law, Rn. 8.1.17.
592 *Eccles v Bryant & Pollock* (1948) Ch 93; Treitel, The Law of Contract, Rn. 2-088 und Rn. 4-006.

Nichtberücksichtigung dieser Regel erfolgen. Dies ist bspw. dann der Fall, wenn der Erwerber deutlich macht, eine rechtliche Bindung einzugehen, gleichzeitig aber den Begriff des „subject to contract“ verwendet.[593] Darüber hinaus kann die Anwendung von „subject to contract“ von einem Begleitvertrag verdrängt werden. Liegt bspw. ein Begleitvertrag vor, der es einer Partei verbietet, für zwei Wochen mit einer anderen Person Vertragsverhandlungen zu beginnen, können die Möglichkeiten, ohne rechtliche Konsequenzen vom Vertrag Abstand zu nehmen, eingeschränkt sein.[594]

III. „Terms to be agreed“

Vereinbaren die Parteien eine langfristige vertragliche Zusammenarbeit, kann es wichtig sein, eine gewisse Flexibilität in den Vertrag einzubauen. Dies bedeutet aber auch, dass Teile des Vertrages zunächst bewusst ungeregelt bleiben.

Lassen die Parteien eine Passage mit der Anmerkung „to be agreed“ offen, hängt die rechtliche Bindung von der Intention der Parteien ab. Ein Rückschluss auf die Intention kann über den Stellenwert der offengelassenen Passage und über das Ausmaß, in dem die Parteien den Vertrag bereits vollzogen haben, geschlossen werden. Der ungeregelte Teil darf jedoch nicht zu umfangreich sein oder entscheidende Grundlagen des Vertrages betreffen.[595]

Bleiben essenzielle Vertragsbestandteile ungeregelt, wird unterstellt, dass die Parteien noch nicht die Absicht hatten, eine Verpflichtung einzugehen.[596] Es liegt dann kein gültiger Vertrag vor.

Dagegen versuchen englische Gerichte zu vermeiden, Passagen eines Vertrages für unwirksam zu erklären, die von den Parteien mit der Absicht vereinbart wurden, danach zu arbeiten und sich gegenseitig zu binden.[597] So kann

---

593 *Michael Richard Properties Ltd v St. Savior Parish* (1975) 3 All ER 416; *Westway Homes v Moore* (1991) 63 P & CR 480; Gray and Gray, Land Law, Rn. 8.1.18; Treitel, The Law of Contract, Rn. 4-010.

594 Vgl. *Pitt v PHH Asset Management Ltd* (1993) 1 WLR 327; Gray and Gray, Land Law, Rn. 8.1.17.

595 *May & Butcher v R.* (1934) 2 KB 17n; *King's Motors (Oxford) Ltd v Lx* (1970) 1 WLR 426; Treitel, The Law of Contract, Rn. 2-086.

596 *May & Butcher v R.* (1934) 2 KB 17n; *King's Motors (Oxford) Ltd v Lx* (1970) 1 WLR 426; Treitel, The Law of Contract, Rn. 2-086.

597 *Brown v Gould* (1972) Ch 53 (57f.); *Smith v Morgan* (1971) 1 WLR 803 (807); Treitel, The Law of Contract, Rn. 2-093.

eine offengelassene Preisabrede, die schriftlich festgehalten wurde und bereits über mehrere Jahre funktioniert hat, als bindend angesehen werden mit der Folge, dass der Vertrag gültig ist und ein angemessener Preis gezahlt werden muss.[598]

Im Ergebnis ist demzufolge im Einzelfall zu überprüfen, ob der offengelassene Vertragsteil in dem Maße den Inhalt des Vertrages beeinflusst, dass sein Fehlen zur Unwirksamkeit der rechtlichen Bindung führt. Anderenfalls ist die Intention der Parteien vorrangig, einen Vertrag zu schließen, der in Teilen noch ungeregelt ist.

Von der grundsätzlichen Unwirksamkeit eines Kaufvertrages, die eintritt, wenn kein konkreter Kaufpreis vereinbart wurde, ist die Möglichkeit abzugrenzen, dem Vertragspartner ein Vorkaufsrecht einzuräumen, bei dem der konkrete Kaufpreis jedoch noch nicht übereinstimmend festgelegt wurde.[599] Bei diesem sog. „right of pre-emption“ wird der Vertragspartei nur das Recht eingeräumt, als erste Partei ein Kaufangebot zu erhalten, wenn der Eigentümer zum Verkauf bereit ist. Es liegt demnach noch kein konkretes Angebot vor.[600]

Erst wenn der Eigentümer zum Verkauf bereit ist, trägt das „right of pre-emption“ dazu bei, dass der Begünstigte als Erster ein Kaufangebot erhält. Die dann vom Eigentümer festgelegte Summe ist sodann Gegenstand des Kaufangebots und mithin nicht mehr ungeregelt. Der potenziell Annehmende ist daraufhin frei, das Angebot anzunehmen oder es abzulehnen.[601]

Wird in einem Vertrag der Preis offengelassen, die Kalkulation jedoch an festgelegte Regeln geknüpft, wie z. B. eine offizielle Preisliste oder ein üblicher Marktpreis, so stellt dies kein Hindernis für einen wirksamen Vertrag dar.[602] Hängt die Kalkulationsmethode jedoch von mehreren unüberschaubaren Faktoren ab, so bedeutet auch dies keinen bestimmbaren Preis, was zur Ungültigkeit des Vertrages führt.[603]

---

598 *Foley v Classique Coaches Ltd* (1934) 2 KB 1; Treitel, The Law of Contract, Rn. 2-093.

599 *Tiffany Investments Ltd v Bircham & Co Nominees (No.2) Ltd* (2001) EWCA Civ. 1759.

600 *Tiffany Investments Ltd v Bircham & Co Nominees (No.2) Ltd* (2001) EWCA Civ. 1759; Treitel, The Law of Contract, Rn. 2-094.

601 *Smith v Morgan* (1971) 1 WLR 803.

602 *Hillas & Co v Arcos Ltd* (1932) 147 LT 503.

603 *Gilatt v Sky Television Ltd (Formely Sky Television Plc)* (2000) 1 All ER (Comm.) 461.

IV. „Severance“

Neben der Auslegung von Verträgen haben die Gerichte auch die Möglichkeit, die unbestimmten Teile eines Vertrages aus diesem zu streichen und den Vertrag im Übrigen unangetastet bestehen zu lassen.[604] Das Problem bei dieser Methode ist die Abgrenzung zu Vertragspassagen, die bisher bewusst offengelassen wurden. Nur weil ein Teil eines Vertrages unbestimmt ist, kann das Gericht diesen noch nicht aus dem Vertrag streichen. Es ist notwendig, dass die Passage bedeutungslos und dadurch überflüssig ist.[605]

Im Fall *Nicolene Ltd v Simmonds*[606] hatte der Beklagte auf das Angebot des Klägers hin geantwortet, dass er aufgrund der direkten Anfrage an ihn die Bestellung nicht mit seinem üblichen Antwortschreiben bestätigen könne, zumal darin „Force-Majeure“- und „War“-Klauseln enthalten seien. Er gehe dennoch davon aus, dass ein wirksamer Vertrag zwischen den Parteien vorliege, der die üblichen Konditionen beinhalte. Anschließend blieb die Lieferung jedoch aus, weshalb der Kläger Schadensersatz wegen Vertragsbruches verlangte. Der Beklagte dagegen erwiderte, ein Vertrag sei gar nicht zustande gekommen. Es gebe keine üblichen Konditionen zwischen den Parteien. Aus diesem Grunde sei der Inhalt des Vertrages nicht ausreichend bestimmt gewesen.

Die Richter zogen in diesem Fall erstmals eine Grenze zwischen „terms to be agreed“ und Klauseln, die überflüssig sind. Fallen letztere ersatzlos weg, so bleibt der Vertrag im Übrigen sinnvoll und durchführbar, wohingegen bei „terms to be agreed“ ohne weitere Konkretisierungen eine Ausführung des Vertrages unmöglich wird.[607]

Fallen wie hier die „üblichen Konditionen“ weg, ist der Vertrag mit dem Inhalt, den die Parteien im Übrigen geschlossen hatten, weiterhin ausführbar. Eine Reduktion des Vertrages auf den übrigen Teil ist somit möglich.

V. „Implication of terms“

Um einen Vertrag zu erhalten, ist es den Gerichten auch erlaubt, die Lücke des Vertrages selbst zu schließen.[608] Dabei reicht es jedoch nicht aus, dass der von

---

604 McKendrik, Contract Law, S. 145.
605 McKendrik, Contract Law, S. 146.
606 *Nicolene Ltd v Simmonds* (1953) 1 QB 543.
607 *Nicolene Ltd v Simmonds* (1953) 1 QB 543; Treitel, The Law of Contract, Rn. 2-083.
608 McKendrik, Contract Law, S. 146.

den Gerichten eingebrachte Part sinnvoll für den Gesamtvertrag ist, es muss geradezu notwendig sein, diesen einzubringen, um die Vertragssituation zu retten. Je länger die Parteien bereits nach dem Vertrag gearbeitet haben, um so eher ist es den Gerichten erlaubt, hierin einzugreifen und das Geschäft weiterhin möglich zu machen. Umfang und Inhalt der „implied terms" werden in einem gesonderten Abschnitt dieser Arbeit behandelt.[609]

D. „Consideration"

Im englischen Recht wird ein Vertrag erst dann wirksam, wenn die Parteien ihn in einem Dokument niederschreiben oder der versprochenen Leistung einer Partei eine Gegenleistung („Consideration") der anderen Partei folgt.[610] Die bloße Zusage einer Partei, sie werde eine Leistung vornehmen, erwächst demnach noch nicht zu einem bindenden Vertrag.[611]

Auch die Niederschrift in einem Dokument macht das Erfordernis einer Gegenleistung noch nicht überflüssig. Macht der Versprechende in der Erwartung, eine Gegenleistung zu erhalten, eine Zusage, so kann die versprochene Leistung vom Versprechensempfänger nur verlangt werden, wenn er selbst eine Leistung anbieten kann. Ist dies nicht der Fall, handelt es sich nicht um einen gegenseitigen Vertrag, sondern um eine Schenkung. Die Schenkung ist aber dann nicht von der Willenserklärung des Versprechenden gedeckt, sodass er die fehlende Gegenleistung dem Begehren des Versprechensempfängers entgegenhalten kann.[612]

Die Lehre von „Consideration" hat mindestens so viele Befürworter wie Gegner. Den gesamten Streit über diese Lehre darzustellen, würde die Relevanz dieser Theorie für die vorliegende Arbeit überschreiten. Insbesondere ist „Consideration" trotz aller Bedenken ein Teil des englischen Rechts und somit von den Gerichten anzuwenden.[613] Im Folgenden wird also darauf verzichtet, eine theoretische Darstellung des Streites wiederzugeben. Anstelle dessen beschränkt sich die Arbeit auf die Darlegung der Regeln der „doctrine of Consideration", soweit sie für die Pflichten der Parteien eines Vertrages wichtig sind.

---

609 Näheres zu „implied terms" s.u. Teil 4, E.

610 Treitel, The Law of Contract, Rn. 3-001.

611 *Re Hudson* (1885) 54 LJCh 811; *Re Cory* (1912) 29 TLR 18; *Williams v Roffey Bros. & Nicholls Ltd* (1991) 1 QB 1 (19); Treitel, The Law of Contract, Rn. 3-002.

612 Halsbury's Laws of England, vol. 9 (1), § 727.

613 *Johnson v Gore Wood & Co (A Firm)* (2001) 1 All ER 481 (507); McKendrik, Contract Law, S. 151.

I. Allgemeines

Gegenstand von „Consideration“ kann jedes Recht, jedes Interesse, jeder Vorteil oder Nutzen sein, der einer Partei zugutekommt, aber auch jedes Unterlassen, jeder Nachteil, Verlust oder Schaden, den die andere Partei erleidet.[614]

Es reicht aus, wenn entweder positiv gesehen ein Wertzuwachs im Vermögen des Gläubigers oder negativ gesehen ein Wertverlust im Vermögen des Schuldners vorliegt.[615] Meist verhält sich dabei jedoch der Wertzuwachs auf der Seite des Gläubigers proportional zum Wertverlust im Vermögen des Schuldners. So kann die Zahlung einer Geldschuld entweder als Wertzuwachs beim Gläubiger oder als Wertverlust beim Schuldner gewertet werden.[616]

Entsprechend diesen Beschreibungen können dem Rechtsinstitut zwei Grundsätze entnommen werden. Zunächst kann dem Erfordernis von „Consideration“ entweder durch das Vorliegen eines Vorteils beim Gläubiger oder durch das Vorliegen eines Nachteils beim Schuldner Genüge getan werden.[617] Dabei ist es durchaus üblich, dass beide Situationen gleichzeitig bestehen, erforderlich ist es dagegen nicht.

Der zweite Grundsatz besteht in einem Monopol der Gerichte, darüber zu entscheiden, ob „Consideration“ gegeben ist oder nicht. Es findet eine ausschließlich rechtliche Würdigung der Gegenleistung statt, die keine wirtschaftlichen Interessen berücksichtigt. Es wird somit nicht geprüft, ob der Verkäufer einer Sache durch den Verkauf einen Gewinn erzielt.[618]

Neben diesen Grundsätzen werden auf „Consideration“ drei generelle Regeln angewandt:[619]

1. Die Gegenleistung muss ausreichend, aber nicht adäquat sein.
2. Eine nachträgliche Gegenleistung reicht nicht aus.
3. Die Gegenleistung muss vom Empfänger der Willenserklärung („promisee“) ausgehen.

---

614 *Currie v Misa* (1875) LR 10 Ex 153 (162); Treitel, The Law of Contract, Rn. 3-004; McKendrik, Contract Law, S. 151.

615 *Currie v Misa* (1875) LR 10 Ex 153 (162); Treitel, The Law of Contract, Rn. 3-004; McKendrik, Contract Law, S. 151.

616 Treitel, The Law of Contract, Rn. 3-004.

617 McKendrik, Contract Law, S. 152.

618 Treitel, The Law of Contract, Rn. 3-004.

619 McKendrik, Contract Law, S. 149.

II. Die ausreichende Gegenleistung

1. Der objektiv wirtschaftliche Wert

Das Vorliegen einer ausreichenden Gegenleistung soll sicherstellen, dass ein Handel zwischen den Parteien stattfindet. Es ist demnach unerheblich, ob eine dem Wert der Leistung entsprechende Gegenleistung erbracht wurde. Wichtig ist nur, dass die Gegenleistung überhaupt einen Wert hat. Es liegt dann an den Parteien zu entscheiden, wie der Inhalt des Handels aussieht, für wen der Handel also günstiger ist. Eine genaue Bestimmung des Gegenwertes findet nicht statt.[620]

Zur Bestimmung der Gegenleistung muss ein wirtschaftlich objektiver Standard angelegt werden.[621] In *Thomas v Thomas*[622] bspw. reichte der Wunsch eines Testators, seine Frau möge nach seinem Tod in dessen Haus weiterleben, nicht aus, um eine „Consideration" darzustellen. Dieser Wunsch war als Gegenleistung für das Versprechen der Ehefrau zu werten, sie werde nach dem Tod ihres Mannes in dessen Haus weiterleben. Es lag somit kein gültiger Vertrag vor, weil offenkundig in dem Wunsch des Ehemannes kein objektiver Wert gesehen werden konnte, sondern ausschließlich sentimentale Gründe vorlagen. Rein sentimental motivierte Wertvorstellungen haben demnach nach Auffassung der Gerichte keinen objektiven Wert, der eine „Consideration" darstellen könnte.[623]

2. Die „Scheingegenleistung"

Eine Scheingegenleistung liegt vor, wenn die Parteien eine Leistung vereinbaren, von der sie wissen, dass diese nicht existiert oder unmöglich ist. Wird bspw. der derzeitige Bestand eines bestimmten Weinkellers gegen einen Geldbetrag verkauft, kann dies nur dann eine wirksame Gegenleistung darstellen, wenn entweder beide Parteien den genauen Bestand des Kellers kennen oder beide im Unklaren über die tatsächliche Flaschenanzahl sind.[624]

In letzterem Fall gehen beide Parteien ein gewagtes Geschäft ein, dessen Gegenleistungscharakter neben der tatsächlich erhaltenen Anzahl an Flaschen Wein auch in dem Risiko eines guten oder schlechten Geschäftes begründet ist.

---

620 Treitel, The Law of Contract, Rn. 3-027.

621 *Bret v JS* (1600) Cro. Eliz. 756; *Mansukhani v Sharkey* (1992) 2 EGLR 105; *Thomas v Thomas* (1842) 2 QB 851; *White v Bluett* (1853) 23 LJ Ex. 36.

622 *Thomas v Thomas* (1842) 2 QB 851; Treitel, The Law of Contract, Rn. 3-027.

623 *Thomas v Thomas* (1842) 2 QB 851 (859).

624 *Smith v Harrison* (1857) 26 LJCh 412; Treitel, The Law of Contract, Rn. 3-028.

Ist in diesem Fall einer Partei oder sogar beiden Parteien bekannt, dass der Keller leer ist, so liegt nur eine Scheingegenleistung vor. Der Risikogehalt bei der wissenden Partei verschwindet und erzeugt eine nur zum Schein begründete Gegenleistung.[625]

Wird über den zukünftigen Bestand des Kellers eine Vereinbarung getroffen, so kann darin eine wirksame Gegenleistung liegen. Der Käufer erwirbt eine Option auf den künftigen Bestand, die, wie bei einem ungewissen Verkauf, einen Risikogehalt innehat, der einen wirtschaftlichen Wert darstellt. Lediglich wenn der Verkäufer allein imstande ist, den Bestand des Kellers zu bestimmen, liegt ebenfalls nur eine Scheingegenleistung vor.[626]

3. Unbedeutendes Verhalten und Gegenstände geringen Wertes

Grundsätzlich können auch Gegenstände geringer Wertigkeit oder ein spezielles, aus der Sicht eines Dritten unbedeutendes Verhalten das Erfordernis von „Consideration" erfüllen; zumal keine Äquivalenzprüfung der beiderseitigen Leistungen erfolgt, kommt es nur darauf an, dass überhaupt ein Gegenstand Teil des Geschäftes wird oder ein spezielles Verhalten erbracht wurde.[627] So wurden bereits drei Schokoladenpapierchen als „Consideration" anerkannt, was zu erheblicher Kritik führte.[628] Die Schokoladenpapierchen wurden nämlich sogleich nach dem Erhalt dem Müll zugeführt, weshalb man an der wirtschaftlichen Wertigkeit der Papierchen zweifeln mag.[629]

Vergleichbaren Zweifel kann man auch an der Feststellung hegen, dass noch so unbedeutendes Verhalten als „Consideration" anzusehen sei. Zwar darf man keinen wirtschaftlichen Wertigkeitsvergleich treffen, wenn man bestimmen will, ob „Consideration" erfüllt wurde oder nicht; es erscheint jedoch auch Teilen der Literatur in England zweifelhaft zu sein, worin der wirtschaftliche Wert des Versprechens liegt, von London nach York zu wandern oder mit dem Rauchen aufzuhören.[630] Dennoch legen die Gerichte den dargelegten Maßstab bei der Bestimmung an, weshalb eine weitere Diskussion des Problems nicht geführt wird.

---

625 Vgl. *Smith v Harrison* (1857) 26 LJCh 412.

626 *Stabilad Ltd v Stephens & Carter Ltd (No. 2)* (1999) 2 All ER (Comm.) 651 (659); Treitel, The Law of Contract, Rn. 3-030.

627 *Gilbert v Ruddeard* (1608) 3 Dy. 272b; *Denton v GN Ry* (1856) 5 E & B 860.

628 *Chappell & Co Ltd v Nestlé Co Ltd* (1960) AC 87; McKendrik, Contract Law, S. 153.

629 Vgl. die Diskussion in *Chappell & Co Ltd v Nestlé Co Ltd* (1960) AC 87.

630 Vgl. Atiyah, Essays on Contract, S. 195.

4. Schenkung belasteten Eigentums

Wird belastetes Eigentum verschenkt, so kann „Consideration" durch die Zusage des Beschenkten erfüllt werden, er werde die darauf ruhenden Lasten tilgen. Dazu gehört auch die Übernahme der Pflichten des Eigentümers. Tritt also der Beschenkte in die Pflichtenstellung bspw. eines Verpächters ein und verpflichtet sich die durch die Pacht begründeten Pflichten zu übernehmen, so reicht dies als Gegenleistung aus.[631]

5. Verzicht und Stundung

Der Verzicht einer Partei auf einen ihr zustehenden Anspruch stellt eine wirksame Gegenleistung i. S. v. „Consideration" dar. Dabei muss der Verzicht keinen bereits bestehenden, materiellen Anspruch betreffen. Ein prozessualer Verzicht auf Erhebung einer Klage bspw. kann die Gegenleistung für die Zusage sein, Schadensersatz zu zahlen.[632] Dabei betrifft der Verzicht jedoch nur solche Klagen, deren Bestehen den Parteien bekannt war. Wird nach dem Klageverzicht eine neue Klagemöglichkeit durch Änderung der Rechtsprechung eröffnet, so fällt diese neue Möglichkeit nicht unter die Verzichtsvereinbarung.[633]

Bei der Stundung liegt die Gegenleistung des Gläubigers in dem Mehr an Zeit, das der Schuldner bekommt, um seine Schuld zu tilgen. Im Gegenzug wird er dafür einen höheren Zins zahlen oder weitere Sicherheiten beibringen müssen.[634]

Ist die Klage oder der Anspruch offensichtlich unbegründet, liegt keine wirksame Leistung vor.[635] Bestehen lediglich Zweifel am Bestehen, so kann der Verzicht auf deren Geltendmachung eine wirksame Gegenleistung begründen, denn es besteht zumindest die Möglichkeit, dass die verzichtende Partei einen Nachteil

---

631 *Price v Jenkins* (1877) 5 Ch D. 619; *Johnsey Estates Ltd v Lewis Manley (Engineering) Ltd* (1987) 2 EGLR 69; *Westminster CC v Duke of Westminster* (1991) 4 All ER 136; Treitel, The Law of Contract, Rn. 3-033.

632 Vgl. *Green v Church Commissioners for England* (1974) Ch 467; Treitel, The Law of Contract, Rn. 3-034.

633 *Malik v Bank of Credit and Commerce International* (1998) AC 20; *Bank of Credit and Commerce International SA v Ali* (2002) 1 AC 251 (19); Treitel, The Law of Contract, Rn. 3-035.

634 *Crowther v Farrer* (1850) 15 QB 677; Treitel, The Law of Contract, Rn. 3-034.

635 *Jones v Ashburnham* (1804) 4 East 455; Treitel, The Law of Contract, Rn. 3-036.

eingeht, während die Gegenpartei durch den Verzicht einen potenziellen Vorteil erhält. Die reine Möglichkeit dieser Lage reicht für „Consideration" bereits aus.[636]

Besteht der Anspruch nicht, geht der vermeintliche Inhaber aber davon aus, dass der Anspruch besteht, so gilt der Verzicht auf den vermeintlich bestehenden Anspruch als „Consideration", solange der Inhaber gutgläubig ist.[637]

Die Stundung kann ausdrücklich oder konkludent erklärt werden.[638] Wird die Stundung dagegen überhaupt nicht erklärt, so liegt nur dann eine Gegenleistung vor, wenn die Stundung tatsächlich bewirkt wird. Dies kann auch ohne Stundungsversprechen erfolgen.[639]

6. Erfüllung einer bereits bestehenden Verpflichtung

Liegt für den Versprechensempfänger bereits eine Verpflichtung vor, die er zu erbringen hat, so stellt sich die Frage, inwieweit die bereits bestehende Verpflichtung Gegenstand von „Consideration" sein kann. Es wird zwischen drei verschiedenen Gruppen unterschieden.[640]

Bei der ersten Gruppe handelt es sich um die Fälle, in denen eine bereits bestehende vertragliche Verpflichtung, die einer dritten Partei geschuldet ist, als „Consideration" dienen soll. Dabei handelt der Versprechensempfänger im Auftrag eines Dritten, um die mit ihm bestehende Schuld zu erfüllen. Gleichzeitig erhält er ein Versprechen, für das er grundsätzlich eine Gegenleistung erbringen muss.

In „The Eurymedon"[641] bspw. gab der Frachtführer den Schauerleuten[642] die Zusage, sie nicht für Schäden, die beim Entladen der Fracht auftreten würden, zu

---

636 *Haigh v Brooks* (1893) 10 A & E 309; *Colchester BC v Smith* (1992) Ch 421; *Colonia Versicherung AG v Amoco Oil Co* (1995) 1 Lloyd's Rep. 570 (577); Treitel, The Law of Contract, Rn. 3-037.

637 *Cook v Wright* (1861) 1 B & S 559; *Callisher v Bischoffsheim* (1870) LR 5 QB 449; *Holsworthy Urban DC v Holsworthy Rural DC* (1907) 2 Ch 62; Treitel, The Law of Contract, Rn. 3-038.

638 *Thornton Springer v NEM Insurance Co Ltd* (2000) 2 All ER 489 (516); Treitel, The Law of Contract, Rn. 3-040.

639 *Alliance Bank v Broom* (1864) 2 Drew. & Sm. 289; *Brikom Investments Ltd v Carr* (1979) QB 467 (490); Treitel, The Law of Contract, Rn. 3-041.

640 Vgl. McKendrik, Contract Law, S. 161.

641 *New Zealand Shipping Co Ltd v AM Satterthwaite & Co Ltd „The Eurymedon"* (1975) AC 154 (168); McKendrik, Contract Law, S. 163f.

642 Heute kaum noch verwendete Bezeichnung für Hafenarbeiter, deren Aufgabe das Verstauen der Ladung bzw. Be- und Entladen von Frachtschiffen war.

verklagen. Die Frage bestand also darin, ob die Schauerleute beim Entladen des Schiffes eine Gegenleistung an den Frachtführer erbracht hatten. Das Entladen geschah aufgrund einer vertraglichen Verpflichtung mit dem Transporteur. Dennoch wurde hier entschieden, dass Drittverpflichtungen (hier in der Beziehung Schauerleute gegenüber Transporteur) als „Consideration" für den Frachtführer anzuerkennen sind, denn der Versprechende (hier der Frachtführer) erhält eine eigene direkte Verpflichtung.[643]

Die zweite Gruppe wird von den Pflichten gebildet, die das Gesetz von sich aus vorschreibt, ohne dass eine vertragliche Beziehung vorhanden ist. Gesetzliche Pflichten werden grundsätzlich nicht als „Consideration" anerkannt.[644] Geht die erbrachte Leistung jedoch über das hinaus, was gesetzlich verpflichtend ist, so liegt in dem Mehr an Leistung eine Gegenleistung, die für die Erfordernisse von „Consideration" ausreicht.[645]

Die dritte Gruppe behandelt die Fälle, in denen zwischen dem Versprechenden und dem Versprechensempfänger bereits eine vertragliche Verpflichtung besteht. Wird sodann von den gleichen Vertragspartnern für die gleiche Handlung eine zusätzliche Zahlung vereinbart, so ist die neue Vereinbarung nicht von „Consideration" gedeckt.[646]

Anderes gilt, wenn ein sog. faktischer Nutzen („factual benefit" oder „practical benefit") vorliegt. In *Williams v Roffey Bros. & Nicholls Ltd*[647] bspw. vereinbarten die Parteien eine zusätzliche Zahlung für die Beendigung der Tischlerarbeiten bei der Renovierung mehrerer Etagenwohnungen. Zwar lag auch hier bereits ein gültiger Vertrag vor, der auch die Beendigung der Arbeiten umfasste, allerdings wurde angenommen, dass in der konkreten Beendigung der Arbeiten anstelle eines Vertragsabbruchs ein faktischer Nutzen liegt. Der Tischler hatte zu niedrige Eigenkosten angesetzt, sodass er durch die Beendigung der Arbeiten keinen Gewinn erwirtschaften konnte. Die Beendigung der Arbeiten bedeutete demnach für die Auftraggeber einen geringeren Verlust als eine Neuvergabe des Auftrages zu betreiben, was als faktischer Nutzen gewertet wurde und eine wirksame Gegenleistung bewirkte.[648]

---

643 *New Zealand Shipping Co Ltd v AM Satterthwaite & Co Ltd „The Eurymedon"* (1975) AC 154 (168); *Shadwell v Shadwell* (1860) 9 CBNS 159.

644 *Collins v Godefroy* (1831) 1 B & Ad 950 (956f.); vgl. auch *Wathen v Sandys* (1811) 2 Camp. 640 und *Morris v Burdett* (1808) 1 Camp. 218; McKendrik, Contract Law, S. 164.

645 *Glasbrook Brothers Ltd v Glamorgan County Council* (1925) AC 270 (281, 297f.); McKendrik, Contract Law, S. 168f.

646 *Stilk v Myrik* (1809) 2 Camp. 317; McKendrik, Contract Law, S. 170; Treitel, The Law of Contract, Rn. 3-051.

647 *Williams v Roffey Bros. & Nicholls (Contractors) Ltd* (1991) 1 QB 1, CA.

648 Siehe auch McKendrik, Contract Law, S. 182f.; Treitel, The Law of Contract, Rn. 3-050.

III. Nachträgliche „Consideration“

Die Gegenleistung muss grundsätzlich vereinbart sein, bevor der Schuldner seine Leistung erbringt. Ist die Leistung bereits erbracht und verspricht der Empfänger der erbrachten Leistung darauf folgend, diese Leistung zu vergüten, so liegt für die versprochene Vergütung keine Gegenleistung vor. Die versprochene Vergütung ist mithin nicht einklagbar.[649]

Die Regelung, dass die Gegenleistung vereinbart sein muss, bevor die Leistung erbracht wurde, trägt der Überlegung Rechnung, dass nur dann ein Vertrag vorliegt, wenn Leistung und Gegenleistung feststehen, bevor sie bewirkt werden. Ist dies nicht der Fall, so liegt vielmehr eine Schenkung vor, der eine weitere Schenkung folgt.[650]

Eine Ausnahme besteht dann, wenn drei kumulative Voraussetzungen vorliegen, die in *Pao on v Lau Yiu Long*[651] aufgestellt wurden. Danach ist eine nachträglich versprochene Leistung dann durchsetzbar, wenn:

1. die Leistung auf Verlangen des Versprechenden erbracht wurde,
2. eine Vergütung für die erbrachte Leistung üblich ist oder konkludent erklärt wurde und
3. die Zusage der Vergütung zeitgleich oder vor der Leistungsbewirkung geschah.

Liegen diese Punkte kumulativ vor, so kann auch eine nachträglich zu der Zusage des Leistenden erklärte Gegenleistung Gegenstand von „Consideration“ sein.[652]

IV. Leistungsbewirkung durch den Versprechenden auf der Grundlage einer Vereinbarung

Die Leistungshandlung, die als „Consideration“ dienen soll, muss in jedem Fall vom Versprechensempfänger ausgehen.[653] Dabei ist es unerheblich, ob der Versprechensempfänger einen Verlust erleidet oder die Leistung an den Versprechenden oder einen Dritten bewirkt. Es ist nur wichtig, dass gerade der Versprechensempfänger Urheber der „Consideration“ ist.[654]

---

649 *Eastwood v Kenyon* (1840) 11 A & E 438, QB.

650 McKendrik, Contract Law, S. 205.

651 *Pao On v Lau Yiu Long* (1980) AC 614, PC.

652 *Pao On v Lau Yiu Long* (1980) AC 614, PC; McKendrik, Contract Law, S. 213.

653 *Bolton v Madden* (1873) LR 9 QB 55; McKendrik, Contract Law, S. 214; Treitel, The Law of Contract, Rn. 3-023.

654 *Bolton v Madden* (1873) LR 9 QB 55.

Verspricht bspw. A dem B, 10.000 € an ihn zu zahlen, wenn C das Haus des A streicht, so kann B das Versprechen des A nicht einklagen, wenn er C nicht selbst dazu veranlasst hat, das Haus des A zu streichen. Dabei muss der Versprechensempfänger nicht die komplette Gegenleistung bewirken. Es reicht aus, wenn er einen Teil bewirkt und im Übrigen die Gegenleistung von seinem Geschäftspartner oder einem weiteren Versprechensempfänger bewirkt wird.[655]

Die Leistungshandlung des Versprechensempfängers muss auf einer ausdrücklichen oder konkludenten Aufforderung des Versprechenden beruhen.[656] Erbringt der vermeintliche Versprechensempfänger dagegen seine Leistung, ohne dass eine Aufforderung hierzu gegeben worden wäre, so liegt auch keine „Consideration" vor. Es reicht nicht aus, dass die Handlung des vermeintlichen Versprechensempfängers nach vernünftigen Erwägungen als direkte Folge auf die Leistungszusage des Versprechensgebers vorhersehbar war. Sie muss gerade vom Versprechenden gewollt sein und dieser Wille muss gegenüber dem Versprechensempfänger zum Ausdruck kommen.[657]

Dabei hängt es vom Einzelfall ab, ob das Gericht einen konkludenten Willen des Versprechenden erkennt oder nicht.[658]

Liegt eine Aufforderung des Versprechenden an den Versprechensempfänger vor, ist es nicht erforderlich, dass eine Leistungsbewirkung an den Versprechenden erfolgt. Gleichsam ist es für „Consideration" ausreichend, wenn nur der Versprechensempfänger einen Verlust erleidet, ohne dass der Versprechende einen direkten Vorteil erhält.[659]

Gibt der Versprechensempfänger bspw. im Gegenzug zu einer Geldzahlung eine Anstellung auf oder zieht er aus einer gemieteten Wohnung aus, so erhält der Versprechende für seine Geldzahlung als „Consideration" keinen direkten Gegenwert. Die Verluststellung des Versprechensempfängers reicht aber aus.[660]

„Consideration" kann auch dann gegeben sein, wenn zwar eine Leistungsbewirkung gegeben ist, diese aber nicht an den Versprechenden, sondern an einen Dritten erfolgt. Dieser Fall ist regelmäßig bei der Zahlung mit Kreditkarte gegeben. Im Falle eines Warenkaufes erhält der Verkäufer vom

---

655 *Jones v Robinson* (1847) 1 Ex. 454; *Fleming v Bank of New Zealand* (1900) AC 577; Treitel, The Law of Contract, Rn. 3-023.

656 *Combe v Combe* (1951) 2 KB 215, CA; McKendrik, Contract Law, S. 215.

657 *Combe v Combe* (1951) 2 KB 215, CA; Denning, MLR 1952, 1 (2); McKendrik, Contract Law, S. 218.

658 Goodhart, LQR 1951, 456 (458); McKendrik, Contract Law, S. 218.

659 *Jones v Padavatton* (1969) 1 WLR 628; *Tanner v Tanner* (1975) 1 WLR 1346.

660 *Jones v Padavatton* (1969) 1 WLR 628; *Tanner v Tanner* (1975) 1 WLR 1346.

Kreditkartenunternehmen das Versprechen, eine entsprechende Zahlung zu erhalten. Im Gegenzug gibt er die vom Käufer ausgesuchten Waren an diesen heraus und erfüllt somit eine Leistung, die als „Consideration“ für das Zahlungsversprechen des Kreditkartenunternehmens gilt.[661]

V. Zusammenfassung

„Consideration“ soll bei Vertragsschlüssen garantieren, dass ein Handel zwischen den Parteien stattfindet. Dabei muss nicht zwangsläufig ein Austausch von Leistungen Gegenstand des Vertrages sein. Es reicht aus, wenn der Versprechensempfänger auf Verlangen des Versprechenden einen Nachteil erleidet.

Auch Risikogeschäfte, bei denen beide Parteien ein gewagtes Geschäft über den Bestand der vereinbarten Gegenleistung eingehen, reichen für das Erfordernis von „Consideration“ aus. Erst wenn keine wirtschaftlich wertige Gegenleistung, kein Nachteil und auch kein Wagnis aufseiten des Versprechensempfängers gegeben sind, liegt keine „Consideration“ vor, was den Vertrag nichtig werden lässt.

E. „Estoppel“

Wörtlich kann man „Estoppel“ mit Hinderung, Hindernis oder auch Barriere übersetzen. Im rechtlichen Sinn ist dabei eine Partei daran gehindert, einen Anspruch geltend zu machen, der ihr grundsätzlich zustehen würde, wenn sie vorher etwas Gegenteiliges versprochen hat.[662]

In *Hughes v Metropolitan Railway Company*[663] wies ein Vermieter seinen Mieter an, Reparaturen an der Mietsache innerhalb von sechs Monaten durchzuführen. Der Mieter war hierzu verpflichtet und der Vermieter hätte das Mietverhältnis nach Ablauf der sechs Monate beenden können, wenn der Mieter seiner Pflicht nicht nachgekommen wäre. Die Parteien nahmen daraufhin Verhandlungen auf, wie die einzelnen Reparaturarbeiten ausgestaltet sein sollten. Die Verhandlungen gerieten jedoch ins Stocken. Kurz vor Ablauf der Sechsmonatsfrist teilte der Mieter dem Vermieter mit, dass er nun die Reparaturarbeiten aufnehmen werde. Der Vermieter verlangte jedoch, mangels Durchführung der Reparaturarbeiten innerhalb der gesetzten Frist, die Räumung der Mietsache.

---

661 *R. v Lambie* (1982) AC 449; *Re Charge Card Services Ltd* (1987) Ch 150.
662 McKendrick, Contract Law, S. 219.
663 *Hughes v Metropolitan Railway Company* (1877) 2 AC 439.

Hier entschieden die Richter, dass zwar grundsätzlich ein Anspruch des Vermieters auf Räumung besteht, dieser aber aufgrund der aufgenommenen Vertragsverhandlungen gehemmt sei. Durch die Aufnahme der Verhandlungen sei eine Vertrauenssituation geschaffen worden, die den Vermieter nun daran hindere, seinen Anspruch durchzusetzen.[664]

Bei „Estoppel" handelt es sich also um eine Hemmung des eigentlich bestehenden Anspruchs. Diese Hemmung ist aber nicht selbstständig einklagbar, sondern kann nur dem Anspruchsinhaber entgegengehalten werden, wenn dieser seinen Anspruch einklagt.[665]

F. „Implied terms"

Allgemein werden drei verschiedene Gruppen von implizierten Vertragsbestandteilen unterschieden. Die „terms implied in fact", die „terms implied in law" und die „terms implied by custom".[666]

Bei den „terms implied in fact" haben die Vertragsparteien die jeweilige Verpflichtung nicht ausdrücklich in den Vertrag aufgenommen, aus den Umständen ergibt sich jedoch, dass eine Aufnahme gewollt war. Bei den „terms implied in law" dagegen werden Bestandteile in jeden Vertrag, der die vom Gesetzgeber bestimmten Voraussetzungen erfüllt, aufgenommen, ohne dass die Parteien dies gewollt hätten. Bei den „terms implied by custom" schließlich wird durch ein regelmäßiges Verhalten Gewohnheitsrecht erzeugt.[667]

I. „Terms implied in fact"

Bei den „terms implied in fact" wird auf einen mutmaßlichen Parteiwillen abgestellt. Diesen zu ermitteln, bedienen sich die Gerichte zweier prinzipieller Verfahren (nachfolgend 1. und 2.) und einem Hilfsverfahren (nachfolgend 3.).

Eine Implikation ist demnach nur in dem Fall möglich, wo der ausdrückliche Parteiwille nicht ermittelt werden kann, die Parteien folglich in diesem Bereich keine ausdrückliche Vereinbarung getroffen haben.[668] Neben einer ausdrücklichen

664 *Hughes v Metropolitan Railway Company* (1877) 2 AC 439.
665 McKendrick, Contract Law, S. 228.
666 Treitel, The Law of Contract, Rn. 6-031; McKendrick, Contract Law, S. 343.
667 Treitel, The Law of Contract, Rn. 6-032, 6-041, 6-046; McKendrick, Contract Law, S. 343.
668 *Duke of Westminster v Guild* (1985) QB 688 (700).

Abrede, bei der es Gerichten untersagt ist, Pflichten zu implizieren, sind die Gerichte auch dort zurückhaltend, in denen zwar eine ausdrückliche Abrede zu einem bestimmten Punkt fehlt, jedoch anstelle dessen insgesamt ein sehr detailliert ausgearbeiteter Vertrag vorliegt.[669]

Darüber hinaus verbietet sich eine „implication in fact" in Fällen, in denen eine Partei keinerlei Kenntnis über den offengebliebenen Punkt hat.[670] Kann bspw. eine Partei ihre Pflicht aufgrund von Einfuhrbestimmungen eines Landes nicht erfüllen und beruft sich deshalb auf eine implizit festgelegte Menge (in Höhe der Einfuhrbeschränkung), ohne dass die Gegenpartei überhaupt Kenntnis von Einfuhrbeschränkungen für den konkreten Fall hat, so ist es nicht möglich, diese Beschränkung als implizierten Bestandteil des Vertrages zu sehen.[671]

Auch bei widerstreitenden Interessen verbietet sich eine Implikation. Muss das Gericht davon ausgehen, dass bei Vertragsschluss eine Partei einem infrage stehenden Bestandteil nicht zugestimmt hätte, kann dieser Bestandteil nicht in den Vertrag impliziert werden.[672]

Zuletzt verbietet sich eine Implikation von gegenseitigen Pflichten auch in einseitigen Verträgen.[673] In einseitigen Verträgen kann gerade kein übereinstimmender Parteienwille gefunden werden, der den Parteien gegenseitige Pflichten auferlegen würde, denn der Begünstigte würde diese Pflicht nicht akzeptieren. Des Weiteren würde so aus einem einseitigen Vertrag ein zweiseitiger Vertrag.

Liegen die genannten Punkte nicht vor, kann nach den folgenden Verfahren eine Implikation stattfinden.

1. Der objektive Beobachter

Bei dem ersten Verfahren werden Bestandteile in einen Vertrag impliziert, die so offenkundig sind, dass sie ohne ausdrücklichen Wortlaut in dem Vertrag gegeben sind.[674]

---

669 *Shell UK Ltd v Lostock Garages Ltd* (1976) 1 WLR 1187 (1200).

670 *Spring v National Amalgamated Stevedores and Dockers Society* (1956) 1 WLR 585 (599); *KC Sethia* (1944) *Ltd v Partabmull Rameshwar* (1950) 1 All ER 51; McKendrick, Contract Law, S. 357; Treitel, The Law of Contract, Rn. 6-034.

671 *KC Sethia* (1944); *Ltd v Partabmull Rameshwar* (1950) 1 All ER 51.

672 *Luxor (Eastbourne) Ltd v Cooper* (1941) AC 108; *Shell UK Ltd v Lostock Garages Ltd* (1976) 1 WLR 1187; Treitel, The Law of Contract, Rn. 6-034.

673 *Little v Courage Ltd* (1995) 70 P & CR 469 (474); Treitel, The Law of Contract, Rn. 6-037.

674 *Shirlow v Southern Foundries (1926) Ltd* (1939) 2 KB 206 (227); McKendrick, Contract Law, S. 356.

Als Prüfung dient dabei ein objektiver Beobachter, der während der Vertragsverhandlungen die infrage stehende Verpflichtung zur ausdrücklichen Aufnahme in den Vertrag vorschlägt. Würden beide Parteien im Nachhinein betrachtet mit „Oh ja, natürlich!“ geantwortet haben, so gilt der Bestandteil als impliziert.[675]

Dabei handelt es sich bei der Überprüfung nicht um einen objektiven, sondern um einen subjektiven, auf die Ansicht der Vertragsparteien abstellenden Test.[676] Es wird nicht danach gefragt, was ein objektiver Dritter vernünftigerweise anstelle der Parteien vereinbart hätte, sondern welche Auffassung ein objektiver Dritter erhalten würde, wenn er die Parteien bei ihren Vertragsverhandlungen beobachtete.[677]

2. Der Effizienzgedanke

Das zweite Verfahren stellt auf eine wirtschaftliche Betrachtung des Vertrages ab. Dabei muss ein Bestandteil derart wichtig sein, dass eine Notwendigkeit gesehen werden kann, diesen Bestandteil zu implizieren, um dem Gesamtvertrag eine bestimmte wirtschaftliche Effizienz zu geben.[678]

Unsicherheit besteht darin, ob die beiden Kriterien kumulativ[679] oder alternativ[680] vorliegen müssen, um eine Implikation zu ermöglichen. Geht man von einer kumulativen Einbeziehung der Kriterien „Notwendigkeit für die wirtschaftliche Effizienz“ und „Offensichtlichkeit der Einbeziehung“ aus, muss die Frage erlaubt sein, warum ein Bestandteil nicht in einen Vertrag impliziert werden sollte, der zwar für die Parteien das Kriterium der Offensichtlichkeit erfüllt, jedoch nicht notwendig für eine wirtschaftliche Effizienz ist.[681]

Sinn und Zweck des Kriteriums ist es, den eigentlichen Willen der Parteien durchzusetzen und somit müsste eine Implikation, auch wenn der Vertrag sie nicht notwendigerweise erfordert, vorgenommen werden, um dem eigentlichen Willen der Parteien gerecht zu werden. Ist ein Vertragsbestandteil derart offensichtlich, dass die Vertragsparteien ihn als Teil des Vertrages betrachtet haben müssen, so

675 *Shirlow v Southern Foundries (1926) Ltd* (1939) 2 KB 206 (227).
676 Treitel, The Law of Contract, Rn. 6-034.
677 *Shirlow v Southern Foundries (1926) Ltd* (1939) 2 KB 206 (227).
678 *Luxor (Eastbourne) Ltd v Cooper* (1941) AC 108 (137).
679 *Stubbs v Trower Still and King* (1987) IRLR 321 (324).
680 *The Manifest Lipkowy* (1989) 2 Lloyd's Rep. 138 (143f.).
681 *Stubbs v Trower Still and King* (1987) IRLR 321 (324); *McAuley v Bristol CC* (1992) QB 134 (147).

soll er auch als implizierter Bestandteil im Vertrag vorliegen und Geltung beanspruchen dürfen.[682]

Auf der anderen Seite muss man sich bei einer alternativen Einbeziehung die Frage stellen, warum ein Bestandteil in einen Vertrag impliziert werden sollte, den mindestens eine Partei ausdrücklich ablehnt und der somit gerade nicht der eigentlichen Intention der Parteien gerecht wird.[683]

Die Frage nach der Notwendigkeit eines Vertragsbestandteils soll aber gerade helfen, die wahre Intention der Parteien zu erforschen. Keine Partei würde einen lückenhaften Vertrag schließen, der ohne die implizierte Verpflichtung nicht durchführbar ist. Aus diesem Grunde wird auch vertreten, dass beide Prinzipien im Grunde das Gleiche meinen.[684] Liegt also keine offensichtliche eigentlich gewollte Aufnahme aus der Sicht eines objektiven Beobachters vor, so ist zumindest auf eine wirtschaftliche Ausführbarkeit bzw. Effizienz abzustellen. Die Kriterien müssen demgemäß alternativ verwendet werden dürfen.[685]

3. Das Vernünftigkeitsprinzip

Dass ein zu implizierender Vertragsbestandteil vernünftig bzw. nachvollziehbar ist, reicht allein nicht aus, um eine Implikation zu begründen. Die Gerichte wenden dieses Prinzip daher nur an, um Bestandteile auszuschließen.[686] Ist demzufolge ein infrage stehender Vertragsbestandteil nicht nachvollziehbar oder entbehrt er einer wirtschaftlich effizienten Umsetzung, so findet schon aus diesem Grund keine Implikation statt.[687]

Weder nach der Prüfung eines objektiven Beobachters noch nach der Prüfung über Effizienzgedanken würde ein Vertragsbestandteil impliziert, der offensichtlich dem Vertrag keinen Nutzen bringt und somit nach den Regeln der Vernunft keine Aufnahme in den Vertrag verdient. Den Parteien darf gerade nicht ein Vertrag auferlegt werden, den sie so nicht gewollt haben, nur weil er in den Augen des Gerichts vernünftig scheint.[688]

---

682 *Aspden v Webbs Poultry & Meat Group (Holdings) Ltd* (1996) IRLR 521; *Luxor (Eastbourne) Ltd v Cooper* (1941) AC 108 (137).

683 *Luxor (Eastbourne) Ltd v Cooper* (1941) AC 108 (137).

684 *KC Sethia* (1944); *Ltd v Partabmull Rameshwar* (1950) 1 All ER 51 (59).

685 Treitel, The Law of Contract, Rn. 6-036.

686 *Suriya & Douglas v Midland Bank Plc* (1999) 1 All ER (Comm.) 615 (615).

687 *Suriya & Douglas v Midland Bank Plc* (1999) 1 All ER (Comm.) 615 (615).

688 *Trollope & Colls Ltd v NW Metropolitan Hospital Board* (1973) 1 WLR 601 (609); Treitel, The Law of Contract, Rn. 6-038.

II. „Terms implied in law“

Der Unterschied zwischen „terms implied in fact“ und „terms implied in law“ liegt darin, dass die „terms implied in fact“ genutzt werden, um Lücken im Vertrag zu schließen.[689] „Terms implied in law“ dagegen verfolgen das Ziel, den Parteien gesetzliche Pflichten aufzuerlegen, die ein genereller gesellschaftlicher Anstand verlangt.[690] Fairness und die Notwendigkeit einer Implikation werden so Grundlage der Überlegungen für „terms implied in law“[691], wobei der Begriff der Notwendigkeit hier anders zu verstehen ist als bei „terms implied in fact“.

Bei den „terms implied in fact“ ist der Begriff der Notwendigkeit mit einer wirtschaftlichen Effizienz verbunden[692], wohingegen hier dieser Begriff als notwendiger Vorgang vertraglicher Verhältnisse angesehen wird.[693] Dies führt dazu, dass die „terms implied in law“ gemeinhin auch als „legal duty“ oder „implied obligation“ bezeichnet werden.[694]

1. Beispiele aus dem Kaufrecht

Wichtigstes Beispiel der „terms implied in law“ findet sich im *Sale of Goods Act* von 1979. In Section 12–15 werden die Bereiche definiert, die von sich aus Bestandteil eines jeden Kaufvertrages sind.[695]

Im englischen Recht wird zwischen dem Kaufvertrag („contract of sale of goods“) und dem Vertrag, um einen Kaufvertrag abzuschließen („agreement to sell“) unterschieden. Beim „contract of sale of goods“ überträgt der Verkäufer das Eigentum am Kaufgegenstand auf den Erwerber.[696] Soll das Eigentum erst zu einem späteren Zeitpunkt oder unter einer Bedingung übergehen, so handelt es sich um ein „agreement to sell“.[697]

689 S.o. Teil 4, F., I.

690 Vgl. zur Unterscheidung zwischen „terms implied in fact“ und „terms implied in law“: *Reid v Rush & Tompkins Group Plc* (1990) 1 WLR 212.

691 *Crossley v Faithful & Gould Holdings Ltd* (2004) EWCA Civ. 293.

692 *Luxor (Eastbourne) Ltd v Cooper* (1941) AC 108 (137).

693 *Scally v Southern Health & Social Services Board* (1992) 1 AC 294 (307).

694 *Barrett v Lounava (1982) Ltd* (1990) 1 QB 348 (359); Treitel, The Law of Contract, Rn. 6-044.

695 McKendrick, Contract Law, S. 344f.; Treitel, The Law of Contract, Rn. 6-041.

696 *Sale of Goods Act* 1979, Sec. 2 (1).

697 *Sale of Goods Act* 1979, Sec. 2 (5).

In jedem „contract of sale of goods“ ist implizit enthalten, dass der Verkäufer die Berechtigung haben muss, die Ware zu verkaufen.[698] Liegt lediglich ein „agreement to sell“ vor, so muss die Berechtigung zu dem Zeitpunkt gegeben sein, wenn das Eigentum auf den Erwerber übergeht, wenn also der spätere Zeitpunkt oder die vereinbarte Bedingung eingetreten ist.[699]

Darüber hinaus besteht die implizite Verpflichtung, dass die Waren zum Zeitpunkt des Eigentumsübergangs frei von jeglichen Belastungen sind und dass der Käufer „quiet possession“ an der Kaufsache genießt.[700]

Wird die Ware anhand einer Beschreibung verkauft, besteht die implizite Verpflichtung, dass die Ware auch der Beschreibung entspricht.[701]

Eine weitere implizite Verpflichtung im Kaufrecht besteht bspw. dann, wenn ein Unternehmer Waren verkauft. Diese müssen eine zufriedenstellende Qualität aufweisen.[702]

2. Beispiele aus dem Mietrecht

Im Mietrecht gibt es sowohl für den Vermieter als auch für den Mieter verschiedene implizierte Pflichten, die grundsätzlich in jedem Mietvertrag enthalten sind. Im Wesentlichen handelt es sich um die Verpflichtung zum „quiet enjoyment“ und die Verpflichtung „against derogation from grant“.[703]

a) *„Implied covenant for quiet enjoyment“*

Inhalt der Verpflichtung zum „quiet enjoyment“ ist in erster Linie die Sicherung gegen jegliche Störung des Besitzes einer Sache.[704] Heute ist diese Verpflichtung hauptsächlich im Mietrecht angesiedelt und bezieht sich auf die Bereitstellung von Land.[705] Der Ursprung dieser Verpflichtung entstammt jedoch dem Sachenrecht und bestand darin, die Inhaberschaft des Eigentums aufseiten des Verkäufers und den ungestörten Besitz an der Sache nach Abschluss des Vertrages aufseiten des Erwerbers zu garantieren.[706] Nicht Gegenstand von „quiet enjoyment“ ist dagegen

698 *Sale of Goods Act* 1979, Sec. 12 (1).
699 *Sale of Goods Act* 1979, Sec. 12 (1).
700 *Sale of Goods Act* 1979, Sec. 12 (1).
701 *Sale of Goods Act* 1979, Sec. 13 (1).
702 *Sale of Goods Act* 1979, Sec. 14 (2).
703 Gray and Gray, Land Law, Rn. 4.3.10.
704 Hill & Redman's, Kap. 2948.
705 *Campbell v Lewis* (1820) 3 B & Ad 392; *Booth v Thomas* (1926) Ch 397 (409).
706 *Southwark LBC v Mills* (2001) 1 AC 1 (10); *Dennett v Atherton* (1872) LR 7 QB 316.

ein Schutz vor Lärmbelästigungen. „Quiet" in diesem Sinne ist nicht zu verwechseln mit dem Begriff der „Ruhe", den man als Erstes hiermit in Verbindung bringen würde, sondern mit den Begriffen „ungestört" oder „ohne Beeinflussung", also „in Ruhe" zu umschreiben.[707]

Das „right of quiet enjoyment" resultiert aus einer Verpflichtung, die die Inhaberschaft der Sache garantieren soll („covenant for title"). Der Vermieter muss in der Lage sein, die Mietsache wirksam zu vermieten. Dabei geht es nicht darum zu garantieren, dass die Konditionen, die die Parteien ausgehandelt haben, erfüllt werden. Beim „covenant for title" geht es darum, dass der Vermieter die Berechtigung hat, irgendeinen Vertrag über die Überlassung der Mietsache abzuschließen.[708]

Die Bedeutung des zweiten Teiles des „covenant for quiet enjoyment" liegt darin, dem Mieter den Besitz an der Mietsache zu verschaffen.[709] Dabei reicht es nicht aus, den Mieter nur in eine Besitzlage zu versetzen, er muss auch in der Lage sein, die Mietsache ungestört nutzen zu können (Stichwort: „enjoyment").[710]

„Ungestört" bedeutet in diesem Zusammenhang, dass der Mieter in Bezug auf die Mietsache einen Schutz gegen die Ausübung entgegenstehender Rechte Dritter beanspruchen kann.[711] Der Vermieter hat demnach die Pflicht, den Mieter vor der räumlichen Beeinträchtigung seines Rechts auf Nutzung der Mietsache zu schützen.

Dieser Schutz bezieht sich jedoch nur auf die gewöhnliche Nutzung vergleichbarer Mietsachen. Nicht umfasst sind Nutzungen, die der konkrete Mieter in außergewöhnlicher Weise durchführen will.[712]

Die Verpflichtung zum „quiet enjoyment" stellt keine absolute Verpflichtung dar, die dem Vermieter aufgibt, den Mieter vor jeglichen Beeinträchtigungen zu schützen. Die Verpflichtung ist vielmehr auf den Vermieter und Personen, die ihre Klage unter der Berechtigung des Vermieters führen, begrenzt.[713] Die Verpflichtung wird demzufolge dann gebrochen, wenn der Vermieter durch

---

707 *Southwark LBC v Mills* (2001) 1 AC 1 (9); *Howell v Richards* (1809) 11 East 633 (642); *Dennett v Atherton* (1872) LR 7 QB 316; *Jenkins v Jackson* (1888) 40 Ch D 71 (74); *Hudson v Cripps* (1896) 1 Ch 265.

708 *Baynes 6 Co v Lloyd & Sons* (1895) 2 QB 610 (617), CA; *Miller v Emcer Products Ltd* (1956) 1 All ER 237, CA.

709 *Miller v Emcer Products Ltd* (1956) 1 All ER 237, CA.

710 Hill & Redman's, Kap. 2967.

711 *Hudson v Cripps* (1896) 1 Ch 265 (268); *Southwark LBC v Mills* (2001) 1 AC 1 (22).

712 *Southwark LBC v Mills* (2001) 1 AC 1 (10).

713 *Kenny v Preen* (1963) 1 QB 499 (511).

sein Verhalten eine Störung der Gebrauchsmöglichkeit des Mieters herbeiführt. Beispiele für eine Verletzung des „right of quiet enjoyment“ sind z. B. das Auswechseln der Schlösser durch den Vermieter bei einer Vermietung von Wohnraum[714], der Ausbau von Fenstern und Türen[715], die Ausräumung der Gegenstände des Mieters aus der Wohnung[716] oder das Absperren der Wasserzufuhr bzw. der Heizung[717].

Liegt eine lediglich zeitlich begrenzte Beeinträchtigung der Nutzungsmöglichkeit vor, so wird dies nicht als Verletzung angesehen. Es muss eine ernstliche Beeinträchtigung von erheblichem und fortdauerndem Charakter gegeben sein, die den Mieter in seinem Recht, die Mietsache zu nutzen, einschränkt.[718]

b) „No derogation from grant“

Die implizierte Verpflichtung „not to derogate from his grant“ besagt, dass der Vermieter die Mietsache nicht unter Voraussetzungen vermieten darf, die effektiv die Nutzungsmöglichkeit der Mietsache einschränken.[719]

Wird bspw. ein Stück Land mit der ausdrücklichen Vereinbarung vermietet, dass der Mieter dort explosive Gegenstände lagern darf, und erlaubt er einem zweiten Mieter auf dem angrenzenden Grundstück einen Bergwerksbetrieb zu betreiben, so schränkt dies den Mieter in seiner Nutzung derart ein, dass ein Verstoß gegen die implizierte Verpflichtung „not to derogate from his grant“ gegeben ist.[720]

Ebenso liegt eine Verletzung vor, wenn der Vermieter einen Teil des vermieteten Gebäudes für gewerbliche Zwecke vermietet und in einem weiteren Teil des Gebäudes die Nutzung der Räumlichkeiten als Bordell erlaubt.[721]

Der Vermieter muss also auf die Nutzungsinteressen seines Mieters derart Rücksicht nehmen, dass dieser keine Einschränkung in der Gebrauchsmöglichkeit erfährt. Diese Rücksichtnahmepflicht erstreckt sich auch auf angrenzende Grundstücke, obwohl sie nicht Teil des Mietvertrages sind.

---

714 *Ubhi v Nothey* (1983) LAG Bulletin 105.

715 *Lavender v Betts* (1942) 2 All ER 72 (73).

716 *Chrysostomou v Georgiou* (1982) LAG Bulletin 33.

717 *Perera v Vandiyar* (1953) 1 WLR 672 (675); *Malloy and Lunt v Alexander* (1982) CLY 1747.

718 *Kenny v Preen* (1963) 1 QB 499 (511ff.); *Firth v BD Management Ltd* (1990) 73 DLR 375 (379).

719 *Birmingham, Dudley & District Banking Co v Ross* (1888) 38 Ch D. 295 (313).

720 *Harmer v Jumbil (Nigeria) Tin Areas Ltd* (1921) 1 Ch 200 (225).

721 *Nordern v Blueport Enterprise Ltd* (1996) 3 NZLR 450 (454).

c) *„Tenant's implied obligations"*

Aufseiten des Mieters bestehen die implizierten Verpflichtungen im Wesentlichen darin, die Miete zu zahlen und pfleglich mit der Mietsache umzugehen. Der Mieter ist somit auch verpflichtet, kleinere Reparaturen durchzuführen, wie z. B. das Ersetzen einer durchgebrannten Glühbirne oder die Säuberung eines verstopften Abflusses.[722]

Besteht der Bedarf größerer Reparaturen, so muss der Mieter dem Vermieter ermöglichen, die Schäden in Augenschein zu nehmen. Diese Verpflichtungen, zusammen mit der Verpflichtung des Vermieters zum „quiet enjoyment", werden auch „usual covenants" genannt[723], wobei diese Auflistung der „usual covenants" weder fest geregelt noch abschließend ist.[724]

III. „Terms implied by custom"

Regelungen, die die Parteien nicht ausdrücklich vereinbart haben, werden durch eine ständige Praxis Teil eines jeden Vertrages, wenn diese Praxis bekannt ist.[725] Bekannt in diesem Sinne heißt nicht automatisch, dass die Parteien im konkreten Fall positive Kenntnis über die Einbeziehung haben müssen, es reicht schon aus, wenn die Vertragsbestandteile derart üblich sind, dass jemand, der neu in diesem Bereich tätig wird, in jedem Fall über ihre Existenz unterrichtet werden würde.[726]

Üblich ist eine Praxis dann, wenn ihre Anwendung offenkundig, bestimmt und vernünftig ist.[727] Dabei kommt es nicht darauf an, welches Verständnis erfahrene Parteien über eine übliche Praxis zu haben meinen, sondern was ein objektiver Dritter als übliche Praxis erkennen kann. An dieser Stelle bieten die Erfahrungen und Meinungen erfahrener Parteien dennoch ein Indiz für die Bestimmung des Begriffs der üblichen Praxis.[728]

---

722 *Warren v Keen* (1954) 1 QB 15 (20).

723 *Hampshire v Wickens* (1878) 7 Ch D 555 (561).

724 *Flexman v Corbett* (1930) 1 Ch 672 (678).

725 *Hutton v Warren* (1836) 1 M & W 466; McKendrick, Contract Law, S. 349f.; Treitel, The Law of Contract, Rn. 6-046.

726 *Kum v Wah Tat Bank Ltd* (1971) 1 Lloyd's Rep. 439 (444); McKendrick, Contract Law, S. 350.

727 *Cunliffe-Owen v Teather & Greenwood* (1967) 1 WLR 1421 (1438f.); McKendrick, Contract Law, S. 350.

728 *Cunliffe-Owen v Teather & Greenwood* (1967) 1 WLR 1421 (1438f.).

Darüber hinaus muss die Anwendung aber auch von einem Rechtsbindungswillen getragen werden, der über eine bloße Zweckmäßigkeit oder eine Gefälligkeit hinausgeht. Bloße Gefälligkeiten können nicht zu „implied terms" erwachsen, selbst wenn sie in ständiger Praxis betrieben werden.[729]

Die Vertragsbestandteile werden dann nicht impliziert, wenn der Vertrag explizit etwas anderes vorsieht. Dies gilt auch, wenn die Implikationen auf einer ständigen Praxis beruhen.[730]

Die „terms implied by custom" haben im Handelsrecht ihre stärkste Verbreitung gefunden. Vorreiter bei der Niederschrift von Handelsbräuchen, die die Erfordernisse der „terms implied in custom" erfüllen, ist dabei die Internationale Handelskammer (International Chamber of Commerce, ICC).

Ziele der ICC sind die Förderung des freien, fairen und grenzüberschreitenden Handels.[731] Hierfür gibt die ICC regelmäßig Regeln und Richtlinien heraus. Zu den wichtigsten Herausgaben zählen die ICC Incoterms, die Bankgarantien, die Regeln zur Streitbeilegung sowie diverse Musterverträge.

Meist werden solche oder vergleichbare Regeln oder Richtlinien ausdrücklich in den Vertrag aufgenommen. Aber auch wenn eine explizite Inbezugnahme fehlt, ist eine Implikation durch die Gerichte aufgrund der regelmäßigen Verhaltensweise der Parteien[732] oder eines allgemeinen, der Handelspraxis abgeleiteten, Verständnisses[733] möglich.[734]

---

729 *General Reinsurance Corp. v FFP* (1983) QB 856 (874); McKendrick, Contract Law, S. 350f.; vgl. zur Abgrenzung zwischen Gefälligkeit und von einem Rechtsbindungswillen getragener Verpflichtung: *Libyan Arab Foreign Bank v Bankers Trust Co* (1989) QB 728.

730 *Palgrave, Brown & Son Ltd v SS Turid* (1922) 1 AC 397; McKendrick, Contract Law, S. 351.

731 Constitution of the International Chamber of Commerce, Preamble, siehe: http://www.iccwbo.org/constitution/#Preamble.

732 Vgl. *Mc Cutcheon v David MacBrayne Ltd* (1964) 1 WLR 430, HL.

733 Vgl. *British Crane Hire Corporation v Ipswich Plant Hire Ltd* (1975) QB 303, CA.

734 Treitel, The Law of Contract, Rn. 6-048.

Teil 5: Englisches Intellectual Property Law

A. Einleitung

Die World Intellectual Property Organization (WIPO) definiert in ihrer Convention establishing the World Intellectual Property Organization den Begriff des „Intellectual Property“ als Gesamtheit der Rechte, die folgende Gebiete betreffen:

- Literarische, artistische und wissenschaftliche Arbeiten,
- Aufführungen ausübender Künstler, Tonaufzeichnungen sowie TV- und Rundfunksendungen,
- Erfindungen auf allen Gebieten menschlicher Bestrebungen,
- wissenschaftliche Entdeckungen,
- Geschmacksmuster,
- Markenzeichen, Dienstleistungsmarken und Firmennamen bzw. Bezeichnungen,
- Schutz vor unlauterem Wettbewerb sowie alle übrigen Rechte, die durch geistige Arbeit auf dem Gebiet der Industrie, Wissenschaft, Literatur oder Kunst entstehen.[735]

Das Intellectual Property Law regelt damit die Entstehung, den Gebrauch und die Verwertung geistiger und kreativer Arbeit. Es schafft Eigentumsrechte an Romanen, Computerprogrammen, Gemälden, Filmen, TV-Sendungen und Aufführungen bis hin zu Kleidermustern, Arzneimitteln oder genveränderten Tieren und Pflanzen.[736]

„Intellectual Property Rights“ geben Eigentumsrechte an unkörperlichen Dingen, wie z. B. Ideen, Erfindungen, Zeichen und Informationen, die zwar eng mit den körperlichen Gegenständen verbunden sind, in denen sie verkörpert werden, sie sind aber von den Eigentumsrechten dieser körperlichen Gegenstände unabhängig.[737]

---

735 WIPO Convention, Art. 2 (viii), siehe: http://www.wipo.int/treaties/en/convention/.
736 Bently/Sherman, IP Law, S. 1.
737 Bently/Sherman, IP Law, S. 2.

Verschickt bspw. eine Person einen Brief, so gehen das Briefpapier sowie die Tinte, mit der die Wörter auf das Papier geschrieben wurden, auf den Empfänger des Briefes über.[738] Der Empfänger kann also mit dem Brief machen, was er will. Er kann ihn einrahmen, wenn er ihm besonders gut gefällt, oder er verbrennt ihn, wenn er sich über den Inhalt ärgert. Bzgl. der geschriebenen Worte des Briefes, folglich des Inhalts, sieht die Eigentumslage jedoch anders aus. Hier wird der Autor durch das Verfassen des Briefes Eigentümer an dem Inhalt. Er erhält ein „copyright" an den durch ihn verfassten Wörtern.[739] Damit kann er den Adressaten des Briefes daran hindern, den Inhalt zu veröffentlichen oder den Brief nachzudrucken.[740]

Oftmals wird diese Unterscheidung nicht erkannt oder als künstlich empfunden. Warum soll man ein Buch, an dem man Eigentum erworben hat, nicht kopieren dürfen oder warum soll man eine gekaufte CD nicht brennen und die gebrannte CD an einen Freund verschenken dürfen? Aber gerade in dem Verbot solcher Handlungen äußert sich die spezielle Funktion des „Intellectual Property", dem Inhaber die ausschließliche Verwertung seiner Rechte zu sichern.

Bei körperlichen Gegenständen kann die Grenze des Eigentums einfach bestimmt werden. Anhand von Grenzmarkierungen bei Ländereien oder dem faktischen Bestehen des Gegenstandes ist der Umfang des Eigentums an dem jeweiligen Objekt für jeden erkennbar. Bei unkörperlichen Eigentumsrechten fehlen diese tatsächlichen Begrenzungen allerdings, weshalb das Recht des „Intellectual Property" seine eigenen Regeln in diesem Bereich aufstellen musste.[741] Hieraus resultieren die im Folgenden genauer betrachteten verschiedenen „Intellectual Property Rights".

B. „Intellectual Property Rights"

I. Das „Copyright"

1. Werke, an denen ein Copyright entstehen kann

Ein „Copyright" wird vom *Copyright, Designs and Patents Act* von 1988 als Eigentumsrecht definiert, das folgenden Werken innewohnen kann:

---

738 *Oliver v Oliver* (1861) 11 CBNS 139; Bently/Sherman, IP Law, S. 2.

739 *Copyright, Designs and Patents Act* 1988, Sec. 9 (1) und 11 (1).

740 *Pope v Curl* (1741) 2 Atk 342; *Macmillan & Co v Dent* (1907) 1 Ch 107; *Copyright, Designs and Patents Act* 1988, Sec. 16 (1).

741 Bently/Sherman, IP Law, S. 2.

- Ursprünglichen literarischen, dramaturgischen, musikalischen oder künstlerischen Werken,
- Tonaufnahmen, Filmen, Sendungen oder Kabelprogrammen und
- der drucktechnischen Gestaltung von veröffentlichten Ausgaben.[742]

a) „Literary work"

Ein literarisches Werk stellt jede nicht unter dramaturgisches oder musikalisches Werk zu fassende Arbeit, die niedergeschrieben, gesprochen oder gesungen wurde und dabei durch Aufnahme, Niederschrift oder in sonstiger Weise festgehalten wurde, dar.[743]

Zu diesem Bereich des Copyrights ist auch das Manuskript bzw. das Drehbuch eines Films zu zählen, während der Film als solcher ein eigenes Copyright trägt.[744] Des Weiteren sind zu „literary work" Verzeichnisse und Aufstellungen, die keine Datenbank darstellen, Computerprogramme, Entwurfsmaterial zur Vorbereitung eines Computerprogramms sowie Datenbanken zu zählen.[745]

Literarische Werke in diesem Sinne müssen nicht zwangsläufig Werke der Literatur sein, sondern umfassen alle Arbeiten, die niedergeschrieben oder gedruckt werden. Es findet auch keine Beschränkung auf Wörter statt, sodass auch Zahlen und Symbole geschützt werden. Darüber hinaus wird die Qualität des Werkes nicht bewertet.[746] Prüfungsbögen genauso wie Zugfahrpläne oder Werbeslogan fallen somit ebenfalls unter den Schutz eines Copyrights wie Liedtexte oder Romane. Beim Inhalt dagegen wird ein – wenn auch sehr geringer – Maßstab angesetzt. Es muss ein verständlicher Sinngehalt gegeben sein, der dem Leser Informationen oder Instruktionen vermittelt oder der dazu dient, den Leser zu unterhalten.[747] Bei der Verständlichkeit des Textes reicht es aus, wenn der Sinngehalt ausschließlich einer Gruppe mit speziellen Kenntnissen zugänglich ist, wie z. B. ein im Übrigen unverständlicher telegrafischer Code.[748] Der Inhalt des literarischen Werkes darf lediglich kein „sinnloser Blödsinn" sein.[749] Bloße

742 *Copyright, Designs and Patents Act* 1988, Sec. 1-; vgl. auch Halsbury's Laws of England, vol. 9 (2), § 54.

743 *Copyright, Designs and Patents Act* 1988, Sec. 3.

744 Cornish/Lewellyn, Copyright, § 11–11.

745 *Copyright, Designs and Patents Act* 1988, Sec. 3 (1).

746 *University of London Press v University Tutorial Press* (1916) 2 Ch 601.

747 *Hollinrake v Truswell* (1894) 3 Ch 420.

748 *D.P. Anderson v Lieber Code Company* (1917) 2 KB 469.

749 *Apple Computer v Computer Edge* (1984) FSR 481 (495).

Namen oder Titel können demnach nicht über ein Copyright geschützt werden, weil ihnen der informative oder unterhaltende Charakter fehlt.[750]

b) „Dramatic work"

Ein dramaturgisches Werk beinhaltet u. a. Tanz oder Mimik.[751] Reine statische Positionierungen, Sets, Kulissen oder Kostüme fallen dagegen nicht unter dramaturgische Werke. Es muss also eine Art von Bewegung oder Geschichte gegeben sein, die aufgeführt werden kann.[752]

Zu dramaturgischen Werken werden aber auch das Drehbuch und das Skript von Filmen und Theaterstücken gezählt, die für das Kino, das Fernsehen, das Radio oder das Theater geschrieben wurden.[753]

c) „Musical work"

Unter einem musikalischen Werk ist alles zu verstehen, was durch Musik dargestellt wird, mit Ausnahme der darin enthaltenen gesungenen Wörter oder der damit in Verbindung zum Ausdruck gebrachten, getanzten Bewegungen.[754] Dies hat zur Folge, dass bei einem Musikstück Text und Musik verschiedenen Copyrights unterliegen und möglicherweise, insbesondere wenn der Autor des Textes und der Komponist der Musik nicht ein und dieselbe Person sind, beide Copyrights zu unterschiedlichen Zeitpunkten auslaufen.[755] Die Musik muss dabei keine melodischen Inhalte haben, sondern kann auch aus reinen Percussion-Teilen bestehen.[756]

Problematisch sind bei musikalischen Werken sog. „Arrangements", in denen ein Musikstück für andere Instrumente, bspw. Klavier, umgeschrieben wird oder neue Instrumentalpassagen hinzugefügt werden (E-Basslinie).[757]

In diesen Fällen liegt zwar der kreative Eigenanteil des Arrangeurs unter dem eines Komponisten, der ein völlig neues Werk schafft, jedoch kann dem Arrangeur nicht schon deshalb das Copyright für sein Arrangement abgesprochen werden.

---

750 *Exxon Corp. v Exxon Insurance* (1982) RPC 69.

751 *Copyright, Designs and Patents Act* 1988, Sec. 3 (1).

752 *Creation Records v News Group* (1997) EMLR 444; *Norowzian v Arks (No. 2)* (2000) EMLR 67 (73).

753 *Green v BC New Zealand* (1989) RPC 469 (493).

754 *Copyright, Designs and Patents Act* 1988, Sec. 3 (1).

755 Cornish/Llewelyn, Copyright, § 11–12.

756 *Bambgboye v Reed* (2002–4) EWHC 2922 (QB) EMLR (5) 61.

757 Siehe z. B. *Metzler v Curven* (1928–1935) MacG CC 127 (Orchestrales Arrangement) sowie *Wood v Boosey* (1868) LR 3 QB 223 und *Redwood Musik v Chappell* (1982) RPC 109 (Klavierarrangements).

Wo genau die Linie zwischen schützenswerter kreativer Eigenleistung und nicht schützenswerten Kopien liegt, ist im Einzelfall zu entscheiden.[758]

d) „Artistic work"

Unter „künstlerische Werke" werden alle grafischen und fotografischen Werke, Skulpturen und Collagen, die Architektur von Gebäuden bzw. ihre Modelle sowie künstlerische Handwerksarbeit gefasst.[759] Dabei entsteht das Copyright an grafischen und fotografischen Werken sowie an Skulpturen und Collagen unabhängig von ihrer künstlerischen Qualität.[760]

Damit wird bei der Frage, ob ein Copyright gegeben ist oder nicht, vermieden, eine Wertung künstlerischer Arbeit abzugeben und ein Werk als gute oder schlechte Kunst zu deklarieren.

Auch bei der Architektur von Gebäuden reicht es aus, wenn etwas geschaffen wird, das sich von bereits Bestehendem unterscheidet.[761] Gleiches gilt für den weiten Begriff der künstlerischen Handwerksarbeit.

Bei der Diskussion um diesen Begriff haben sich drei Fragestellungen herausgebildet, die es zu beantworten gilt:[762]

1. War es die Intention des Handwerkers, etwas Künstlerisches zu erschaffen oder ist dies bloß das Resultat eines Publikums, das in dem Werk einen künstlerischen Charakter erblickt?
2. Welches Niveau künstlerischer Leistung liegt vor?
3. Darf es in die Verantwortung des Richters gestellt werden, darüber zu entscheiden, ob ein schützenswertes Werk vorliegt?

Zu 1.: Im Lauf der Diskussionen hat sich die Rechtsprechung bzgl. dieses Punktes auf einen sehr weiten Maßstab geeinigt. Im Zweifel wird davon ausgegangen, dass der Schöpfer einem künstlerischen Gedanken gefolgt ist.[763]

---

758 Vgl. *Sawkins v Hyperion Records* (2005) RPC (32) 808, CA; *Fylde Microsystems v T Radio Systems* (1998) FSR 449; *Hadley v Kemp* (1999) EMLR 589; *Arnold* (1999) EIPR 464; *Barron* (2006) 15 Soc & Leg St. 25, 101.

759 *Copyright, Designs and Patents Act* 1988, Sec. 4 (1).

760 *Copyright, Designs and Patents Act* 1988, Sec. 4 (1) (a).

761 Vgl. *Blake v Warren* (1928–1935) MacG CC 268.

762 Bently/Sherman, IP Law, S. 77ff.

763 Vgl. *Merlet v Mothercare* (1986) RPC 115; *Guild v Eskander* (2001) FSR 645; *Vermaat v Boncrest* (2001) FSR 43.

Zu 2.: Die weite Vorgehensweise in Punkt (1) wird dagegen im zweiten Punkt in gewissem Maße eingeschränkt. Es muss zumindest ein ausreichendes Maß an handwerklicher Fertigkeit und künstlerischem Verständnis gegeben sein.[764]

Zu 3.: Problematisch ist die Frage, ob bei der Entscheidung, inwieweit künstlerische Ansätze gegeben sind, die gesamte Entscheidung dem Richter vorbehalten sein soll und somit allein juristische Maßstäbe den Ausschlag geben sollen oder ob demgegenüber nicht vielmehr ein Laienmaßstab oder die Meinung eines Experten, der bspw. in diesem Bereich unterrichtet, maßgebend ist. Die Beantwortung dieser Frage würde an dieser Stelle jedoch zu weit vom eigentlichen Thema abweichen, sodass hierfür auf weiterführende Hinweise verwiesen wird.[765]

e) „Sound recordings"

Tonaufnahmen stellen entweder Aufnahmen eines Geräusches dar, durch die das jeweilige Geräusch reproduziert werden kann oder Teil- bzw. Gesamtaufnahmen von literarischen, dramaturgischen oder musikalischen Werken, die auf diese Weise produziert und publiziert werden sollen, egal auf welche Weise die Aufnahme getätigt wurde. Nicht zu schützende Aufnahmen sind dagegen Kopien der oben genannten Aufnahmen.[766]

Im Unterschied zu einem musikalischen Werk wird bei „sound recordings" die Zusammenstellung der Aufnahme, also das Resultat aus der Anordnung der Instrumente, der Akustik des Gebäudes sowie der Nachbearbeitung der Aufnahme geschützt. „Sound recordings" stellen demnach nicht bloß ein musikalisches Werk dar, sondern machen im Ergebnis eine künstlerische Aufnahme eines akustischen Werkes aus.[767]

f) „Films"

Unter einem Film versteht man die Aufnahme eines bewegten Bildes samt dem dazugehörigen Soundtrack.[768] Die Aufnahme muss es ermöglichen, das aufgenommene bewegte Bild abzuspielen. Auf welchem Medium (Filmband oder digital) das Werk festgehalten wird, spielt dabei keine Rolle, sodass jegliche

---

764 Vgl. die Argumentation in *Patents and Designs Act* (1907) RPC 31 (40); *Digests of Trade Mark, Trade Name, and other Cases*, RPC 31, 50 (53, 56).

765 Cornish/Llewelyn, Copyright, § 11–20 m.w.N.

766 *Copyright, Designs and Patents Act* 1988, Sec. 5A.

767 *Company v Stephen Cawardine* (1934) 1 Ch 450 (455).

768 *Copyright, Designs and Patents Act* 1988, Sec. 5B.

audio-visuellen Produkte als „Filme" i. S. d. *Copyright, Designs and Patents Act* von 1988 angesehen werden.[769]

g) *„Broadcasts"*

Sendungen sind alle elektronischen Übertragungen, die Bilder, Geräusche oder andere Informationen beinhalten und dazu bestimmt sind, gleichzeitig von der Öffentlichkeit empfangen zu werden.[770] Dabei macht es keinen Unterschied, ob die Sendung über Kabel oder kabellos übertragen wird. Einzig die Möglichkeit, über Internet auf die Inhalte zuzugreifen, schließt den Schutz als „Sendung" nicht mit ein.[771]

Im Gegensatz zu Filmen oder Bildern werden Sendungen nicht verkörpert; der Schutz bezieht sich auf die gesendeten Signale. Das darin bestehende Copyright dient also dem Schutz der öffentlichen Kommunikation.[772] E-Mail-Nachrichten, Telefonanrufe sowie Faxnachrichten sind vom Schutz eines „Sendungscopyrights" ausgeschlossen, obwohl sie ebenfalls der Kommunikation dienen. Ein möglicherweise bestehender Schutz als literarisches oder künstlerisches Werk bleibt davon unberührt.[773]

h) *„The typographical arrangement of published editions"*

Zuletzt zählt zu den Werken, die für ein Copyright infrage kommen, noch die drucktechnische Gestaltung von Veröffentlichungen. Dazu zählen Voll- oder Teilausgaben von einem oder mehreren literarischen, dramaturgischen oder musikalischen Werken, solange sie keine Reproduktion einer vorherigen Ausgabe darstellen.[774] Geschützt wird hier nicht die in das Werk investierte Arbeit, sondern vielmehr die Kosten, die für die Veröffentlichung entstanden sind. Begünstigter ist somit der Herausgeber.[775]

Für einen Copyrightschutz veröffentlichter Ausgaben ist es nicht erforderlich, dass das Werk, das herausgegeben wird, bisher unveröffentlicht war. Eine Neuausgabe bereits verlegter Werke (wie z. B. die gesammelten Werke von Shakespeare)

---

769 Bently/Sherman, IP Law, S. 84.
770 *Copyright, Designs and Patents Act* 1988, Sec. 6 (1).
771 *Copyright, Designs and Patents Act* 1988, Sec. 6 (1A).
772 Vgl. *TCN Channel Nine v Network Ten* (2004) HCA 14.
773 Bently/Sherman, IP Law, S. 88.
774 *Copyright, Designs and Patents Act* 1988, Sec. 8.
775 *Copyright, Designs and Patents Act* 1988, Sec. 9 (2), (d).

kann ein Copyright erhalten. Geschützt wird darin aber nur die drucktechnische Gestaltung, also das äußere Erscheinungsbild der Ausgabe.[776]

2. Voraussetzungen der Entstehung eines Copyrights

Für die Entstehung eines Copyrights sind neben der Qualifikation als schützenswertes Werk gewisse weitere Voraussetzungen erforderlich, die je nach Art des Werkes divergieren.

Jedes literarische, dramaturgische und musikalische Werk muss dem Erfordernis der „originality" genügen. Dieses Erfordernis bspw. erwächst nur für literarische, dramaturgische und musikalische Werke. Für die übrigen Werke ist „originality" nicht erforderlich, um einen Copyrightschutz zu erhalten.[777]

Wiederum nur für literarische, dramaturgische und musikalische Werke ist es erforderlich, dass sie niedergeschrieben wurden oder in einer anderen materiellen Form verkörpert sind.[778]

Für alle Werke gelten dagegen die *Requirements of Section 153 of the Copyright, Designs and Patents Act* von 1988. Diese Vorschriften sollen dabei sicherstellen, dass ein ausreichender Bezug zum Vereinigten Königreich gegeben ist, der es erlaubt, die Rechtsnormen des Vereinigten Königreichs auf das jeweilige Werk anzuwenden.

Zuletzt darf das Werk nicht gegen den allgemeinen Anstand verstoßen. Hiervon betroffen sind gotteslästernde, beleidigende und unmoralische Werke.[779]

a) Das Erfordernis der „originality"

Literarische, dramaturgische oder musikalische Werke müssen „original" sein, um einem Copyrightschutz zu genügen. Was genau unter dem Begriff der „Originality" zu verstehen ist, ist im Einzelnen schwer zu definieren. Allgemein kann man den Begriff damit umschreiben, dass ein gewisses Maß an gestalterischer Eigenleistung beim Erschaffer des Werkes gegeben sein muss.

„Original" bedeutet nicht, dass das Werk neu, erfinderisch oder einzigartig sein muss.[780] Der Werkschöpfer muss durch Arbeit, Geschick und Fleiß das

776 Bently/Sherman, IP Law, S. 90.

777 Vgl. *Copyright, Designs and Patents Act* 1988, Sec. 1 (1).

778 *Copyright, Designs and Patents Act* 1988, Sec. 3 (2).

779 S.u. Teil 5, B., I., 2., d).

780 *University of London Press v University Tutorial Press* (1916) 2 Ch 601; *British Broadcasting Co v Wireless League Gazette Publishing Co* (1926) Ch 433.

Werk geschaffen und dabei ein gewisses Maß an gestalterischer Eigenleistung in das Werk eingebracht haben.[781] Liegt diese gestalterische Eigenleistung vor, ist es irrelevant, wenn die Arbeit auf einer anderen älteren Arbeit basiert, wie dies häufiger bei Filmskripts zur Verfilmung eines Romans der Fall ist.[782]

Wie hoch die gestalterische Eigenleistung sein muss, ist nicht genau definiert. Es reicht in der Regel, wenn das zum Schutz bestimmte Werk vom Autor selbst stammt und die im Werk enthaltene Eigenleistung nicht völlig unbedeutend ist.[783] Dabei können auch die simplen Zeichnungen alltäglicher Gegenstände wie Schrauben, Dübeln oder Bolzen eine ausreichende gestalterische Eigenleistung beinhalten.[784]

Autor in diesem Sinne ist die Person, die das konkrete Werk erschafft.[785] Erschaffen in diesem Kontext heißt dabei nicht, dass eine Person, die lediglich einen diktierten Text tippt, Autor des Werkes wird, auch wenn sie physisch gesehen das Werk produziert. In diesem Fall ist die diktierende Person Autor des Werkes.[786]

Auf der anderen Seite muss nicht jede Arbeit, die auf einem einmal produzierten Text beruht, zwangsläufig dem ursprünglichen Autor zugeschrieben werden. So können bspw. der Bericht über eine gesprochene Rede[787], die Übersetzung einer ausländischen Arbeit[788] oder die Fotografie eines gemalten Bildes[789] selbst Gegenstand eines Copyrights sein. Dies gilt jedoch nur dann, wenn die Reproduktion nicht das Ziel verfolgt, eine genaue Kopie des ursprünglichen Werkes herzustellen.[790] Es muss also eine Interpretation des Werkes erfolgen, in die der neue Werkschöpfer seine eigenen Ideen einfließen lässt.

Der *Copyright Act* verfolgt somit nicht das Ziel, den ursprünglichen Gedanken an sich zu schützen, sondern er schützt dessen zu Schrift, Sprache oder Bild gewordene Äußerung.

---

781 *Ladbroke (Football) Ltd v William Hill (Football) Ltd* (1964) 1 WLR 273 (273).

782 *Christoffer v Poseidon Film Distributors* (2001) ECDR 481.

783 *Ladbroke (Football) Ltd v William Hill (Football) Ltd* (1964) 1 WLR 273 (291); *Merchandising Corp. of America v Harpbond* (1983) FSR 32; *Greyhound Services v Wilf Gilbert (Staffs)* (1994) FSR 723.

784 *British Northrop v Texteam Blackburn* (1974) RPC 57 (68).

785 *Copyright, Designs and Patents Act* 1988, Sec. 9.

786 Bainbridge, Intellectual Property, S. 86.

787 *Walter v Lane* (1900) AC 539.

788 *Byrne v Statist Co* (1914) 1 KB 622.

789 *Graves' Case* (1869) LR 4 QB 715.

790 *Hyperion Records Ltd v Dr Lionel Sawkins* (2005) RPC 808.

b) Dauerhafte beständige Form des Werkes

Damit ein Werk geschützt werden kann, ist es nicht erforderlich, dass es angemeldet wird. Erforderlich dagegen ist, dass es in irgendeiner dauerhaft beständigen Form nach außen tritt, z. B. durch Niederschrift oder in sonstiger Weise.[791]

Wie schon beim Erfordernis der „originality" gilt dies ausdrücklich nur für literarische, dramaturgische und musikalische Werke.[792] Bei den übrigen Arten des Copyrights (außer beim Broadcast) ist es rein faktisch aber auch schon nicht möglich, das Werk zu erschaffen, ohne es in einer dauerhaft beständigen Form zu verkörpern. Tonaufnahmen, Filme oder künstlerische Werke werden per se verkörpert, wohingegen musikalische oder dramaturgische Werke auch nur aufgeführt werden könnten. Literarische Werke können, ohne verkörpert zu werden, nur vorgetragen, also gesprochen werden. Hier ist eine dauerhafte Verkörperung erforderlich, allein schon um die Grenzen des Werkes und somit auch des Copyrights zu definieren. Dabei reicht es aus, wenn das Werk zu irgendeinem Zeitpunkt verkörpert wurde. Eine spätere Zerstörung der Aufnahme ist unschädlich.[793]

c) Requirements of Section 153 of the Copyright, Designs and Patents Act *1988*

Für alle Arten von Werken ist es erforderlich, dass sie die sog. „qualification requirements" erfüllen. Diese sind im *Copyright, Designs and Patents Act* von 1988 in Section 153 geregelt.

Konkret müssen Angaben über den Autor, das Land, in dem das Werk das erste Mal veröffentlicht wurde, oder, im Falle einer Sendung, das Land, in dem die Sendung erstellt wurde, gemacht werden.[794]

Um in den Genuss des Schutzes des *Copyright, Designs and Patents Act* von 1988 zu kommen, muss der Autor entweder Bürger des Vereinigten Königreiches, Bürger eines der Großbritannien zugehörigen Gebiete oder ein britischer Bürger in Übersee sein.[795] Des Weiteren erstreckt sich der Schutz des *Copyright, Designs and Patents Act* von 1988 für das Copyright auf Einzelpersonen, die

---

791 *Copyright, Designs and Patents Act* 1988, Sec. 3 (2).

792 *Copyright, Designs and Patents Act* 1988, Sec. 3 (2).

793 *Lucas v Williams & Sons* (1892) 2 QB 113 (116); *Wham-O Manufacturing Co v Lincoln Industries* (1985) RPC 127 (142).

794 *Copyright, Designs and Patents Act* 1988, Sec. 153.

795 Für nähere Informationen siehe *Copyright, Designs and Patents Act* 1988, Sec. 154.

ihren Wohnsitz in Großbritannien haben sowie auf nach dem Recht von Großbritannien eingetragene Körperschaften.[796]

Soll die Anwendbarkeit des *Copyright, Designs and Patents Act* von 1988 durch die Erstveröffentlichung in einem Staat bzw. die Erstellung einer Sendung hergestellt werden, so hat diese entweder in Großbritannien oder in einem der zum erweiterten Kreis der Länder zählenden Staat, auf den sich die maßgeblichen Vorschriften des *Copyright, Designs and Patents Act* von 1988 erstrecken, zu erfolgen. Zu diesem erweiterten Kreis gehören die Kanalinseln (Channel Islands), die Isle of Man und jede Kolonie, wenn ihre Majestät, die Königin (bzw. seine Majestät, der König), per Rechtsverordnung die Erweiterung angeordnet hat.[797]

d) Die „public policy exclusion"

Weist ein Werk eine ausreichende gestalterische Eigenleistung im Sinne einer „originality" auf, ist es in einer dauerhaften beständigen Form verkörpert und erfüllt es die Voraussetzungen aus Section 153, so kann dennoch ein Copyrightschutz infolge von Gründen des öffentlichen Anstands versagt werden.

In *Glyn v Weston Film Feature*[798] wurde einem dramaturgischen Werk ein Schutz versagt, weil das Werk eine „lüsterne ehebrecherische Intrige" sei und die „freie Liebe" propagiere. In einem anderen Fall wurde einem literarischen Werk die Durchsetzbarkeit des Copyrights aufgrund der Umstände, unter denen das Werk entstanden war, versagt. Ein ehemaliger Geheimdienstagent hatte unter Verletzung seiner Geheimhaltungspflicht ein Buch über verschiedene seiner Einsätze geschrieben.[799] Die „public policy exclusion" betrifft damit nicht nur einen unmoralischen Inhalt, sondern bezieht die Umstände, unter denen ein Werk entsteht, mit ein.

Was unter „unmoralisch" zu verstehen ist, wird allerdings im Einzelnen nicht definiert. Es ist demzufolge eine Frage des Einzelfalls, ob ein Copyrightschutz versagt wird bzw. ob ein bestehender Copyrightschutz für undurchsetzbar erklärt wird.

3. Rechte des Copyrightinhabers

Der Inhaber eines Copyrights hat das alleinige Recht, das geschützte Werk zu kopieren, Kopien des Werkes auszugeben, das Werk in der Öffentlichkeit zu

796 Halsbury Statutes, vol. 11 (1), S. 1129; zu Sec. 154, Sub-s 1: *Copyright, Designs and Patents Act* 1988, m.w.N.

797 *Copyright, Designs and Patents Act* 1988, Sec. 157.

798 *Glyn v Weston Film Feature* (1916) 1 Ch 261.

799 *A-G v Guardian (No. 2)* (1990) 1 AC 109.

vermieten, das Werk in der Öffentlichkeit auszustellen oder aufzuführen, es der Öffentlichkeit vorzustellen oder es umzuarbeiten.[800]

II. Das Patent

Ein Patent ist ein begrenztes Monopolrecht, das im Gegenzug dazu erteilt wird, dass der Erfinder eine neue technische Information veröffentlicht.[801] Es darf nur dann erteilt werden, wenn es sich auf eine Erfindung bezieht, die neu ist, einen innovativen Fortschritt in sich birgt und industriell verwertbar ist.[802]

1. Voraussetzungen der Patentierbarkeit einer Erfindung

a) Wann gilt eine Erfindung als neu?

Eine Erfindung gilt dann als neu, wenn sie über den aktuellen Stand von Wissenschaft und Technik hinausgeht.[803]

Im Hinblick auf die Frage, was gerade Stand der Technik ist, sind alle Informationen bzgl. einzelner Produkte, Verfahren oder Informationen hierüber zu berücksichtigen, auf die durch niedergeschriebene oder mündliche Beschreibung zugegriffen werden kann und die vor dem Prioritätsdatum der Erfindung veröffentlicht wurden.

Dazu zählen Produkte, die auf dem Markt erhältlich sind, Herstellungsprozesse, aber auch jegliche Informationen hierüber.[804]

Zum Stand der Technik gehören darüber hinaus auch die Unterlagen einer anderen Patentanmeldung, sofern das Prioritätsdatum dieser Anmeldung dem Prioritätsdatum der infrage stehenden Patentanmeldung vorgeht.[805]

Solche Unterlagen sollen dann außer Betracht bleiben, wenn sie mehr als sechs Monate nach der Patentanmeldung auftauchen und in rechtswidriger bzw. vertrauensbrechender Weise erlangt wurden.[806]

---

800 *Copyright, Designs and Patents Act* 1988, Sec. 16 (1).
801 Bently/Sherman, IP Law, S. 335.
802 *Patents Act* 1977, Sec. 1 (1).
803 *Patents Act* 1977, Sec. 2 (1).
804 *Patents Act* 1977, Sec. 2 (2).
805 *Patents Act* 1977, Sec. 2 (3).
806 *Patents Act* 1977, Sec. 2 (4).

Das Prioritätsdatum ist grundsätzlich der Tag, an dem die Anmeldung des Patents beim Patentamt eingegangen ist.[807] Steht die Anmeldung des Patents im inhaltlichen Zusammenhang einer früheren Anmeldung und wurden bei der früheren Anmeldung die Unterlagen der jetzigen Anmeldung bereits veröffentlicht, so ist der Prioritätstag ausnahmsweise nicht der Tag der Anmeldung des infrage stehenden Patents, sondern der Tag der Anmeldung des früheren, in Verbindung stehenden Patents. Dieser Einwand kann nur innerhalb von zwölf Monaten gestellt werden.[808]

b) Was ist ein innovativer Fortschritt?

Der Begriff des innovativen Fortschritts wird allgemein mit der Einführung eines erfinderischen Schrittes in bestehende Prinzipien definiert, der für einen Fachmann jedoch nicht offenkundig sein darf.[809] Das Problem bei der Beschreibung dieses unbestimmten Begriffs der Offenkundigkeit ist vor allem, dass selbst bei offenkundigen Verfahren eine erfinderische Idee gegeben sein kann, nämlich dann, wenn die bereits bestehende Idee für die Lösung eines Problems abgewandelt wird. Die Idee an sich ist dann zwar weiterhin offenkundig, in der konkreten Verfahrensart liegt dennoch ein innovativer Fortschritt.[810]

c) Was versteht man unter industrieller Anwendbarkeit?

Der Begriff der industriellen Anwendbarkeit ist zunächst in „Industrie" und „industrielle Anwendbarkeit" zu unterteilen. Der Begriff der Industrie muss weit verstanden werden. Dazu zählt jede körperliche Aktivität mit technischem Charakter.[811] Erforderlich ist dabei nicht, dass eine Maschine verwendet oder ein Gegenstand hergestellt wird.

Industrielle Anwendbarkeit ist demnach alles, was im Bereich der Industrie nutzbar ist. Teilweise wird dabei verlangt, dass das Resultat einen brauchbaren Verwendungszweck hat.[812] Zur industriellen Anwendbarkeit gehört auch jegliche Nutzung zu landwirtschaftlichen Zwecken.[813]

---

807 *Patents Act* 1977, Sec. 2 (5).

808 *Patents Act* 1977, Sec. 5 (2).

809 *Patents Act* 1977, Sec. 3.

810 Vgl. *BASF AG v Smithkline Beecham plc* (2002) EWHC 1373 (Ch) (Nr. 69f.); *DSM NV's Patent, Re* (2001) RPC 35; *Mölnlycke AB v Proctor & Gamble Ltd* (1994) RPC 49, CA.

811 Guidelines for Examination in the EPO C-IV 4.1., siehe: http://www.epo.org/law-practice/legal-texts/guidelines.html.

812 Vgl. *Chiron Corporation v Murex Diagnostics* (1996) RPC 535 (608).

813 *Patents Act* 1977, Sec. 4 (1).

2. Ausschlussgründe der Patentierbarkeit einer Erfindung

Das Patent bezieht sich nur auf industriell anwendbare technische Erfindungen. Nicht patentierbar sind somit Entdeckungen, wissenschaftliche Theorien oder mathematische Methoden.[814] Darüber hinaus darf die Erfindung nicht als literarisches, dramaturgisches, musikalisches oder künstlerisches Werk zu fassen sein sowie keiner ästhetischen Erzeugung egal welcher Art gleichkommen.[815]

Besteht die Erfindung lediglich in einer Methode oder Regel bzw. in einem Muster, um einen geistigen Akt auszuführen, wie z. B. ein Spiel zu spielen oder einer Arbeit nachzugehen, so schließt dies die Möglichkeit, die Erfindung als Patent eintragen zu lassen, aus.[816]

Zuletzt sind noch Erfindungen, die die Präsentation von Informationen beinhalten, sowie jegliche Computerprogramme von der Anmeldung als patentierbare Erfindung ausgeschlossen.[817]

3. Erteilung des Patents

Das Recht, einen Antrag auf Erteilung eines Patents zu stellen, steht jeder natürlichen Person zu.[818] Inhaber eines Patentrechts wird dagegen grundsätzlich nur der Erfinder bzw. im Fall einer gemeinschaftlichen Erfindung die Erfinder gemeinschaftlich oder deren Rechtsnachfolger.[819] Erfinder ist, wer die Idee zu der technischen Erfindung hatte und diese umsetzen konnte.

Neben dem Erfinder kann nur der Eigentümer der Erfindung und deren Rechtsnachfolger ein Patent an der Erfindung erhalten. Um Eigentümer zu werden, muss die Person vor der Existenz der Erfindung alle Rechte hieran vom Erfinder übertragen bekommen.[820] Darüber hinaus kann keiner Person ein Patentrecht zugesprochen werden.[821]

Jede Patentanmeldung muss neben dem Antrag auf Erteilung des Patents eine Beschreibung der Erfindung enthalten, die es einem Fachmann erlaubt, die

---

814 *Patents Act* 1977, Sec. 1 (2) (a).
815 *Patents Act* 1977, Sec. 1 (2) (b).
816 *Patents Act* 1977, Sec. 1 (2) (c).
817 *Patents Act* 1977, Sec. 1 (2).
818 *Patents Act* 1977, Sec. 7 (1).
819 *Patents Act* 1977, Sec. 7 (2) (a).
820 *Patents Act* 1977, Sec. 7 (2) (b), (c).
821 *Patents Act* 1977, Sec. 7 (2).

Erfindung umzusetzen.[822] Liegen keine Gründe vor, das Patent zu versagen und wurden alle Gebühren für die Erteilung bezahlt, wird im Anschluss an eine Veröffentlichungsphase von in der Regel 18 Monaten das Patent erteilt.[823]

4. Widerruf des Patents

Der *Patents Act* von 1977 sieht eine limitierte Anzahl von Gründen vor, aufgrund derer ein Patent widerrufen werden kann. Diese sind in Section 72 des *Patents Act* von 1977 normiert. Danach kann ein Patent aus folgenden Gründen widerrufen werden:

- Es handelt sich bei der Erfindung nicht um eine patentierbare Erfindung;
- das Patent wurde einer nichtberechtigten Person erteilt;
- die Beschreibung der Erfindung reicht nicht aus, damit ein Fachmann diese umsetzen kann;
- die Spezifizierung in der Beschreibung der Erfindung geht über das hinaus, was für die Erteilung des Patentschutzes beantragt wurde und
- der Patentschutz wurde durch einen unzulässigen Änderungsantrag erweitert.

Der Antrag auf Unwirksamkeitserklärung kann von jedermann gestellt werden.[824] Der Antragsteller muss demgemäß nicht zwangsläufig ein Interesse an dem Widerruf des Patents haben.

III. Die „trade mark“

1. Der Begriff „trade mark“

Der *Trade Marks Act* von 1994 versteht unter einer „trade mark“ jedes Zeichen, das grafisch dargestellt werden kann und das es ermöglicht, die Waren oder Dienstleistungen eines Unternehmens von den Waren oder Dienstleistungen anderer Unternehmen zu unterscheiden.[825]

Eine „trade mark“ kann aus einzelnen Worten inklusive dem Namen einer Person, aus Abbildungen, einzelnen Buchstaben oder Zahlen sowie der Form des Produkts und seiner Verpackung bestehen.[826]

---

822 *Patents Act* 1977, Sec. 14 (2), (3).
823 *Patents Act* 1977, Sec. 16, (3).
824 *Patents Act* 1977, Sec. 72 (1).
825 *Trade Marks Act* 1994, Sec. 1 (1).
826 *Trade Marks Act* 1994, Sec. 1 (1) (c), (d).

Man unterscheidet zwischen eingetragenen und nicht eingetragenen „trade marks“. Bei Letzteren ist eine Verletzungsklage nicht zulässig.[827] Die eingetragene „trade mark“ wird demgegenüber mit der Eintragung zum Eigentumsrecht und gibt dem Eigentümer die Rechte und Rechtsmittel, die im *Trade Marks Act* von 1994 geregelt sind.[828]

Dem Inhaber einer nichteingetragenen „trade mark“ stehen diese Rechte nicht zu. Im Folgenden wird unter „trade mark“ nur die „registered trade mark“ verstanden.

2. Eintragungsvoraussetzungen

Die Eintragungsvoraussetzungen, um ein Zeichen als „trade mark“ einzutragen, werden in Section 3 – 5 des *Trade Marks Act* von 1994 geregelt.

Nach Section 3 (1) i. V. m. Section 1 (1) des *Trade Marks Act* von 1994 muss ein Zeichen, um als „trade mark“ eingetragen werden zu können, die Fähigkeit besitzen, die Waren oder Dienstleistungen eines Unternehmens von den Waren oder Dienstleistungen anderer Unternehmen zu unterscheiden. Eine Marke, die keine Unterscheidungskraft besitzt, wird nicht eingetragen.[829]

Darüber hinaus darf das verwendete Zeichen nicht ausschließlich dazu dienen, im Handel die Art, Qualität, Quantität, Zweckbestimmung, den Wert, die örtliche Herkunft, das Herstellungsdatum oder ein anderes Charakteristikum der Ware oder Dienstleistung zu bezeichnen.[830]

Ist das einzutragende Zeichen bereits Teil des allgemeinen Sprachgebrauchs geworden und wird es von der Allgemeinheit im Handel als Bezeichnungskriterium verwendet, so ist eine Eintragung nicht mehr möglich.[831]

Hat das Zeichen durch die vorherige Benutzung bereits einen solchen Bekanntheitsgrad erlangt, dass es – ohne eingetragen zu sein – als Unterscheidungsmerkmal für Waren oder Dienstleistungen des nutzenden Unternehmens von den Waren oder Dienstleistungen anderer Unternehmen dient, so können auch ausnahmsweise solche Zeichen eingetragen werden, denen grundsätzlich kein Unterscheidungscharakter innewohnt. Gleiches gilt für Zeichen, die im Handel die Art, Qualität, Quantität, Zweckbestimmung, den Wert, die örtliche

---

827 *Trade Marks Act* 1994, Sec. 2 (2).
828 *Trade Marks Act* 1994, Sec. 2 (1).
829 *Trade Marks Act* 1994, Sec. 3 (1) (b).
830 *Trade Marks Act* 1994, Sec. 3 (1) (c).
831 *Trade Marks Act* 1994, Sec. 3 (1) (d).

Herkunft, das Herstellungsdatum oder ein anderes Charakteristikum der Ware oder Dienstleistung definieren, oder Zeichen, die bereits Teil des allgemeinen Sprachgebrauchs geworden sind.[832]

Eine Eintragung ist darüber hinaus dann ausgeschlossen, wenn das Zeichen ausschließlich aus der Form des zu bezeichnenden Produkts besteht, sei es, dass das Produkt von Natur aus diese Form aufweist, sei es, dass die Form von sich aus erforderlich ist, um ein bestimmtes technisches Ergebnis zu erzielen, oder sei es, dass die Form des Produkts der Ware im Handel einen erhöhten Mehrwert gibt.[833]

Widerspricht die „trade mark" dem öffentlichen Anstand oder den allgemeinen Prinzipien der Moral, stellt dies ebenso ein Hindernis für die Registrierung dar wie eine „trade mark", die geeignet ist, der Öffentlichkeit in Bezug auf Qualität oder örtliche Herkunft der Ware falsche Tatsachen vorzuspiegeln.[834]

Stellt die Nutzung der Ware einen Verstoß gegen geltendes nationales oder europäisches Recht dar oder handelt der Anmelder in Täuschungsabsicht, so stellt dies ebenfalls einen Hinderungsgrund der Anmeldung einer „trade mark" für die jeweilige Ware dar.[835]

Darüber hinaus gibt es in England eine Reihe von speziell geschützten Symbolen und Zeichen, die in Section 4 aufgelistet werden und eine Anmeldung ggf. ausschließen.

Zu speziell geschützten Zeichen sind z. B. folgende Symbole zu zählen:

- das Symbol der „Royal Arms",
- eine Darstellung der königlichen Krone oder der königlichen Flagge,
- eine Darstellung der Königin oder eines Mitglieds der königlichen Familie,
- Bezeichnungen, die auf einen familiären Bezug zur königlichen Familie deuten,
- die Nationalflagge von Großbritannien (sog. „Union Jack"), England, Wales, Schottland, Nordirland oder der Isle of Man,
- die Nationalflagge, das Wappen oder ein vergleichbares Nationalemblem, ein hoheitlich verwendetes Gütesiegel oder jedes andere den genannten Symbolen vergleichbare Zeichen, das zu einem der Staaten gehört, der die Pariser Verbandsübereinkunft zum Schutz des gewerblichen Eigentums ratifiziert hat und

832 *Trade Marks Act* 1994, Sec. 3 (1).
833 *Trade Marks Act* 1994, Sec. 3 (2).
834 *Trade Marks Act* 1994, Sec. 3 (3).
835 *Trade Marks Act* 1994, Sec. 3 (4), (6).

- Embleme einer zwischenstaatlichen Organisation, wenn ein Mitglied auch die Pariser Verbandsübereinkunft zum Schutz des gewerblichen Eigentums ratifiziert hat.

Ist die einzutragende „trade mark" identisch mit einer älteren, bereits eingetragenen „trade mark", und sind die Waren, die die jeweilige „trade mark" kennzeichnen soll, damit ebenfalls identisch, so steht dies einer Eintragung entgegen.[836]

Eine „trade mark" gilt gemäß Section 6 des *Trade Marks Act* von 1994 als älter, wenn das Anmeldedatum für die Eintragung vor dem Anmeldedatum der „trade mark" liegt, die neu eingetragen werden soll.[837]

Ein weiterer Eintragungshinderungsgrund liegt vor, wenn der einzutragenden „trade mark" ein durch notorische Bekanntheit als Marke definiertes Zeichen entgegensteht, das unter den Schutz der Pariser Verbandsübereinkunft zum Schutz des gewerblichen Eigentums fällt.[838]

3. Unwirksamkeit der Eintragung

Wurde die „trade mark" entgegen den Vorgaben aus Section 3 des *Trade Mark Act* von 1994 eingetragen, kann die Eintragung aufgrund dieses Verstoßes für unwirksam erklärt werden.[839]

Eine Unwirksamerklärung soll dann jedoch nicht stattfinden, wenn lediglich ein Verstoß gegen Section 3 (1) (b), (c) oder (d) erfolgt ist (einer Eintragung also lediglich der fehlende Unterscheidungscharakter, die Nutzung des Zeichens als Chrakteristikabestimmung bzw. die Verwendung des Zeichens im allgemeinen Sprachgebrauch entgegensteht) und die „trade mark" infolge der Eintragung Unterscheidungscharakter für die Waren oder Dienstleistungen erlangt hat, für die es eingetragen wurde.[840]

Wurde die „trade mark" eingetragen, obwohl eine ältere „trade mark" besteht, kann eine Unwirksamkeitserklärung nur dann erfolgen, sofern der Inhaber der älteren „trade mark" keine Zustimmung zu der Eintragung gegeben hat.[841]

Der Antrag auf Unwirksamkeitserklärung kann von jedermann entweder beim Registeramt oder beim zuständigen Gericht gestellt werden. Erst wenn

---

836 *Trade Marks Act* 1994, Sec. 3 (2).
837 *Trade Marks Act* 1994, Sec. 6 (1) (a).
838 *Trade Marks Act* 1994, Sec. 6 (1) (c).
839 S.o. Teil 5, B., III., 2.
840 *Trade Marks Act* 1994, Sec. 47 (1).
841 *Trade Marks Act* 1994, Sec. 47 (2).

eine Klage, die die infrage stehende „trade mark“ betrifft, bei Gericht anhängig ist, ist nur noch ein Antrag vor Gericht möglich.[842]

Hat der Antragsteller die Eintragung der „trade mark“ durch Arglist erlangt, kann das Registeramt selbst die Unwirksamkeitserklärung vor Gericht beantragen.[843]

Erklärt das Gericht die „trade mark“ für unwirksam, so gilt die Eintragung als niemals erfolgt.[844] Dies gilt jedoch nur für laufende geschäftliche Beziehungen. Für vergangene und abgeschlossene Transaktionen gilt dies nicht.[845]

4. Rechte des Inhabers einer „registered trade mark“

a) Verletzung der eingetragenen „trade mark“

Dem Eigentümer einer eingetragenen „trade mark“ steht ein Ausschließungsrecht zu, das verletzt wird, wenn die „trade mark“ in Großbritannien genutzt wird, ohne dass der Eigentümer seine Zustimmung dazu gegeben hat.[846]

Wann eine Verletzung gegeben ist, wird vom *Trade Marks Act* von 1994 in Section 10 geregelt. Danach verletzt eine Person eine eingetragene „trade mark“, wenn sie im Handel ein Zeichen verwendet, das identisch mit dem eingetragenen Zeichen ist. Gleichzeitig müssen die Waren, für die das Zeichen verwendet wird, mit den Waren identisch sein, für die das eingetragene Zeichen verwendet wird.[847]

Besteht für das Zeichen, das verwendet wird, oder die Ware, für die das Zeichen verwendet wird, lediglich eine Ähnlichkeit und keine Identität zu dem geschützten Zeichen bzw. zu der Ware, für die das Zeichen genutzt wird, so ist eine Verletzung nur dann gegeben, wenn die Wahrscheinlichkeit besteht, dass die Bevölkerung die Waren miteinander verwechseln wird.[848]

Sind die Waren, die unter einem ähnlichen Zeichen genutzt werden, nicht identisch mit den Waren, für die das geschützte Zeichen verwendet wird, und liegt keine Identität der Zeichen vor, so kann dennoch eine Verletzung vorliegen, wenn der Nutzer das geschützte Zeichen dazu verwendet, durch die Bekanntheit der „trade mark“ für seine Waren eine Vorzugsstellung am Markt zu erlangen.

---

842 *Trade Marks Act* 1994, Sec. 47 (3).
843 *Trade Marks Act* 1994, Sec. 47 (4).
844 *Trade Marks Act* 1994, Sec. 47 (6).
845 *Trade Marks Act* 1994, Sec. 47 (6).
846 *Trade Marks Act* 1994, Sec. 9 (1).
847 *Trade Marks Act* 1994, Sec. 10 (1).
848 *Trade Marks Act* 1994, Sec. 10 (2).

Liegt die Intention des Nutzers nicht darin, die Bekanntheit der „trade mark" für seine Zwecke auszunutzen, so liegt eine Verletzung dennoch für den Fall vor, dass die Nutzung schädliche Auswirkungen auf den Ruf der „trade mark" und ihren Charakter als Erkennungs- und Unterscheidungsmerkmal haben würde. In beiden Fällen darf zudem kein wichtiger Grund für die Nutzung vorliegen.[849]

Nutzung im Sinne dieses Abschnitts bedeutet, dass das geschützte Zeichen an den Waren selbst oder ihrer Verpackung angebracht wird, dass Waren oder Dienstleistungen unter dem geschützten Zeichen angeboten werden, dass Waren unter Verwendung des Zeichens importiert oder exportiert werden oder dass das Zeichen auf den Geschäftspapieren der verwendenden Firma oder in der Werbung abgedruckt ist.[850]

b) Verletzungsverfahren bei Verletzung einer eingetragenen „trade mark"

Wird eine eingetragene „trade mark" verletzt, so ist grundsätzlich nur der Eigentümer des Rechts befugt, gegen die Verletzung klageweise vorzugehen.[851]

Stellt das Gericht eine Verletzung fest, kann es die sofortige Entfernung des geschützten Zeichens von den Waren des Beklagten anordnen. Ist eine Entfernung des Zeichens nicht oder nur unter unverhältnismäßigem Aufwand möglich, so kann das Gericht die Vernichtung der Waren anordnen.[852]

Kommt der Beklagte der Aufforderung des Gerichts nicht nach, so kann das Gericht eine Person bestellen, an die die Waren gesendet werden sollen und die anstelle des Beklagten für die Entfernung des Zeichens oder die Zerstörung der Waren sorgen soll.[853]

Bis zum Ablauf von sechs Jahren nach der Anbringung des geschützten Zeichens an den „verletzenden Gütern" kann der Eigentümer der „trade mark" die Herausgabe der Güter verlangen.[854]

Unter „verletzende Güter" fallen solche Güter, die entweder selbst das geschützte Zeichen tragen oder aber deren Verpackung mit dem geschützten Zeichen versehen ist und bei denen die Nutzung des Zeichens eine Verletzung der „trade mark" darstellt.[855] Darüber hinaus zählen zu „verletzenden Gütern" auch

---

849 *Trade Marks Act* 1994, Sec. 10 (3).
850 *Trade Marks Act* 1994, Sec. 10 (4).
851 *Trade Marks Act* 1994, Sec. 14.
852 *Trade Marks Act* 1994, Sec. 15 (1).
853 *Trade Marks Act* 1994, Sec. 15 (2).
854 *Trade Marks Act* 1994, Sec. 16 (1), (2), i. V.m. Sec. 18 (1).
855 *Trade Marks Act* 1994, Sec. 17 (1), (2).

solche Güter, die für den Import nach Großbritannien bestimmt sind und bei denen die Nutzung des Zeichens an den Gütern selbst oder ihrer Verpackung in Großbritannien eine Verletzung der „trade mark“ darstellen würde sowie jede andere Nutzung des Zeichens in Verbindung mit den Waren, die eine Verletzung bedeutet.[856]

Werden die Waren auf Antrag an den Eigentümer der „trade mark“ herausgegeben, kann ein weiterer Antrag auf Zerstörung der Waren gestellt werden.[857] Das Gericht, das über diesen Antrag entscheidet, hat dann zu prüfen, ob der Eigentümer der „trade mark“ oder sein Lizenznehmer auf anderem Wege entschädigt werden können.[858]

Bei der Zuweisung der Güter hat das Gericht dafür Sorge zu tragen, dass alle Personen, die ein Interesse an den Gütern haben, über die anstehende Zuweisung informiert werden. Jede dieser Personen kann einen Antrag gegen die anstehende Zuweisung stellen.[859]

Gibt es mehr als einen Interessenten für die Zuweisung der Güter, hat das Gericht in freier Entscheidung die Zuweisung an eine Person durchzuführen.[860]

Entscheidet das Gericht, dass keine der Personen in den Besitz der Güter kommen soll, so hat die Person, in dessen Besitz sich die Güter aktuell befinden, diese zurückzugeben.[861]

5. Die „trade mark“ als Eigentumsobjekt

Jede eingetragene „trade mark“ zählt zum persönlichen Eigentum.[862] Wird eine „trade mark“ an zwei oder mehr Personen gleichzeitig erteilt, so wird jeder berechtigter Eigentümer eines gleichen unteilbaren Teils der „trade mark“. In diesem Fall steht ihnen die Verwaltung, Übertragung und Lizenzierung nur gemeinschaftlich zu.[863]

Jeder Teilhaber ist selbst klagebefugt, muss aber, um den Prozess führen zu können, die übrigen Teilhaber auf Kläger- oder Beklagtenseite hinzuziehen.[864]

---

856 *Trade Marks Act* 1994, Sec. 17 (2) (b), (c).
857 *Trade Marks Act* 1994, Sec. 19 (1).
858 *Trade Marks Act* 1994, Sec. 19 (2).
859 *Trade Marks Act* 1994, Sec. 19 (3).
860 *Trade Marks Act* 1994, Sec. 19 (4).
861 *Trade Marks Act* 1994, Sec. 19 (5).
862 *Trade Marks Act* 1994, Sec. 22.
863 *Trade Marks Act* 1994, Sec. 23 (4).
864 *Trade Marks Act* 1994, Sec. 23 (5).

Die Übertragung einer „trade mark“ erfolgt durch Abtretung oder Nachlassverfügung bzw. kraft Gesetzes. Die „trade mark“ kann auf diese Weise zusammen mit dem Firmenvermögen einer Firma oder separat davon übertragen werden.[865]

Neben der Vollübertragung der „trade mark“ ist es möglich, nur einen Teil davon zu übertragen, wie z. B. die Nutzung der „trade mark“ in Bezug auf einzelne Waren oder Dienstleistungen, die mit der „trade mark“ gekennzeichnet werden. Auch eine Beschränkung auf die Art der Nutzung oder den Ort der Nutzung ist möglich.[866]

Für eine wirksame Übertragung ist die Schriftform erforderlich. Der Eigentümer muss dabei selbst oder durch einen Vertreter die Vertragsurkunde unterzeichen.[867]

C. „Licence agreements“

I. Einleitung

Im englischen Recht wird zwischen der Lizenz und der Vereinbarung, eine Lizenz zu erteilen, unterschieden.[868] Eine Lizenz stellt im Prinzip nur die Erlaubnis dar, etwas zu tun, was ohne diese Erlaubnis verboten wäre.[869] Der Lizenznehmer erhält die Möglichkeit, das geschützte Werk, die geschützte Erfindung oder das geschützte Zeichen zu nutzen, ohne dass er eine Verletzungsklage des Schutzrechtsinhabers befürchten muss. Dies gilt jedoch nur solange, wie sich die Nutzung des Schutzrechtes in den Grenzen der Lizenz bewegt. Überschreitet der Lizenznehmer seine Befugnisse, so stellt dies eine Verletzung des Schutzrechtes und nicht nur eine Vertragsverletzung dar.[870]

Bei der Vergabe einer Lizenz behält der Schutzrechtsinhaber, unabhängig von der Art der Lizenz, das Eigentum an dem Schutzrecht.[871]

---

865 *Trade Marks Act* 1994, Sec. 24 (1).

866 *Trade Marks Act* 1994, Sec. 24 (2).

867 *Trade Marks Act* 1994, Sec. 24 (3).

868 Anderson, Technology Transfer, § 13.4.

869 *British Actors Film Co v Glover* (1918) 1 KB 299 (306f.); *Canon Kabushiki Kaisha v Green Catridge Co* (1997) AC 728 (735); Bently/Sherman, IP Law, S. 264, 572 und 963.

870 *Miller v Cecil* (1937) 2 All ER 464 (465).

871 *C.B.S. United Kingdom Ltd v Charmdale Record Distributors Ltd* (1980) FSR 289 (295); vgl. *Copyright, Designs and Patents Act* 1988, Sec. 101 (1); *Patents Act* 1977, Sec. 67 (1); *Trade Marks Act* 1994, Sec. 31 (1).

Im Gegensatz dazu steht das „assignment". Beim „assignment" handelt es sich nicht um eine reine Nutzungserlaubnis. Die Übertragung des Eigentums an dem Schutzrecht ist hier Gegenstand der Vereinbarung.[872] Im Gegensatz zum deutschen Recht ist in England demnach auch eine Vollübertragung des Copyrights möglich.[873] Der Erwerber tritt dabei in den Grenzen der Vereinbarung vollständig in die Rechtsposition des ursprünglichen Eigentümers ein, wohingegen bei der Lizenz der Schutzrechtsinhaber einen Anteil am Schutzrecht behält, egal wie stark die Lizenz ist.[874] Die Parteien sind darin frei, den genauen Anteil der Übertragung zu definieren. Es können das Recht als Ganzes oder aber nur Teile des Schutzrechtes übertragen werden. Eine Aufteilung kann sich auf einzelne Befugnisse oder auf einen Teil der Schutzdauer beziehen.[875] Ein „assignment" muss, damit es wirksam ist, schriftlich erfolgen.[876]

II. Lizenzen der verschiedenen „Intellectual Property Rights"

1. „Copyright licences"

Ein Copyright kann auf verschiedene Arten lizenziert werden. Im Wesentlichen wird zwischen einer exklusiven und einer nicht exklusiven Lizenz unterschieden. Bei der exklusiven Lizenz verpflichtet sich der Eigentümer des Copyrights, keine weiteren Lizenzen in dem vertraglich festgelegten Bereich zu vergeben und auch selbst das Copyright nicht zu nutzen.[877]

Der Lizenznehmer einer exklusiven Lizenz hat außer gegenüber dem Eigentümer des Copyrights die gleichen Rechte wie ein Erwerber des Copyrights.[878] Er

---

872 *Copyright, Designs and Patents* Act 1988, Sec. 90 (1); *Patents Act* 1977, Sec. 30 (1); *Trade Marks Act* 1994, Sec. 24 (1).

873 *Copyright, Designs and Patents Act* 1988, Sec. 90 (1).

874 Vgl. *Copyright, Designs and Patents Act* 1988, Sec. 101 (1), (2); *Patents Act* 1977, Sec. 30.

875 *Copyright, Designs and Patents Act* 1988, Sec. 90 (2); *Patents Act* 1977, Sec. 30 (1); *Trade Marks Act* 1994, Sec. 24 (2).

876 *Copyright, Designs and Patents Act* 1988, Sec. 90 (3); *Patents Act* 1977, Sec. 30 (6); *Trade Marks Act* 1994, Sec. 24 (3).

877 *Copyright, Designs and Patents Act* 1988, Sec. 92 (1); *Sega Enterprises Ltd v Galaxy Electronics PTY Ltd* (1998) 39 IPR 577 (580).

878 *Copyright, Designs and Patents Act* 1988, Sec. 101 (1).

kann also in eigenem Namen Klage wegen der Verletzung des Copyrights erheben. Neben der Klagebefugnis des exklusiven Lizenznehmers besteht immer auch die Befugnis des Copyrighteigentümers, Klage zu erheben, sofern seine Rechte betroffen sind. Steht die Klage des Eigentümers oder des exklusiven Lizenznehmers in Verbindung mit den Rechten des jeweils anderen, so ist der Eigentümer bzw. der Lizenznehmer zu der Klage hinzuzuziehen.[879]

Eine exklusive Lizenz an einem Copyright besteht nur dann, wenn die Vereinbarung der Erteilung schriftlich erfolgt und vom Inhaber des Copyrights unterschrieben wurde.[880] Die exklusive Lizenz wird aufgrund ihrer weitreichenden Befugnisse, die dem Lizenznehmer eingeräumt werden, auch als Äquivalent zum „assignment" verstanden.[881]

Im Gegensatz hierzu steht die nicht exklusive Lizenz. Neben dem Lizenznehmer hat dabei immer auch der Lizenzgeber das Recht, das Copyright zu nutzen und auch weitere Lizenzen zu vergeben.[882] Die nicht exklusive Lizenz stellt mithin nur eine Zusage dar, dass der Lizenznehmer für Handlungen, die grundsätzlich das Copyright verletzen würden, vom Copyrightinhaber nicht verklagt wird.[883] Die nicht exklusive Lizenz kann für einen bestimmten Zeitraum oder als sog. „one-off permission" für eine einzelne Nutzung vergeben werden. Sie kann unentgeltlich oder entgeltlich, ausdrücklich oder konkludent vereinbart werden.[884]

Dem Lizenznehmer einer einfachen Lizenz steht grundsätzlich keine eigene Klagebefugnis zu. Dies gilt nicht, wenn die Parteien die Lizenz schriftlich abgeschlossen und ausdrücklich eine Klagebefugnis des einfachen Lizenznehmers darin vereinbart haben.[885] Demgegenüber besteht für die einfache genauso wie für die exklusive Lizenz ein Sukzessionsschutz gegenüber dem Erwerber des Copyrights, solange dieser das Copyright nicht gutgläubig lastenfrei erwirbt.[886]

---

879 *Copyright, Designs and Patents Act* 1988, Sec. 102 (1).

880 *Copyright, Designs and Patents Act* 1988, Sec. 92 (1).

881 *R. Giggs Group Ltd v Raben Footwear Pty Ltd* (2003) EWHC 2914, 165 (180).

882 Vgl. *Copyright, Designs and Patents Act* 1988, Sec. 92 (1).

883 *British Actors Film Co v Glover* (1918) 1 KB 299 (306f.); *Canon Kabushiki Kaisha v Green Catridge Co* (1997) AC 728 (735).

884 *Godfrey v Lees* (1995) EMLR 307 (331f.).

885 *Copyright, Designs and Patents Act* 1988, Sec. 102 (1).

886 *Copyright, Designs and Patents Act* 1988, Sec. 90 (4).

2. „Patent licences“

Auch bei Patentlizenzen besteht der wesentliche Unterschied darin, ob eine exklusive oder eine nicht-exklusive Lizenz vergeben wird.

Eine exklusive Lizenz liegt vor, wenn der Eigentümer des Patents oder die Person, die eine Erfindung zur Anmeldung gebracht hat, alle Rechte, die die Erfindung betreffen, mit Ausnahme des Eigentums an dem Patent auf den Lizenznehmer überträgt, sodass dieser jede andere Person einschließlich des Patenteigentümers von der Nutzung der Erfindung ausschließen kann.[887]

Jede Patentlizenz, sowohl die exklusive als auch die nicht-exklusive kann mündlich oder schriftlich, ausdrücklich oder konkludent abgeschlossen werden.[888] Sec. 30 (6) des *Patents Act* von 1977 steht dem nicht entgegen. Nach Sec. 30 (6) des *Patents Act* von 1977 ist jedes Rechtsgeschäft, das ein Recht „innerhalb“ des Patents betrifft, nichtig, wenn es nicht schriftlich erfolgt und vom Inhaber des Patents unterschrieben wurde. Danach müsste, wenn es sich bei Lizenzen um Rechte „innerhalb“ des Patents handelt, jede Lizenz auch schriftlich abgeschlossen werden.

Man unterscheidet zwischen Rechten „innerhalb“ des Patents und Rechten „unter“ dem Patent. Bei Rechten „innerhalb“ des Patents wird ein Teil des Schutzrechtes auf den Erwerber übertragen, wie dies z. B. beim „assignment“ der Fall ist.[889] Bei Rechten „unter“ dem Patent dagegen wird nur eine Erlaubnis zur Nutzung des Rechts erteilt, die keine Eigentumsrechte beinhaltet. Bei Lizenzen, seien es exklusive oder nicht-exklusive Lizenzen, wird gerade kein Teil des Schutzrechtes auf den Lizenznehmer übertragen.[890] Der Lizenznehmer bekommt kein Eigentumsrecht, sondern wird nur berechtigter Nutzer der Erfindung. Es handelt sich mithin um Rechte „unter“ dem Patent, für die Sec. 30 (6) des *Patents Act* von 1977 keine Anwendung findet.[891]

Der Lizenznehmer einer exklusiven Lizenz kann wie der Eigentümer des Patents Klage wegen der Verletzung des Patents erheben.[892] Der Eigentümer

---

887 *Patents Act* 1977, Sec. 130 (1); *Peaudouce SA v Kimberly-Clark Ltd* (1996) FSR 680 (690).

888 *Crossley v Dixon* (1863) 10 HLC 293; *Morton-Norwich Products Inc. v Intercen Ltd and United Chemicals Ltd* (1981) FSR 337 (342).

889 *Patents Act* 1977, Sec. 30 (6); *Insituform v Inliner* (1992) RPC 83 (105).

890 *Allen & Hanbury v Generics* (1986) RPC 203 (246).

891 *Insituform v Inliner* (1992) RPC 83 (105); Patents Act 1977 Sec. 30 (4), (7), Sec. 67 (1).

892 *Patents Act* 1977, Sec. 67 (1).

des Patents ist jedoch der Klage hinzuzuziehen.[893] Dem Lizenznehmer einer nicht-exklusiven Lizenz steht keine Klagebefugnis zu.[894] Ein Sukzessionsschutz gegenüber dem Erwerber des Patents ist vom *Patents Act* von 1977 weder für die einfache noch für die exklusive Lizenz vorgesehen.

3. „Trade mark licences“

Jede Trademark-Lizenz erlaubt es dem Lizenznehmer, das geschützte Zeichen für seine Waren oder Dienstleistungen zu verwenden, ohne dass er eine Klage wegen der Verletzung der Trademark befürchten muss, solange die Nutzung nicht über die Grenzen der Vereinbarung hinausgeht.[895] Wie schon beim Copyright und beim Patent wird auch bei der Trademark im Wesentlichen zwischen exklusiven und nicht-exklusiven Lizenzen unterschieden.

Die exklusive Lizenz definiert sich wiederum als Erlaubnis, das Schutzrecht unter Ausschluss jeder anderen Person einschließlich des Lizenzgebers zu nutzen. Der Lizenzgeber verpflichtet sich neben der Lizenz des exklusiven Lizenznehmers keine weiteren Lizenzen zu vergeben und auch selbst das geschützte Zeichen nicht zu verwenden.[896]

Dem Lizenznehmer einer exklusiven Lizenz stehen die gleichen Rechte zu wie dem Eigentümer der Lizenz.[897] Er kann auch in eigenem Namen Klage wegen der Verletzung der Trademarks erheben, ohne auf die Mithilfe der Trademark-Inhabers angewiesen zu sein, wenn dies im Lizenzvertrag so vorgesehen ist.[898]

Anders sieht dies beim Lizenznehmer einer einfachen Lizenz aus. Hier muss der Lizenznehmer zunächst den Eigentümer der Trademark auffordern, Klage in seinem Namen zu erheben. Weigert der Eigentümer sich oder versäumt er es, innerhalb von zwei Monaten Klage zu erheben, so ist auch der Lizenznehmer einer einfachen Lizenz berechtigt, in eigenem Namen wie ein Eigentümer Klage zu erheben.[899]

Im Gegensatz zur Patentlizenz muss jede „trade mark licence“ schriftlich und mit der Unterschrift des Trademark-Inhabers abgeschlossen werden.[900] Im

893 *Patents Act* 1977, Sec. 67 (3).
894 Vgl. *Patents Act* 1977, Sec. 67.
895 *Sport International v Inter Footwear* (1984) 2 All ER 321.
896 *Scandecor International v Scandecor Marketing* (2002) FSR 122.
897 *Trade Marks Act* 1994, Sec. 31 (1).
898 *Trade Marks Act* 1994, Sec. 31 (1).
899 *Trade Marks Act* 1994, Sec. 30 (3).
900 *Trade Marks Act* 1994, Sec. 28 (2).

Gegenzug hat dafür auch jede Trademark-Lizenz, solange nichts anderes vereinbart wurde, einen Sukzessionsschutz gegenüber dem Erwerber einer Trademark inne.[901] Bei der exklusiven Lizenz kann dieser Sukzessionsschutz nicht abbedungen werden.[902]

III. Pflichten des Lizenzgebers

1. Allgemeines

Die den Parteien obliegenden Verpflichtungen richten sich in erster Linie nach den Parteiabreden. Jede ausdrücklich vereinbarte Pflicht schließt ihre implizierte Einbeziehung in den Vertrag aus. Stillschweigende Abreden sind nur in sehr eng begrenztem Umfang zulässig.

Es ist deshalb immer im Einzelfall zu prüfen, ob im konkreten Fall eine Verpflichtung zu implizieren ist.[903]

2. „Implied covenants" aus dem *Property Law*

a) Allgemeines

Der *Law of Property Act* von 1925 sieht verschiedene „implied covenants" vor, die für die Übertragung von Eigentum gelten sollen. Darunter fällt z. B. das sog. „right to convey". Das „right to convey" gibt dem Erwerber die implizierte Garantie, dass der Veräußerer des Eigentums auch Berechtigter ist. [904]

Bei der hier relevanten Erörterung des „right to convey" bei Lizenzverträgen für „Intellectual Property" stellt sich demgemäß zunächst die Frage, ob und inwieweit die Regeln des „right to convey" auf „Intellectual Property" Anwendung finden dürfen.

b) Können traditionelle „property rights" auf „Intellectual Property" angewandt werden?

Damit die Regeln des „right to convey" auf Lizenzverträge über „Intellectual Property" Anwendung finden können, müssten traditionelle „property rights", zu denen das „right to convey" zu zählen ist, auf „Intellectual Property" Anwendung

901 *Trade Marks Act* 1994, Sec. 28 (3).

902 *Trade Marks Act* 1994, Sec. 29 (2).

903 Anderson, Technology Transfer, § 13.28.

904 *Law of Property (Miscellaneous Provisions) Act* 1994, Part 1, Sec. 2 (1) (a).

finden. Dann müsste „Intellectual Property“ eine Unterform von „personal property“ darstellen. Dies ist für jedes der einzelnen IP-Rechte separat zu bestimmen.

Beginnend mit dem Patent ist die Sachlage eindeutig. Im *Patents Act* von 1977 steht in Section 30 subsection (1): „Any patent or application for a patent is personal property (without being a thing in action)“. Gleiches gilt für Markenzeichen (Section 22 des *Trade Marks Act* von 1994): „A registered trade mark is personal property.“

Beim Copyright ist die Anwendung, wenngleich nicht ausdrücklich, über den Verweis der Übertragung als „personal property“ gegeben. Der *Copyright, Designs and Patents Act* von 1988 lautet in Section 90, subsection (1) wie folgt: „Copyright is transmissible by assignment, by testamentary disposition or by operation of law, as personal or movable property.“ Der gleiche Wortlaut lässt sich in Bezug auf das „design right“ in gleichem Regelwerk unter Section 222, subsection (1) finden.

Im Ergebnis können dementsprechend auf „Intellectual Property“ die Regeln des „personal property“ angewandt werden.

c) *Können bei der Vergabe einer Lizenz die Regeln des „personal property“ angewandt werden?*

Nachdem grundsätzlich eine Anwendbarkeit des „personal property laws“ auf „Intellectual Property Rights“ festgestellt wurde, ist nun die kompliziertere Fragestellung zu behandeln, ob Gleiches auch bei der Vergabe einer Lizenz gilt. Ausgangspunkt soll hier zunächst die Überlegung der Anwendbarkeit des „personal property law“ auf das „assignment“ sein.

aa) Anwendbarkeit auf das „assignment“

Bei der Übertragung von Eigentum gibt es gewisse Pflichten, die bei jedem Rechtsgeschäft Gegenstand der Vereinbarung werden, auch wenn die Parteien hierüber keine Abreden getroffen haben. Diese konkludenten Verpflichtungen sind im *Law of Property Act* von 1994 festgelegt.[905] Besonderer Betrachtung bedarf dabei das „implied covenant for title“, das in Section 2, subsection (1) (a) niedergeschrieben ist. Diese Verpflichtung wird auch als „right to convey“ bezeichnet.[906] Inhalt dieser Verpflichtung ist es zu garantieren, dass der Veräußerer zur Übertragung des Eigentums befugt ist.

---

905 Vgl. *Law of Property Act* 1994, Sec. 1.

906 Report of the Law Commission „Transfer of Land: Implied covenants for Title“ 199, HC 437 Kap. 4.19.

Überträgt man diese Verpflichtung auf das IP-Recht, so ist zunächst die Frage zu stellen, ob der Begriff des „assignment", der für die Übertragung von IP-Rechten steht, dem in Section 2, subsection(1) (a) des *Law of Property Act* von 1994 verwendeten Begriff der „disposition" bzw. der „conveyance" gleichkommt. Hiefür ist der *Law of Property Act* von 1925 heranzuziehen.

In dessen Section 205, die durch den *Law of Property Act* von 1994 nicht geändert wurde, werden verschiedene Begriffe definiert, u. a. auch der Begriff der „conveyance".[907] Die „conveyance" wird dabei wie folgt beschrieben: „Conveyance includes a mortgage, charge, lease, assent, [...] and every other assurance of property or of an interest therein by any instrument, except a will; ‚convey' has a corresponding meaning; and ‚disposition' includes a conveyance and also a devise, bequest, or an appointment of property contained in a will."

Wenn „disposition" oder „conveyance" also auch all das beinhalten, was über „mortgage", „charge", „lease" etc. hinausgeht, aber noch im Zusammenhang mit der Übertragung von Eigentum steht, so ist auch das „assignment" unter den Begriff der „conveyance" zu fassen.[908]

Damit ist der Begriff des „assignment" Teil des *Law of Property Act* von 1925. Die diesbezüglichen Vorschriften können demgemäß hier angewandt werden. Fraglich ist, ob Gleiches auch für die „licence" gilt.

bb) Anwendbarkeit auf die „licence"

Weiter oben wurden die Unterschiede zwischen „licence" und „assignment" bereits dargestellt. Das Problem, das sich bei der Anwendung des *Law of Property Act* stellt, ist, dass die „licence" keine endgültige Übertragung eines Rechts beinhaltet. Da das „right to convey" zu den „property rights" zu zählen ist, stellt sich die Frage der Anwendbarkeit auf eine Lizenz.

In der Regel darf auf die Lizenz kein *Property Law*, sondern nur *Contract Law* angewandt werden. Dies ergibt sich aus der Überlegung, dass die Lizenz gerade kein Recht innerhalb des Schutzrechtes ist, sondern erst durch den Umfang des Schutzrechtes die Grenzen der Lizenz dargestellt werden, infolgedessen ein Recht unter dem Schutzrecht ist. Die Lizenz ist somit vom Schutzrecht abhängig; der Lizenznehmer hat grundsätzlich keine eigentumsähnliche Beteiligung an dem Schutzrecht, sondern nur vertragliche Ansprüche auf dessen Nutzung.[909]

---

907 *Law of Property Act* 1925, Sec. 205 (1), (ii).

908 Anderson, EIPR 1995, 236 (236).

909 S.o. Teil 5, C., II.

Genauerer Betrachtung bedarf jedoch der besondere Fall einer „exclusive licence“, die in gewissen Bereichen dem „assignment“ nahekommt.[910] Der „exclusive licence“ kann ein gewisser eigentumsähnlicher Charakter nicht abgesprochen werden. Der Lizenznehmer einer exklusiven Lizenz hat die gleichen Rechte wie der Eigentümer des Schutzrechtes.[911] Dadurch erhält sie einen stärkeren Bezug zu „lease“, „assignment“ und „conveyance“.

Dennoch liegt gerade keine Eigentumsübertragung vor. Der Lizenznehmer verfolgt im Grunde nur die Rechte des Eigentümers, wenn das Schutzrecht verletzt wird. Der Lizenznehmer erhält den eigentumsähnlichen Status also nur auf prozessualer Ebene.[912]

Eine Anwendung des *Law of Property Act* scheidet damit aus.

3. „Implied covenants“ aus dem Mietrecht

Fraglich ist, ob „terms implied in law“, die im Mietrecht gelten, auch auf *Intellectual Property Licences* Anwendung finden dürfen. Dies könnte deshalb gegeben sein, als dass „Intellectual Property Licences“ auch als Äquivalenz der Miete für Immaterialgüter angesehen werden. Das Verhältnis zwischen Lizenzgeber und Lizenznehmer soll danach das Gleiche sein wie zwischen Vermieter und Mieter.[913]

„Terms implied in law“ werden auch als „legal duty“ bezeichnet. Sie dienen dazu, den Parteien gewisse Regeln aufzugeben, die ein allgemeiner gesellschaftlicher Anstand verlangt.[914] Diese Regeln variieren, je nachdem, welche Art von Vertragstypus gegeben ist. Es finden sich weder im *Patents Act* von 1977 noch im *Trade Marks Act* von 1994 Bestimmungen über „implied terms“. Im *Copyright, Designs and Patents Act* von 1988 werden in Section 136 lediglich Schadensersatzregelungen für reprografisches Kopieren des geschützten Werkes geregelt. Weitere „implied terms“ finden sich nicht. Somit ist davon auszugehen, dass der Gesetzgeber gerade keine „legal duty“ in diesem Bereich aufgeben wollte. Für

---

910 S.o. Teil 5, C., II.

911 *Copyright, Designs and Patents Act* 1988, Sec. 101 (1); *Patents Act* 1977, Sec. 67; *Trade Marks Act* 1994, Sec. 31 (1).

912 *C.B.S. United Kingdom Ltd v Charmdale Record Distributors Ltd* (1980) FSR 289 (295); *Allen & Hanbury v Generics* (1986) RPC 203 (246); vgl. *Copyright, Designs and Patents* Act 1988, Sec. 101 (1); *Patents Act* 1977, Sec. 67 (1); *Trade Marks Act* 1994, Sec. 31 (1).

913 Vaver, IPJ 1995, 163 (165) m.w.N.

914 S.o. Teil 4, F., II.

eine analoge Anwendung der „terms implied in law“ aus dem Mietrecht auf „Intellectual Property Licences“ ist schon deshalb kein Platz.

4. „Terms implied in fact“

Die „terms implied in fact“ dienen dazu, den mutmaßlichen Parteiwillen durchzusetzen.[915] Es ist deshalb immer im Einzelfall zu prüfen, ob eine Verpflichtung zu implizieren ist.[916] Generell sind die Gerichte sehr vorsichtig damit, Pflichten in den Vertrag zu implizieren.[917]

Bei Lizenzverträgen für „Intellectual Property“ ist für den Fall, dass die Parteien eine umfassende Pflicht des Lizenzgebers vereinbart haben, dieser solle auf eigene Kosten das Schutzrecht vor Rechtsverletzungen Dritter schützen, anerkannt worden, darin eine Pflicht zu implizieren, die Gebühren zu zahlen, die zur Aufrechterhaltung des Schutzrechtes notwendig sind.[918] Der Lizenzgeber kann seine vereinbarte Schutzpflicht nur dann erfüllen, wenn er dem Verletzer ein wirksames Schutzrecht entgegenhalten kann. Die Vereinbarung, das Schutzrecht gegen jegliche Verletzungen Dritter zu schützen, bedeutet also auch, dass nicht nur bloße Verletzungen unter diese Vereinbarung fallen, sondern dass alles, was zur Unwirksamkeit des Schutzrechtes führen kann, Gegenstand der Abwehrverpflichtung wird. Dazu zählt auch die Nichtzahlung von Jahresgebühren, die zur Aufrechterhaltung des Schutzrechtes notwendig sind.[919]

Gleiches gilt, wenn die Parteien ein „covenant for quiet enjoyment“ vereinbart haben. [920] Der Lizenzgeber muss dem Lizenznehmer dann die ungestörte Nutzung des Schutzrechtes sichern. Zahlt er jedoch die Patentjahresgebühren nicht und erlischt das Schutzrecht aufgrund dessen, so können Dritte die Erfindung nutzen, ohne dass der Lizenzgeber oder der Lizenznehmer es ihnen verbieten könnten. In der Nutzung durch Dritte liegt dann eine Verletzung des „covenant for quiet enjoyment“.[921]

---

915 S.o. Teil 4, F., I.
916 Anderson, Technology Transfer, § 13.28.
917 Vgl. *Hamlyn & Co v Wood & Co LR* (1891), 2 QB 488; s.o. Teil 4, F.
918 *Lines v Usher* (1897) 14 RPC 206 (209); Halsbury’s Laws of England, vol. 79, § 387.
919 *Lines v Usher* (1897) 14 RPC 206 (210).
920 *Mills v Carson* (1892) 10 RPC 9 (16).
921 *Mills v Carson* (1892) 10 RPC 9 (20).

IV. Pflichten des Lizenznehmers

Primär werden die Pflichten des Lizenznehmers durch den abgeschlossenen Lizenzvertrag definiert. Dabei liegt die Hauptpflicht des Lizenznehmers in der Zahlung der Lizenzgebühr. Grundlage dieser Verpflichtung ist der zwischen den Parteien geschlossene Lizenzvertrag. Dabei müssen die allgemeinen Vertragserfordernisse berücksichtigt werden.[922] Besondere Beachtung findet in dieser Arbeit das Erfordernis von „Consideration".

1. „Consideration" in „Intellectual Property Licences"

Wie oben gezeigt, ist ein Vertrag nichtig, bei dem eine Vertragspartei keine Gegenleistung („Consideration") erbringen kann. Der Lizenznehmer ist also nur dann zur Zahlung der Lizenzgebühren verpflichtet, wenn die vereinbarte Gegenleistung auch besteht und sie die Voraussetzungen von „Consideration" erfüllt.[923]

Fraglich ist demgemäß, wie die Situation zu behandeln ist, dass ein Schutzrecht nur als Scheinrecht bestanden hat oder nach Abschluss des Lizenzvertrages für nichtig bzw. unwirksam erklärt wird.[924]

Ausgangspunkt aller Überlegungen muss zunächst die Vereinbarung über die gegenseitigen Leistungen der Parteien sein. Anhand der Parteivereinbarung ist dann objektiv zu prüfen, ob „Consideration" vorliegt.[925] Im Folgenden wird das Problem anhand einiger exemplarischer Fälle erläutert.

a) Taylor v Hare

In *Taylor v Hare*[926] vergab der Beklagte eine Lizenz an einer Erfindung, deren vermeintlicher Erfinder er war, an den Kläger. Später stellte sich heraus, dass der Beklagte nicht im Besitz eines Patentrechtes an der Erfindung war, sondern dass die Erfindung von jedermann lizenzfrei genutzt werden konnte. Daraufhin verlangte der Kläger die gezahlten Lizenzgebühren mit der Begründung zurück, die Erfindung sei nicht neu gewesen, woraufhin das vermeintliche Patent nichtig sei. Der Lizenzgeber sei demnach seiner Verpflichtung nicht nachgekommen,

---

922 S.o. Teil 3.

923 S.o. Teil 3, D.

924 Vgl. für das US-amerikanische Recht: Lunze, Rechtsfolgen des Fortfalls des Patents, S. 105ff.

925 S.o. Teil 4, F.

926 *Taylor v Hare* (1805) 127 ER 461.

eine Lizenz an dem Schutzrecht zu vergeben. Er als Lizenznehmer habe keinerlei Nutzen erhalten, weshalb eine „Consideration“ nicht gegeben sei.[927]

Nach Angabe des Klägers beruhte die Vereinbarung gerade auf dem Verständnis, dass der Lizenzgeber Inhaber des Schutzrechtes war. Gerade das Bestehen des Schutzrechtes sei grundsätzliche Voraussetzung einer Lizenzierung.[928]

Die Richter werteten jedoch die Möglichkeit, das vermeintlich bestehende Schutzrecht zu nutzen und die hieraus resultierende Vorzugsstellung zu erhalten, als ausreichende „Consideration“ für die geleisteten Lizenzgebühren. Grundlage der Argumentation war, dass sowohl der Lizenzgeber als auch der Lizenznehmer gutgläubig von der Existenz des Schutzrechtes ausgingen und auf dieser Grundlage die Zahlung der Lizenzgebühr für die Nutzung des Schutzrechtes vereinbarten. Der Lizenznehmer habe das Schutzrecht nutzen können, denn ohne den Lizenzvertrag hätte er von der Erfindung keinen Gebrauch gemacht.[929]

Des Weiteren, argumentierten die Richter, sei ein Vergleich zum Mietrecht angebracht. Ein Mieter könne, nachdem er die Mietsache erhalten und genutzt und hierfür den Mietzins gezahlt habe, seine Leistungen nicht deshalb zurückfordern, dass er später die Mietsache räumen musste. Der Lizenznehmer habe das erhalten, was vertraglich vereinbart wurde und habe dementsprechend auch die Lizenzgebühren dafür zu zahlen.[930]

b) Lawes v Purser

In *Lawes v Purser*[931] klagte der Lizenzgeber eines vermeintlich bestehenden Patents auf Zahlung der mit dem Lizenznehmer vereinbarten Lizenzgebühren. Aufgrund seiner erteilten Erlaubnis, das Patent zu nutzen, habe er einen Anspruch auf Zahlung. Der Lizenznehmer habe wie vereinbart die Erlaubnis erhalten, eine Substanz zum Düngen herzustellen und zu vertreiben.

Der Lizenznehmer erwiderte, das Patent sei nichtig gewesen. Der Lizenzgeber habe ihm keinerlei Nutzungsrecht erteilen können. Eine Lizenz habe demnach schon gar nicht bestanden, jedenfalls sei diese, sähe man sie als erteilt an, nichtig und gegenstandslos. Er habe keinerlei Vorteil aus dem Vertrag gezogen.

---

927 *Taylor v Hare* (1805) 127 ER 461 (462f.).
928 *Taylor v Hare* (1805) 127 ER 461 (463).
929 *Taylor v Hare* (1805) 127 ER 461 (463).
930 *Taylor v Hare* (1805) 127 ER 461 (463).
931 *Lawes v Purser* (1856) 119 ER 1110.

Somit bestehe auch keine ausreichende „Consideration", was den Vertrag nichtig werden lasse.[932]

Der Lizenzgeber entgegnete, die Situation sei vergleichbar mit der Grundstücksvermietung durch einen Dritten. Der Mieter habe den Mietzins an die Person zu zahlen, die ihm den Besitz an der Mietsache verschafft habe, unabhängig davon, ob der Vertragspartner auch Berechtigter für die Vermietung der Mietsache sei. Der Lizenznehmer habe im vorliegenden Fall das Schutzrecht durch die vom Lizenzgeber erteilte Erlaubnis nutzen können und einen Vorteil erworben. Er sei somit zur Zahlung der Lizenzgebühren verpflichtet.[933]

Die Richter waren sich in diesem Fall uneinig, ob in der bloßen Nutzungserlaubnis ohne tatsächlich bestehendes Schutzrecht „Consideration" gegeben war.

Zum einen wurde vertreten, ein Vergleich zwischen körperlichen und unkörperlichen Sachen sei nicht angezeigt. Bei körperlichen Sachen könne die Sache auch ohne Erlaubnis genutzt werden. Unkörperlichen Sachen fehle aber ohne eine wirksame Rechtsübertragung jeglicher Übertragungstatbestand, was eine Nutzung unmöglich mache. „Consideration" sei nur für den Fall gegeben, für den das Schutzrecht auch tatsächlich bestehe. Dies sei hier nicht der Fall. Der Lizenzgeber habe sich also lediglich dazu verpflichtet, keine unbegründeten Ansprüche gegen den Nutzer des vermeintlich bestehenden Schutzrechtes zu stellen.[934]

Die Mehrheit der Richter sah jedoch in der Nutzungserlaubnis eine ausreichende „Consideration". Der Lizenznehmer habe das erhalten, wofür er die Vereinbarung eingegangen sei. Beide Vertragspartner seien gutgläubig in Bezug auf die Existenz des Schutzrechtes gewesen. Mithin sei es unbillig, dem Lizenzgeber die Lizenzgebühr zu versagen, obwohl der Lizenznehmer vom Lizenzvertrag profitiert habe.[935]

c) *Bowman v Taylor*

In *Bowman v Taylor* vereinbarten die Parteien die Nutzung einer Webmaschine, deren angeblicher Erfinder der Lizenzgeber war. Nach dem Inhalt des Vertrages sollte der Lizenznehmer nicht nur in den Genuss der Nutzung kommen, er sollte auch der einzige Nutzer im Gebiet der Lizenz sein. Neben dem Nutzungsrecht an sich stand demnach ein Ausschließungsrecht, wie es heute in einer „exclusive licence" gegeben ist.

---

932 *Lawes v Purser* (1856) 119 ER 1110 (1112).
933 *Lawes v Purser* (1856) 119 ER 1110 (1112).
934 *Lawes v Purser* (1856) 119 ER 1110 (1112).
935 *Lawes v Purser* (1856) 119 ER 1110 (1113).

Es stellte sich heraus, dass der Lizenzgeber nicht der Erfinder der Webmaschine und somit auch nicht Inhaber eines Patentrechtes war. Dennoch hatte er dem Lizenznehmer in der Vergangenheit die Nutzung der Webmaschine ermöglicht.

Hier wurde vertreten, ein Vergleich zum Mietrecht sei nicht möglich. Im Gegensatz zu einem Mieter, der in den Genuss der Mietsache gelange, erhalte der Lizenznehmer eines nicht bestehenden Schutzrechtes überhaupt nichts übertragen. Der Lizenznehmer vereinbare die Lizenz nicht zur bloßen Nutzung der hinter dem Recht stehenden Sache, sondern es sei gerade in seinem Interesse, ein Ausschließungsrecht gegenüber seinen Konkurrenten zu erhalten.[936] Somit fehle im Falle des Nichtbestehens des Schutzrechtes die Möglichkeit, andere von der Nutzung auszuschließen. Der Lizenznehmer könne zwar, was auch Gegenstand der Vereinbarung war, die Erfindung nutzen, er zahle aber nicht für die Nutzung an sich, sondern für das Recht auf Nutzung. Falle das Schutzrecht rückwirkend weg oder stelle sich deren Unwirksamkeit heraus, so läge kein Unterschied zum positiven Teil des Nutzungsrechts, also der Gebrauchsmöglichkeit vor; der Lizenznehmer könne während der Lizenzdauer von der Erfindung ungestört Gebrauch machen. Der negative Bestandteil, nämlich die Ausschließungsbefugnis, würde dagegen überhaupt nicht eingeräumt. Somit läge eine Nichterfüllung seitens des Lizenzgebers vor, die den Lizenznehmer von seiner Zahlungspflicht befreie.[937]

Die Richter sahen aber unabhängig vom Vorliegen einer ausreichenden „Consideration" den Lizenznehmer nach den Grundsätzen von „Estoppel"[938] daran gehindert, die Nichtigkeit des Patents geltend zu machen. In der Vereinbarung hätten die Parteien festgehalten, dass der Lizenzgeber Erfinder der Webmaschine war. Wenn der Lizenznehmer nun davon spreche, dass die Erfindung nicht neu sei, negiere er implizit die vorher in der Vereinbarung festgestellte Eigenschaft des Lizenzgebers als Erfinder des Patents.[939]

Der Lizenznehmer kann sich demzufolge, wenn er im Lizenzvertrag von der Erfindereigenschaft des Lizenzgebers ausgegangen ist, nicht später auf die Unwirksamkeit des Schutzrechtes berufen.

d) Neilson v Fothergill

Auch in *Neilson v Fothergill* wurde entschieden, dass der Lizenznehmer nach den Grundsätzen von „Estoppel" daran gehindert sei, das Nichtbestehen des

---

936 *Bowman v Taylor* (1834) 111 ER 108 (112).

937 *Bowman v Taylor* (1834) 111 ER 108 (112).

938 S.o. Teil 4, E.

939 *Bowman v Taylor* (1834) 111 ER 108 (113f.).

Schutzrechtes geltend zu machen.[940] Wie bei *Bowman v Taylor* sei der Lizenznehmer an den geschlossenen Vertrag gebunden. Unabhängig, ob eine „Consideration“ gegeben sei oder nicht, dürfe der Lizenznehmer wie im Mietrecht die Berechtigung des Lizenzgebers nicht infrage stellen, solange er die vereinbarte Sache nutzen könne.[941]

e) Hayne v Maltby

In *Hayne v Maltby*[942] wollte der vermeintliche Inhaber eines Patents (Hayne) für eine Strickmaschine ein Nutzungsrecht an der Erfindung an den Beklagten (Maltby) übertragen. Die Parteien waren davon ausgegangen, dass die legale Nutzung der Strickmaschine nur mit dem entsprechenden Nutzungsrecht möglich sei. Im Gegenzug verpflichtete Maltby sich dazu, keine andere als die bezeichnete Maschine zu verwenden. Die Erfindung an der Strickmaschine war jedoch nicht neu, sodass dem vermeintlichen Inhaber des Patents gar kein Patentrecht zustand. Im Gegenteil, die Nutzung der Erfindung war für jedermann möglich.

Die Richter entschieden hier, dass keine wirksame „Consideration“ seitens Haynes gegeben war. Weder war T. Taylor, von dem Hayne das vermeintliche Patent übertragen wurde, der Erfinder der Maschine, noch war die Erfindung neu. Die reine Nutzungsmöglichkeit seitens Maltbys war in den Augen der Richter nicht Gegenstand der Vereinbarung. Ihm sollte im Gegenteil ein Nutzungsrecht an der patentierten Erfindung übertragen werden.[943] Die Richter stellten darüber hinaus fest, dass ein Vergleich zum Mietrecht gerade nicht angezeigt war. Während der Mieter einer Wohnung faktisch die Möglichkeit der Nutzung eingeräumt bekäme, habe Maltby in diesem Fall zwar auch die Möglichkeit erhalten, eine Maschine zu benutzen; diese Möglichkeit steht aber auch jedem Anderen zu, ohne dass dieser einen Vertrag mit Hayne hätte schließen müssen. Es lag nach der Auffassung der Richter hier also keine „Consideration“ vor.[944]

f) Cutler v Bower

In *Cutler v Bower*[945] wiederum wurde ein Patent lizenziert, das sich später als nichtig herausstellte. Der Lizenznehmer berief sich wiederum darauf, dass

---

940 *Neilson v Fothergill* (1841) Webs. Pat. Cas. 119, 287 (288).
941 *Neilson v Fothergill* (1841) Webs. Pat. Cas. 119, 287 (288).
942 *Hayne v Maltby* (1789) 100 ER 665.
943 *Hayne v Maltby* (1789) 100 ER 665 (667f.).
944 *Hayne v Maltby* (1789) 100 ER 665 (667f.).
945 *Cutler v Bower* (1848) 116 ER 736.

mangels Wirksamkeit des Patents keine „Consideration“ für die Zahlung von Lizenzgebühren gegeben war.[946]

Hier entschieden die Richter jedoch, dass aufgrund der Möglichkeit des Lizenznehmers, das vermeintlich bestehende Patent zu nutzen, kein vollständiges Fehlen von „Consideration“ gegeben sei.[947]

g) *Zusammenfassung*

Die verschiedenen Fälle haben gezeigt, dass die Behandlung der Lizenzierung eines nichtigen Schutzrechtes auch in England umstritten ist.

Zum Teil wird dabei auf der einen Seite die bloße Einräumung einer Nutzungsmöglichkeit nicht als ausreichende „Consideration“ für einen Lizenzvertrag gewertet. Es müsse gerade eine Rechtsposition und nicht nur eine faktische Nutzungsmöglichkeit verschafft werden.[948]

Auf der anderen Seite kann man den Fällen überwiegend entnehmen, dass die Richter gehalten sind, keine Rückabwicklung der Verträge zuzulassen. Entweder wird die reine Nutzungsmöglichkeit als „Consideration“ für die gezahlten Lizenzgebühren gewertet oder der Lizenznehmer ist nach den Grundsätzen von „Estoppel“ daran gehindert, sich auf die Nichtigkeit des Schutzrechtes zu berufen.[949]

2. „Effects of invalidity“

Im Jahr 2013 wurde im Fall *Virgin Atlantic Airways Limited v Zodiac Seats UK Limited* (vormals Contour Aerosprace Limited)[950] vom Supreme Court des Vereinigten Königreichs ein Fall entschieden, bei dem es um die Verletzung eines Patents ging, das später für nichtig erklärt wurde.

In Fortführung der Rechtsprechung aus *Unilin Beheer v Berry Floor NV*[951] sowie *Coflexip SA v Stolt Offshore MS Ltd*[952] wurde Contour wegen Verletzung eines

---

946 *Cutler v Bower* (1848) 116 ER 736 (741).

947 *Cutler v Bower* (1848) 116 ER 736 (742); siehe auch *Celltech v Med Immune* (2004) EWCA Civ. 1331 (13).

948 *Hayne v Maltby* (1789) 100 ER 665 (667f.); *Lines v Usher* (1897) 14 RPC 206 (210).

949 *Taylor v Hare* (1805) 127 ER 461 (462f.); *Bowman v Taylor* (1834) 111 ER 108 (113f.); *Neilson v Fothergill* (1841) Webs. Pat. Cas. 119, 287 (288); *Cutler v Bower* (1848) 116 ER 736 (742); *Celltech v Med Immune* (2004) EWCA Civ. 1331 (13).

950 *Virgin v Zodiac* (2013) UKSC 46.

951 *Unilin Beheer BV v Berry Floor NV* (2007) EWCA Civ. 364.

952 *Coflexip v Stolt* (2004) EWCA Civ. 213; siehe auch P*oulton v Adjustable Cover and Boiler Block Co* (1908) 2 Ch 430.

Patents zu einer Schadensersatzsumme von 49.000.000 £ verurteilt.[953] Während erstinstanzlich noch entschieden wurde, das Patent sei zwar wirksam, aber nicht verletzt worden, entschied die zweite Instanz auf die Berufung von Virgin hin, das Patent sei sowohl wirksam als auch verletzt, sodass Contour zum Schadensersatz verpflichtet sei. Als später das Patent für nichtig erklärt wurde, sollte Contour weiterhin zum Schadensersatz verpflichtet bleiben.

Diese Entscheidung basierte auf der bis zu diesem Zeitpunkt bestehenden Rechtsprechung aus *Unilin Beheer v Berry Floor NV*. Dort wurde entschieden, dass die Nichtigerklärung eines Patents die Rechtskraft einer Entscheidung nicht tangiere.[954] Ein einmal rechtskräftiges Urteil in einem Patentverletzungsprozess vermittle der obsiegenden Partei ein neues „piece of property“, nämlich das Urteil.[955] Die unterliegende Partei war demnach gehindert, gegen den erworbenen Titel des Patentinhabers vorzugehen.[956]

Ebenso verlief es in *Coflexip SA v Stolt Offshore MS Ltd*. Dort verteidigten sich die Beklagten damit, dass die Kläger nicht wegen Verletzung eines Patents Schadensersatz verlangen könnten, das mit Wirkung von Anfang an für nichtig erklärt wurde. Das Gericht wende einen zu strengen Maßstab von „action Estoppel“ an, der der Einzelsituation nicht gerecht werde. Der Grundsatz von „action Estoppel“, dass mit Abschluss des Verfahrens Rechtsfrieden eintreten soll und dass eine Partei niemals zweimal mit der gleichen Sache verklagt werden kann, dürfe im vorliegenden Fall keine Anwendung finden. Das Gericht verhelfe der Klägerin zu einer ungerechtfertigten Bereicherung, resultierend aus einer Verletzung eines nicht bestehenden Patents. Das Gericht dagegen entschied, dass die durch eine dritte Partei erwirkte Entscheidung über die Nichtigkeit des Patents keine Auswirkungen auf die Rechtskraft eines anderen Urteils habe.[957]

Zodiac, die zwischenzeitlich Contour übernommen hatten, verteidigten sich in dem Verfahren vor dem Supreme Court damit, dass die Wirkung der Nichtigerklärung des europäischen Patentamtes auf den Tag der Erteilung zurückwirke, das Patent also als niemals erteilt gelte.[958] Unilin und Coflexip seien daher falsch.

---

953 *Virgin v Contour* (2009) EWCA Civ. 1513 (8); *Virgin v Contour* (2011) EWCA Civ. 163 (11f.).

954 *Unilin Beheer BV v Berry Floor NV* (2007) EWCA Civ. 364 (H17).

955 *Unilin Beheer BV v Berry Floor NV* (2007) EWCA Civ. 364 (H19).

956 *Unilin Beheer BV v Berry Floor NV* (2007) EWCA Civ. 364 (H22).

957 *Coflexip v Stolt* (2004) EWCA Civ. 213 (H19).

958 *Virgin v Zodiac* (2013) UKSC 46 (8ff.).

Auf dieser Grundlage hat der Supreme Court entschieden, dass zwar keine Durchbrechung der Rechtskraft vorheriger Urteile vorgenommen werde und Zodiac weiterhin nach den Regeln über „action Estoppel“ daran gehindert sei, die rechtskräftigen Urteile anzufechten. Vorliegend berufe sich Zodiac aber nicht auf eine Durchbrechung der Rechtskraft, sondern auf die Auswirkungen der rückwirkenden Nichtigerklärung.[959] Die Nichtigerklärung sei ein neuer Punkt, der vorher noch nicht habe geltend gemacht werden können. Das angeblich verletzte Patent müsse *ex post* betrachtet als nicht verletzt angesehen werden, da die Nichtigerklärung auf den Tag der Erteilung zurückwirke.[960] Virgin habe daher keinen Schaden erlitten, denn das Patent gilt als niemals erteilt. Die Verurteilung zum Schadensersatz wurde aufgehoben.

959 *Virgin v Zodiac* (2013) UKSC 46 (27).
960 *Virgin v Zodiac* (2013) UKSC 46 (53).

Schlussbemerkung

Lizenzverträge über Immaterialgüterschutzrechte stellen in Deutschland und England besonders risikoreiche Geschäfte dar. Es ist von den Parteien im Vorfeld nie ganz zu klären, wie sich das Schutzrecht auswerten lässt. Umso wichtiger ist eine gerechte Risikoverteilung bei der Behandlung von Leistungsstörungen. Mangels spezialgesetzlicher Vorschriften für Immaterialgüter sind auf Lizenzverträge die allgemeinen Vorschriften anzuwenden.[961]

Wird ein Schutzrecht mit Wirkung *ex tunc* für nichtig erklärt oder hat es von Anfang an nur scheinbar bestanden, so haftet der Lizenzgeber dem Lizenznehmer nach §§ 311a Abs. 2, 275 BGB auf Schadensersatz statt der Leistung bzw. Ersatz der Aufwendungen im Rahmen des § 284 BGB, sofern er das Leistungshindernis bei Vertragsschluss kannte oder seine Unkenntnis zu vertreten hat (§ 311a Abs. 2 Satz 2 BGB).

Neben dem Schadensersatz statt der Leistung kann der Gläubiger gemäß § 325 BGB vom Vertrag unabhängig von einem möglichen Verschulden des Schuldners zurücktreten. Aufgrund des Wagnischarakters des Lizenzvertrages ist die Möglichkeit des Rücktritts ein Korrektiv, das eine gerechte Risikoverteilung erlaubt. In der Regel werden beide Parteien den zur Nichtigkeit des Schutzrechtes führenden Grund nicht kennen. Es wäre aber unbillig, dem Lizenznehmer neben dem Risiko der wirtschaftlichen Verwertbarkeit der Lizenz auch das Risiko des rechtlichen Bestandes des Schutzrechtes aufzubürden. Die Möglichkeit des Rücktritts bei Nichtbestehen des Schutzrechtes eröffnet damit ein Korrektiv, das eine nachträgliche objektive Wertbemessung erlaubt. Tritt der Lizenznehmer aufgrund der Nichtigkeit des Schutzrechtes vom Lizenzvertrag zurück, kann er gem. §§ 275 Abs. 1, 326 Abs. 1 und Abs. 4, 346ff. BGB die bereits gezahlten Lizenzgebühren zurückfordern. Künftige Zahlungen kann er nach § 320 BGB verweigern. Eine faktische Vorzugsstellung, die der Lizenznehmer möglicherweise deshalb innehat, weil seine Konkurrenten das vermeintlich bestehende Schutzrecht respektiert haben, kann nicht als Gegenleistung für die gezahlten Lizenzgebühren gewertet werden. Der Lizenzgeber kann sich somit nicht darauf berufen, der Lizenznehmer habe alles erhalten,

961 S.o. Teil 3, B., I.

was vereinbart gewesen sei, auch wenn u. U. für die Vergangenheit keine wirtschaftlichen Einbußen für den Lizenznehmer zu verzeichnen waren. Vertragsgegenstand ist gerade die Einräumung eines Nutzungsrechts und nicht die daraus resultierende Vorzugsstellung.

Tritt der Lizenznehmer vom Vertrag zurück, so hat der Lizenzgeber einen Anspruch auf Wertersatz für die gezogenen Nutzungen gem. §§ 346 Abs. 1, 346 Abs. 2 Satz 1 Nr. 1 BGB. Die faktische Vorzugsstellung ist als unmittelbare Rechtsfrucht i. S. d. § 99 Abs. 2 BGB zu qualifizieren und fällt damit auch unter die Nutzungen i. S. d. § 346 Abs. 1 BGB. Büßt der Lizenznehmer also aufgrund der Nichtigkeit des Schutzrechtes keine wirtschaftlich relevante Rechtsposition ein, so wird man die faktische Vorzugsstellung als volles Äquivalent zum lizenzierten Schutzrecht werten müssen. In diesem Fall kann der Wertersatz für die gezogenen Nutzungen auch die Höhe der gezahlten Lizenzgebühr betragen. Lediglich wenn Konkurrenten des Lizenznehmers das vermeintlich bestehende Schutzrecht nicht respektieren und daraus eine eingeschränkte Vorzugsstellung aufseiten des Lizenznehmers entsteht, ist der Wert der Vorzugsstellung objektiv zu bestimmen. Für eine analoge Anwendung des § 52 MarkenG auf Sachverhalte aus dem Patent- und Urheberrecht ist dagegen kein Raum.

Im englischen Recht werden zwei verschiedene Ansätze für die Behandlung von Consideration in Intellectual Property Licences vertreten. Auf der einen Seite wird vertreten, dass grundsätzlich der Lizenznehmer das Risiko der wirtschaftlichen Verwertbarkeit des Schutzrechtes trägt. Kann der Lizenznehmer also das Schutzrecht nicht wie geplant nutzen oder erhält er aufgrund der Marktsituation keine faktische Vorzugsstellung, also keinen „benefit“ aus dem lizenzierten Schutzrecht, so liegt dies in seiner Risikosphäre. Folglich kann der „benefit“ auf der anderen Seite nicht automatisch Teil des zwischen den Parteien geschlossenen Vertrages sein. Erst eine ausdrückliche Vereinbarung zwischen den Vertragsparteien, die eine Vorzugsstellung vorsieht, würde diese auch zum Vertragsgegenstand werden lassen. In diesem Fall läge aber das Risiko der wirtschaftlichen Verwertbarkeit nicht mehr beim Lizenznehmer, sondern beim Lizenzgeber. Er müsste dafür sorgen, dass der Lizenznehmer nicht nur die Lizenz an einem ihm gehörenden Schutzrecht, sondern auch eine Vorzugsstellung am Markt erhält.

Diese Vorzugsstellung baut aber ausschließlich auf den Nutzungsmöglichkeiten des Lizenznehmers auf und hängt wesentlich vom Engagement und der Geschäftstüchtigkeit des Lizenznehmers ab. Die Vorzugsstellung wird demzufolge nach dieser Meinung nicht Teil der Vereinbarung der Parteien sein.

Jedenfalls liegt eine solche Vereinbarung nicht automatisch mit Lizenzierung des Schutzrechtes vor.[962]

Auf der anderen Seite wird vertreten, dass ein Lizenznehmer wie der Mieter einer Wohnung zu behandeln ist. Ein Mieter könne, wenn ihm von einem Nichtberechtigten die Wohnung überlassen worden sei, nicht später bei der Räumung geltend machen, er habe in der Vergangenheit nicht das erhalten, was vereinbart gewesen sei.[963]

Das Problem zwischen körperlichen Sachen und unkörperlichen Rechten ist, dass Rechte nur dort genutzt werden können, wo sie auch tatsächlich bestehen. Liegt das Recht nicht vor, wird jedoch in Unkenntnis des Nichtbestehens von der Allgemeinheit respektiert, so ist dies nicht auf das vermeintlich bestehende Recht zurückzuführen, sondern auf die Allgemeinheit, die dem Scheinrecht erst seine faktische Wirkung gibt. Es ist also nicht zu fragen, ob der Mieter die Mietsache nutzen konnte und später einfach räumen musste; der Vergleich muss vielmehr dahin gehen, ob der Mieter einen Mietzins zahlen muss, wenn er vermeintlich in der Wohnung gewohnt hat, ohne dass diese tatsächlich bestand.

Diese Verwechslung kann aus rein faktischen Gründen schon nicht entstehen. Der Mieter nutzt gerade auch das Mietobjekt, das tatsächlich besteht. Im Gegensatz dazu kann ein Lizenznehmer ein nicht bestehendes Schutzrecht auch nicht nutzen. Der Vergleich zu körperlichen Gegenständen findet offensichtlich dann seine Grenzen, wenn es um die Nutzung eines in Wirklichkeit nicht bestehenden Rechts geht.

Der Lizenznehmer zahlt, wenn das Risiko der wirtschaftlichen Verwertbarkeit des Schutzrechtes bei ihm liegt, gerade für die Nutzung des Rechts und nicht für den daraus möglicherweise resultierenden „benefit".[964] In diesem Fall kann der „benefit" nicht als „Consideration" für die Lizenzgebühr gewertet werden.

Dennoch wird eine Rückabwicklung von Lizenzverträgen vermieden. Der Lizenznehmer ist aufgrund von „Estoppel" daran gehindert, eine fehlende „Consideration" geltend zu machen. Lediglich für die Zukunft ist es ihm möglich, eine weitere Zahlung von Lizenzgebühren aufgrund des Wegfalls der Geschäftsgrundlage zu verweigern.

Seit 2013 gilt in England nunmehr, dass Schadensersatzzahlungen wegen Verletzung eines später für nichtig erklärten Patents trotz Rechtskraft

962 Vgl. *Hayne v Maltby* (1789) 100 ER 665 (667f.); *Lines v Usher* (1897) 14 RPC 206 (210).

963 *Taylor v Hare* (1805) 127 ER 461; *Lawes v Purser* (1856) 119 ER 1110.

964 *Bowman v Taylor* (1834) 111 ER 108 (112).

der den Schadensersatz zusprechenden Urteile nicht gezahlt werden müssen. In Deutschland wird dieses Ergebnis über die Restitutionsklage nach § 580 Nr. 6 ZPO erreicht. Danach findet die Restitutionsklage statt, wenn das Urteil eines ordentlichen Gerichts, auf welchem das Urteil beruht, durch ein anderes rechtskräftiges Urteil aufgehoben ist. Urteil in diesem Kontext ist auch jeder Verwaltungsakt, der einem Urteil gleich kommt.[965] Bei der Nichtigerklärung eines Patents handelt es sich um einen solchen Verwaltungsakt, sodass eine Restitutionsklage statthaft ist.[966]

Die Bearbeitung zeigt, dass die Behandlung von Leerübertragungen in deutschen und englischen Lizenzverträgen des Geistigen Eigentums diverse Schwierigkeiten bereitet. Gerade der unkörperliche Charakter von Immaterialgüterrechten bereitet dann Probleme, wenn es um die Frage nach einem „Besitz" an dem scheinbar bestehenden Recht geht. Die gefundene Lösung der Behandlung der faktischen Vorzugsstellung als unmittelbare Rechtsfrucht und damit eine strenge Zuordnung der Lizenzgebühren an die wirksame Einräumung eines Nutzungsrechts stellt für das deutsche Recht eine praktische Lösung dar.

965 BGH v. 21.1.1988, NJW 1988, 1914 (1915).

966 LG Düsseldorf v. 24.6.1986, GRUR 1987, 628 (629).

Literaturverzeichnis

Ahrens, Claus	Gewerblicher Rechtsschutz Tübingen 2008 (zit.: Ahrens, Gewerblicher Rechtsschutz)
Ahrens, Hans-Jürgen	Brauchen wir einen Allgemeinen Teil der Rechte des Geistigen Eigentums GRUR 2006 S. 617–624 (zit.: Ahrens, GRUR 2006, 679)
Anderson, Mark	Applying Traditional Property Laws to Intellectual Property EIPR 1995 S. 236–241 (zit.: Anderson, EIPR 1995)
ders.	Technology Transfer Law, practise and precedents 2. Auflage London 2003 (zit.: Anderson, Technology Transfer)
Ann, Christoph und Barona, Alfredo	Schuldrechtsmodernisierung und Gewerblicher Rechtsschutz Köln 2002 (zit.: Ann/Barona)
Atiyah, Patrick Selim	Essays on Contract New York 1986 (zit.: Atiyah, Essays on Contract)
Bacher, Klaus	Vernichtung des Patents nach rechtskräftigem Abschluss des Verletzungsprozesses GRUR 2009, S. 216–220 (zit.: Bacher, GRUR 2009, 216)

Bainbridge, David I. Intellectual Property
7. Auflage
London 2009
(zit.: Bainbridge, Intellectual Property)

Bartenbach, Britta Negative Lizenz
Mitt. 2002
S. 503–521
(zit.: B. Bartenbach, Mitt. 2002)

dies. Die Schuldrechtsreform und ihre Auswirkungen auf das Lizenzvertragsrecht
Mitt. 2003
S. 102–113
(zit.: B. Bartenbach, Mitt. 2003)

Bartenbach, Kurt Patentlizenz- und Know-how-Vertrag
7. Auflage
Köln 2013
(zit.: Bartenbach, Patentlizenz- und Know-how-Vertrag)

Bartsch, Michael Softwarerechte bei Projekt- und Pflegeverträgen
Urheberrechtlicher Schutz für Leistungsgegenstände in drei typischen Fallkonstellationen
CR 2012, S. 141–146
(zit.: Bartsch, CR 2012, 141)

Baur, Fritz, Baur, Jürgen und Stürner, Rolf Sachenrecht
18. Auflage
München 2009
(zit.: Baur/Baur/Stürner, Sachenrecht)

Baur, Jürgen Haftungsvoraussetzungen und Haftungsfolgen bei Tauglichkeitsmängeln der Erfindung
ZHR1966, S. 1–20
(zit.: Baur, ZHR 1966, 1)

Benkard, Georg Patentgesetz, Gebrauchsmustergesetz
10. Auflage
München 2006
(zit.: Benkard/*Bearbeiter*, PatG)

Bently Lionel und Sherman, Brad
Intellectual Property Law
3. Auflage
Oxford 2009
(zit.: Bently/Sherman, IP Law)

Berger, Christian
Lizenzen in der Insolvenz des Lizenzgebers
GRUR 2013, S. 321–335
(zit.: Berger, GRUR 2013, 321)

Busse, Rudolf
Patentgesetz
Kommentar
7. Auflage
Berlin 2013
(zit.: Busse/*Bearbeiter*, PatG)

Cornish, William und Llewelyn David
Intellectual Property:
Patents, Copyright, Trade Marks and allied rights
6. Auflage
London 2007
(zit.: Cornish/Llewelyn, Copyright)

Corpus Iuris Civilis
Institutiones, Digesta, herausgegeben von Theodor Mommsen und Paul Krueger
Band 1
16. Auflage
Berlin 1954
(zit.: D. 50,14,54)

Denning, Alfred
Recent Developments in the Doctrine of Consideration
MLR 1952 (Band 15), S. 1–10
(zit.: Denning, MLR 1952, 1)

Dreier, Thomas und Schulze, Gernot
Urheberrechtsgesetz
4. Auflage
München 2013
(zit.: Dreier/Schulze/*Bearbeiter*, UrhG)

Ekey, Friedrich und Klippel, Diethhelm
Heidelberger Kommentar zum Markenrecht
Heidelberg 2003
(zit.: HK-MarkenR)

Eidenmüller, Horst | Die Verjährung beim Rechtskauf
NJW 2002, S. 1625–1627
(zit.: Eidenmüller, NJW 2002, 1625)

Eisenmann, Hartmut und Jautz, Ulrich | Grundriss Gewerblicher Rechtsschutz und Urheberrecht
8. Auflage
Heidelberg 2009
(zit.: Eisenmann/Jautz, Grundriss Gewerblicher Rechtsschutz und Urheberrecht)

Enneccerus, Ludwig und Lehmann, Heinrich | Recht der Schuldverhältnisse
15. Bearbeitung
Tübingen 1958
(zit.: Enneccerus/Lehmann)

Fezer, Karl-Heinz | Markenrecht
Kommentar
4. Auflage
München 2009
(zit.: Fezer, MarkenG)

Fischer, Ernst | Schadensersatz für den nichtausschließlichen Lizenznehmer
GRUR 1980, S. 374–379.
(zit.: Fischer, GRUR 1980, 374)

Fischer, Walther | Der dingliche Charakter des Patentrechts und der Lizenzvertrag
GRUR 1927, S. 738–745
(zit.: Fischer, GRUR 1927, 738)

Forkel, Hans | Gebundene Rechtsübertragungen
Köln 1977
(zit.: Forkel, Gebundene Rechtsübertragungen)

ders. | Patent- und Know-how-Lizenzvertrag
NJW 1990, S. 2805–2806
(zit.: Forkel, NJW 1990, 2805)

Frey, Conrad | Die Rechtsnatur der Patentlizenz
Zürich 1976
(zit.: Frey, Die Rechtsnatur der Patentlizenz)

Frey, Conrad und Rudolph, Matthias EU-Richtlinie zur Durchsetzung der Rechte des Geistigen Eigentums
ZUM 2004, 522–529
(zit.: Frey/Rudolph, ZUM 2004, 522)

Gray, Kevin und Francis Gray, Susan Land Law
5. Auflage
New York 2009
(zit.: Gray and Gray, Land Law)

Goodhart, A.L. Unilateral Contracts
LQR 1951 (Band 67), S. 456–460
(zit.: Goodhart, LQR 1951, 456)

Groß, Michael Der Lizenzvertrag
10. Auflage
Frankfurt am Main 2011
(zit.: Groß, Der Lizenzvertrag)

Hacker, Franz Markenrecht
Köln 2007
(zit.: Hacker, Markenrecht)

Haedicke, Maximilian Rechtskauf und Rechtsmängelhaftung: Forderungen, Immaterialgüterrechte und sonstige Gegenstände als Kaufobjekte und das reformierte Schuldrecht
Tübingen 2003
(zit.: Haedicke, Rechtskauf und Rechtsmängelhaftung)

ders. Die Gewährleistungshaftung bei Patentveräußerungs- und Patentlizenzverträgen und das neue Schuldrecht
GRUR 2004, S. 123–127
(zit.: Haedicke, GRUR 2004)

ders. Dingliche Wirkungen und Insolvenzfestigkeit von Patentlizenzen in der Lizenzkette
ZGE 2011, S. 377–402
(zit.: Haedicke, ZGE 2011, 377)

Haertel, Kurt und Schiefler, Kurt — Urheberrechtsgesetz und Gesetz über die Wahrnehmung von Urheberrechten und verwandten Schutzrechten
(Mit amtlicher Begründung des Urheberrechtsgesetzes)
Köln 1967
(zit.: Haertel/Schiefler)

Halsbury's Laws of England — Halsbury's Laws of England
Contract (Volume 9 (1), Reissue)
4. Auflage
London 2006
(zit.: Halsbury's Laws of England, vol. 9 (1))

Halsbury's Laws of England — Halsbury's Laws of England
Volume 9(2) Copyright, Design Right and related Rights.
4. Auflage, reissue
London 2006
(zit.: Halsbury's Laws of England, vol. 9. (2))

Halsbury's Laws of England — Halsbury's Laws of England
Volume 79 Partnership; Patents and registered Designs.
5. Auflage
London 2008
(zit.: Halsbury's Laws of England, vol. 79)

Halsbury's Statutes — Halsbury's Statutes
Volume 11 (1)
4. Auflage
London 2006
(zit.: Halsbury's Statutes, vol. 11 (1))

Hauck, Ronny — Die Verdinglichung obligatorischer Rechte am Beispiel einfacher Immaterialgüterrechtlicher Lizenzen
AcP 2011, S. 626–664
(zit.: Hauck, AcP 2011, 626)

Henn, Günter Patent- und Know-how-Lizenzvertrag
Handbuch für die Praxis
5. Auflage
Heidelberg 2003
(zit.: Henn, Patent- und Know-how-Lizenzvertrag)

Heussen, Benno Urheber- und lizenzrechtliche Aspekte bei der Gewährleistung für Computersoftware: Zugleich zum Problem der Rechtsnatur von Lizenzverträgen
GRUR 1987, S. 779–791
(zit.: Heussen, GRUR 1987, 779)

Hill, H. A. und Redman, Joseph Hill & Redman's Law of Landlord and Tenant
Nr. 69, August 2009
London 2009
(zit.: Hill & Redman's)

Hilty, Reto M. Der Softwarevertrag – ein Blick in die Zukunft: Konsequenzen der trägerlosen Nutzung und des patentrechtlichen Schutzes von Software
MMR 2003, S. 3–15
(zit.: Hilty, MMR 2003, 3)

ders. Die Rechtsnatur des Softwarevertrages, Erkenntnisse aus der Entscheidung des EuGH UsedSoft vs. Oracle
CR 2012, S. 625–637
(zit.: Hilty, CR 2012, 625)

Hoeren, Thomas Softwareüberlassung an der Schnittstelle von Urheber- und Vertragsrecht (Zugleich eine kritische Auseinandersetzung mit Heussen, GRUR 1987, 779)
GRUR 1988, S. 340–349
(zit.: Hoeren, GRUR 1988, 340)

Howarth, William The Meaning of Objectivity in Contract
LQR 1984 (Band 100), S. 265–281
(zit.: Howarth, LQR 1984)

Immenga, Ulrich und Mestmäcker, Ernst-Joachim Wettbewerbsrecht
Band 1. EG, Teil 2 Kommentar zum Europäischen Kartellrecht
4. Auflage
München 2007
(zit.: Immenga/Mestmäcker/*Bearbeiter*)

Ingerl, Reinhard und Rohnke, Christian Markengesetz
3. Auflage
München 2010
(zit.: Ingerl/Rohnke, MarkenG)

Isay, Rudolf Der Rechtsschutz des Lizenzträgers
GRUR 1909, S. 58–71
(zit.: Isay, GRUR 1909, 58)

Jauernig, Othmar Bürgerliches Gesetzbuch
Kommentar
13. Auflage
München 2009
(zit.: Jauernig/*Bearbeiter*, BGB)

Jestaedt, Bernhard Die erfinderische Tätigkeit in der Rechtsprechung des Bundesgerichtshofes
GRUR 2001, S. 939–944
(zit.: Jestaedt, GRUR 2001, 939)

Klauer, Georg und Möhring, Philipp Klauer-Möhring, Patentrechtskommentar
Band 1 (§§ 1–36a des Patentgesetzes)
3.Auflage
München 1971
(zit.: Klauer-Möhring, PatG)

Kohler, Jürgen Kondiktion bei Leistung eines rechtlichen Nullum
VersR 1988, S. 563–565
(zit.: Kohler, VersR 1988, 563)

Kortunay, Ayhan Patentlizenz- und Know-how Vertrag
Köln 2003 online Abruf unter http://kups.ub.uni-koeln.de/1077/1/DissertationMitLebenslauf.pdf vom 23.7.2013
(zit.: Kortunay, Patentlizenz und Know-how-Vertrag)

Kraßer, Rudolf Verpflichtung und Verfügung im Immaterialgüterrecht
GRUR Int. 1973, S. 230–237
(zit.: Kraßer, GRUR Int. 1973, 230)

ders. Die Wirkung der einfachen Patentlizenz
GRUR Int. 1983, S. 537–547
(zit.: Kraßer, GRUR Int. 1983, 537)

ders. Wirkungen der Nichtigkeit von Patenten oder Marken auf Lizenzverträge
GRUR Int. 1990, S. 611–616
(zit.: Kraßer, GRUR Int. 1990, 611)

ders. Patentrecht
Ein Lehr- und Handbuch zum deutschen Patent- und Gebrauchsmusterrecht, Europäischen und Internationalen Patentrecht
6. Auflage
München 2009
(zit.: Kraßer, Patentrecht)

Kraßer, Rudolf und Schmid, Hans Dieter Der Lizenzvertrag über technische Schutzrechte aus der Sicht des deutschen Zivilrechts
GRUR Int. 1982, S. 324–341
(zit.: Kraßer/Schmid, GRUR Int. 1982, 324)

Lichtenstein, Erik Zum Abwehranspruch des einfachen Lizenznehmers
GRUR 1965, S. 344–346
(zit.: Lichtenstein, GRUR 1965, 344)

Lindenmaier, Fritz Die Haftung des Patentinhabers bei Veräußerung des Patents und Lizenzbestellung
GRUR 1955, S. 507–512
(zit.: Lindenmaier, GRUR 1955, 507)

ders. Das Patentgesetz
6. Auflage
Köln, 1973
(zit.: Lindenmaier/*Bearbeiter*)

Loewenheim, Ulrich	Handbuch des Urheberrechts 2. Auflage München 2010 (zit.: Loewenheim/*Bearbeiter*, Handbuch des Urheberrechts)
Lüdecke, Wolfgang und *Fischer,* Ernst	Lizenzverträge Frankfurt am Main 1957 (zit.: Lüdecke/Fischer, Lizenzverträge)
Lunze, Anja	Rechtsfolgen des Fortfalls des Patents Baden-Baden 2007 (zit.: Lunze, Rechtsfolgen des Fortfalls des Patents)
dies.	Haftet der Lizenzgeber für den Bestand des lizenzierten Immaterialgüterrechts? ZGE 2011, S. 282–303 (zit.: Lunze, ZGE 2011, 282)
Lutz, Holger	Softwarelizenzen und die Natur der Sache München 2009 (zit.: Lutz, Softwarelizenzen und die Natur der Sache)
Malzer, Erich	Haftung für Rechtsmängel bei der Übertragung des Rechts aus dem Patent GRUR 1964, S. 349–354 (zit.: Malzer, GRUR 1964, 349)
ders.	Haftung für Rechtsmängel bei der Übertragung der Rechte aus § 4 Abs. 1 und § 30 Abs. 1 Satz 2 PatG GRUR 1964, S. 415–420 (zit.: Malzer, GRUR 1964, 415)
Malzer, Wolfgang	Zur Haftung für vertragsmäßige Brauchbarkeit und zugesicherte Eigenschaften der Erfindung bei der Übertragung von Rechten aus dem Patentgesetz GRUR 1971, S. 96–101 (zit.: Malzer, GRUR 1971, 96)

Manz, Friederike; Ventroni Stefan; Schneider, Inge
Auswirkungen der Schuldrechtsreform auf das Urheber(vertrags)recht
ZUM 2002, S. 409–423
(zit.: Manz/Ventroni/Schneider, ZUM 2002, 409)

Marly, Jochen
Der Handel mit so genannter „Gebrauchtsoftware“
EuZW 2012, S. 654–657
(zit.: Marly, EuZW 2012, 654)

Marotzke, Wolfgang
Sukzessionsschutz für Lizenzen im Immaterialgüterrecht – dargestellt am Beispiel der Patentlizenz
ZGE 2010, S. 233–272
(zit.: Marotzke, ZGE 2010, 233)

McGuire, Mary-Rose
Die Lizenz
Tübingen 2012
(zit.: McGuire, Die Lizenz)

McKendrik, Ewan
Contract Law
Text, cases and material
2. Auflage
Oxford 2005
(zit.: McKendrik, Contract Law)

Mehrings, Josef
Computersoftware und Gewährleistungsrecht
NJW 1986, S. 1904–1908
(zit.: Mehrings, NJW 1986, 1904)

Mes, Peter
Patentgesetz
3. Auflage
München 2011
(zit.: Mes, PatG)

Meyer-van Raay, Oliver
Der Fortbestand von Unterlizenzen bei Erlöschen der Hauptlizenz NJW 2012, S. 3691–3694
(zit.: Meyer-van Raay, NJW 2012, 3691)

Möhring, Philipp und Nicolini, Käte
Urheberrechtsgesetz
2. Auflage
München 2000
(zit.: Möhring/Nicolini/*Bearbeiter*; Urheberrechtsgesetz)

Münchener Kommentar — Münchener Kommentar zum BGB
Band 1, Allgemeiner Teil
6. Auflage
München 2012
(zit.: MüKo/*Bearbeiter*, Band 1)

Münchener Kommentar — Münchener Kommentar zum BGB
Band 2, Schuldrecht Allgemeiner Teil
6. Auflage
München 2012
(zit.: MüKo/*Bearbeiter*, Band 2)

Münchener Kommentar — Münchener Kommentar zum BGB
Band 3, Schuldrecht Besonderer Teil I
6. Auflage
München 2012
(zit.: MüKo/*Bearbeiter*, Band 3)

Münchener Kommentar — Münchener Kommentar zum BGB
Band 5, Schuldrecht Besonderer Teil III
6. Auflage
München 2013
(zit.: MüKo/*Bearbeiter*, Band 5)

Münchener Kommentar — Münchener Kommentar zum BGB
Band 6, Sachenrecht
6. Auflage
München 2013
(zit.: MüKo/*Bearbeiter*, Band 6)

Münchener Kommentar — Münchener Kommentar zum VVG
1. Auflage
München 2010
(zit.: MüKo/*Bearbeiter*, VVG)

Musielak, Hans-Joachim — Kommentar zur Zivilprozessordnung
10. Auflage
München 2013
(zit.: Musielak/*Bearbeiter*, ZPO)

Naumann, Francis M. Marcel Duchamp – The Art of making Art in the Age of mechanical Reproduction
New York 1999
(zit.: Naumann, Marcel Duchamp – The Art of making Art in the Age of mechanical Reproduction)

Nirk, Rudolf Die Einordnung der Gewährleistungsansprüche und Leistungsstörungen bei Verträgen über Patente in das Bürgerliche Gesetzbuch
GRUR 1970, S. 329–340.
(zit.: Nirk, GRUR 1970, 329)

Ohly, Ansgar „Volenti non fit iniuria" Die Einwilligung im Privatrecht
Tübingen 2002
(zit.: Ohly, „Volenti non fit iniuria" Die Einwilligung im Privatrecht)

Osterrieth, Christian Patentrecht
4. Auflage
München 2010
(zit.: Osterrieth, Patentrecht)

Pagenberg, Jochen und *Beier, Dietrich* Lizenzverträge
6. Auflage
München 2008
(zit.: Pagenberg/Beier, Lizenzverträge)

Pahlow, Louis Lizenz und Lizenzvertrag im Recht des Geistigen Eigentums
Tübingen 2006
(zit.: Pahlow, Lizenz und Lizenzvertrag)

ders. Das einfache Nutzungsrecht als schuldrechtliche Lizenz
ZUM 2005, S. 865–874
(zit.: Pahlow, ZUM 2005, 865)

Palandt, Otto — Bürgerliches Gesetzbuch
Kommentar
72. Auflage
München 2013
(zit.: Palandt/*Bearbeiter*)

Peel, Edwin — Treitel, The Law of Contract
13. Auflage
London 2011
(zit.: Treitel, The Law of Contract)

Pfaff, Dieter und *Osterrieth,* Christian — Lizenzverträge:
Formularkommentar
3. Auflage
München 2010
(zit.: Pfaff/Osterrieth, Lizenzverträge)

Pietzcker, Eduard — Patentgesetz und Gebrauchsmusterschutzgesetz
Kommentar
Erster Halbband (§§ 1–12 PatG)
Berlin 1929
(zit.: Pietzcker, PatG)

Prölss, Erich und *Martin,* Anton — Versicherungsvertragsgesetz
Kommentar
28. Auflage
München 2010
(zit.: Prölss/Martin, VVG)

Rasch, Harold — Der Lizenzvertrag in rechtsvergleichender Darstellung
Berlin 1933
(zit.: Rasch, Lizenzvertrag)

Rauer, Nils und *Ettig,* Diana — Zum Fortbestand von Unterlizenzen bei Wegfall der Hauptlizenz
WRP 2012, S. 1198–1203
(zit.: Rauer/Ettig, WRP 2012, 1198)

Rehbinder, Manfred — Urheberrecht
16. Auflage
München 2010
(zit.: Rehbinder, Urheberrecht)

Reimer, Eduard Patentgesetz und Gebrauchsmustergesetz
Systematischer Kommentar
3. Auflage
Köln 1968
(zit.: Reimer/*Bearbeiter*, PatG)

Schack, Haimo Urheber- und Urhebervertragsrecht
6. Auflage
Tübingen 2013
(zit.: Schack, Urheber- und Urhebervertragsrecht)

Schmidt, Karsten Gesellschaftsrecht
4. Auflage
Köln 2002
(zit.: Schmidt, Gesellschaftsrecht)

Scholz, Jochen Zum Fortbestand abgeleiteter Nutzungsrechte nach Wegfall der Hauptlizenz: Zugleich Anmerkung zu BGH „Reifen Progressiv“
GRUR 2009, S. 1107–1112
(zit.: Scholz, GRUR 2009, 1107)

Schönherr, Fritz Festschrift für Alois Troller
Basel 1976
(zit.: Schönherr, FS Troller)

Schricker, Gerhard Verlagsrecht
Kommentar
3. Auflage
München 2001
(zit.: Schricker, Verlagsrecht)

Schricker, Gerhard und Loewenheim, Ulrich Urhebberrecht
Kommentar
4. Auflage
München 2010
(zit.: Schricker/Loewenheim, UrhG)

Schricker, Gerhard, Bastian, Eva-Marina und Knaak, Roland Gemeinschaftsmarke und Recht der EU-Mitgliedstaaten
München 2006
(zit.: Schricker/Bastian/Knaak, Gemeinschaftsmarke und Recht der EU-Mitgliedstaaten)

Schulte, Rainer Patentgesetz mit Europäischem Patentübereinkommen
Kommentar auf der Grundlage der deutschen und europäischen Rechtsprechung
8. Auflage
Köln 2008
(zit.: Schulte/*Bearbeiter*, PatG)

Scott, Karen The auction house: with or without reverse?
LMCLQ 2001, S. 334–337
(zit.: Scott, LMCLQ 2001, 334)

Spencer, J.R. Signature, Consent, and the rule in L'Estrange vs. Graucob
Cambridge Law Journal 1973–1974 (Band 32–33)
S. 102–122
(zit.: Spencer, CLJ 1973)

Staudinger, Julius von Staudinger BGB
Kommentar zum Bürgerlichen Gesetzbuch mit Einführungsgesetz und Nebengesetzen
2004
(zit.: Staudinger/*Bearbeiter*)

Steinbeck, Anja „Windsor Estate“ – Eine Anmerkung
GRUR 2008, S. 110–114
(zit.: Steinbeck, GRUR 2008, 110)

dies. Immaterialgüterrechte und Informationsinteresse
KSzW 2010, S. 223–228
(zit.: Steinbeck, KSzW 2010, 223)

Stichtenoth, Jonas Softwareüberlassungsverträge nach dem Schuldrechtsmordernisierungsgesetz
K & R 2003, S. 105–110
(zit.: Stichtenoth, K & R 2003, 105)

Straub, Wolfgang — Individualität als Schlüsselkriterium des Urheberrechts
GRUR Int. 2001, S. 1–8
(zit.: Straub, GRUR Int. 2001, 1)

Ströbele, Paul und Hacker, Franz — Markengesetz
Kommentar
10. Auflage
Köln 2012
(zit.: Ströbele/Hacker/*Bearbeiter*, MarkenG)

Tilmann, Winfried — Gemeinschaftspatent mit einem zentralen Gericht
GRUR Int. 2003, S. 381–391
(zit.: Tilmann, GRUR Int. 2003, 381)

Trüstedt, Wilhelm — Haftung für Rechtsmängel im Patentrecht
GRUR 1939, S. 516–523
(zit.: Trüstedt, GRUR 1939, 516)

Tuhr, Andreas von — Der Allgemeine Teil des Deutschen Bürgerlichen Rechts Zweiter Band Erste Hälfte
München 1914
(zit.: Tuhr, Der Allgemeine Teil des Deutschen Bürgerlichen Rechts)

Ulmer, Eugen — Urheber- und Verlagsrecht
3. Auflage
Berlin 1980
(zit.: Ulmer, Urheber- und Verlagsrecht)

Vaver, David — The Exclusive Licence in Copyright
IPJ 1995, S. 163–211
(zit.: Vaver, IPJ 1995, 163)

Vorster, J.P — A Comment on the meaning of Objectivity in Contract
LQR 1987 (Band103), S. 274–285
(zit.: Vorster, LQR 1987, 274)

Wandtke, Artur-Axel und Bullinger, Winfried — Praxiskommentar zum Urheberrecht
3. Auflage
München 2009
(zit.: Wandtke/Bullinger/*Bearbeiter*, Urheberrecht)

Abkürzungsverzeichnis

A & E	Adolphus & Ellis' Queen's Bench Reports
aA	andere Ansicht
Abl.	Amtsblatt
Abs.	Absatz
AC	Appeal Cases
AcP	Archiv für die civilistische Praxis
ad ed.	ad edictum
aF	alte Fassung
All ER	All England Law Reports
Anm.	Anmerkung
Atk	Atkyns' Report
B & Ad.	Barnewall & Adolphus' King's Bench Reports
B & S	Best and Smith
Beav	Beavan's Reports
BeckRS	Beck-Rechtsprechung
BeckOK	Beck'scher Online-Kommentar
BGB	Bürgerliches Gesetzbuch
BGBl.	Bundesgesetzblatt
BGH	Bundesgerichtshof
BGHZ	Entscheidungen des Bundesgerichtshofs in Zivilsachen
BPatG	Bundespatentgericht
bspw.	beispielsweise
BT-Drucks.	Bundestagsdrucksache
Build LR	Building Law Reports
BVerfG	Bundesverfassungsgericht
bzgl.	bezüglich
bzw.	beziehungsweise

C & P	Carrington & Payne's Nisi Prius Reports
CA	Court of Appeal
Camp.	Campbell's Nisi Prius Cases
CBNS	Common Bench Reports, New Series
Ch	Chancery
Ch D	Chancery Division
Civ.	Civil
CLJ	Cambridge Law Journal
CLR	Commonwealth Law Reports
CLY	Current Law Year Book
Co	Company
Comm.	Commercial
Corp.	Corporation
CPD	Law Reports, Common Pleas Division
CR	Computer und Recht
Cro. Eliz.	Croke's King's Bench Reports tempore Elizabeth I.
D.	Digesta
ders.	derselbe
dies.	dieselbe
DLR	Dominion Law Reports
DPMA	Deutsches Patent- und Markenamt
Drew. & Sm.	Drewry and Smale
Durn & E	Durnford & East's Term Reports, King's Bench
Dy.	Dyer
E & B	Ellis & Blackburn's Queen's Bench Reports
East	East's Term Reports, King's Bench
ed.	edition
EGBGB	Einführungsgesetz zum Bürgerlichen Gesetzbuch
EGLR	Estates Gazette Law Reports
Einl.	Einleitung
EIPR	European Intellectual Property Review
EMLR	Entertainment Law Review

EPA	Europäisches Patent-Amt
EPO	European Patent Office
ER	English Reports
EU	Europäische Union
EuGH	Europäischer Gerichtshof
EWCA	England and Wales Court of Appeal
EWHC	High Court of England and Wales
Ex.	Exchequer Reports
f.	folgend
ff.	fortfolgend
FS	Festschrift
FSR	Fleet Street Reports
GebrMG	Gebrauchsmustergesetz
GeschmMG	Geschmacksmustergesetz
ggf.	gegebenenfalls
GGVO	Gemeinschaftsgeschmacksmusterverordnung
GmbH	Gesellschaft mit beschränkter Haftung
GRUR	Gewerblicher Rechtsschutz und Urheberrecht
GRUR Int.	Gewerblicher Rechtsschutz und Urheberrecht, Internationaler Teil
GRUR-RR	Gewerblicher Rechtsschutz und Urheberrecht – Rechtsprechungsreport
GWB	Gesetz gegen Wettbewerbsbeschränkungen
HABM	Harmonisierungsamt für den Binnenmarkt (Marken, Muster und Modelle)
HalbLSchG	Halbleiterschutzgesetz
HCA	High Court of Australia
HL	House of Lords
ICC	International Chamber of Commerce
i. e. S.	im eigentlichen Sinn
Inc.	Incorporated
IP	Intellectual Property

IPJ	Intellectual Property Journal
IRLR	Industrial Relations Law Reports
i. S. d.	im Sinnes des
i. S. e.	im Sinne einer
i. V. m.	in Verbindung mit
K & R	Kommunikation und Recht
Kap.	Kapitel
KB	King's Bench
KSzW	Kölner Schrift zum Wirtschaftsrecht
LAG Bulletin	Legal Action Group Bulletin
LG	Landgericht
LJ	Law Journal Newspaper
LJCh	Law journal, Chancery
Lloyd's Rep.	Lloyd's Law Reports
LMCLQ	Lloyd's Maritime and Commercial Law Quarterly
LQR	Law Quarterly Review
LR	Law Reports
LRCP	Law Reports, Common Pleas
LT	Law Times
Ltd	Limited
m.w.N.	mit weiteren Nachweisen
MacG CC	MacGillivray's Copyright Cases
MarkenG	Markengesetz
Mitt.	Mitteilung der deutschen Patentanwälte
MLR	Modern Law Review
MMR	MultiMedia und Recht
MRRL	Markenrechtsrichtlinie
MüKo	Münchener Kommentar
MuW	Markenschutz und Wettbewerb
nF	Neue Fassung
NJW	Neue Juristische Wochenschrift
NJW-RR	Neue Juristische Wochenschrift – Rechtsprechungsreport

Nr.	Nummer
NVersZ	Neue Zeitschrift für Versicherung und Recht
NZLR	New Zealand Law Reports
OLG	Oberlandesgericht
P & CR	Property & Compensation Reports
Para	Paragraph
PatG	Patentgesetz
PC	Law Reports, Privy Council Appeal Cases
plc	Public limited company
PMZ	Blatt für Patent-, Muster- und Zeichenwesen
QB	Queen's Bench
QBD	Queen's Bench Division
RG	Reichsgericht
RGBl.	Reichsgesetzblatt
RGZ	Reichsgerichtszeitung
Rn.	Randnummer
RPC	Report of Patent Cases
S.	Seite
SC	Supreme Court
Sec.	Section
s.o.	siehe oben
sog.	sogenannt
s.u.	Siehe unten
Sub-s	Subsection
Tenn.	Tennessee Reports
TLR	Times Law Reports
TV	Television
u. a.	unter anderem
Ulp.	Ulpian
UrhG	Urhebergesetz
u. U.	unter Umständen
v	versus

v.	vom
VerlG	Verlagsgesetz
VersR	Versicherungsrecht
vgl.	vergleiche
VVG	Versicherungsvertragsgesetz
Webs. Pat. Cas.	Webster's Patent Cases
WIPO	World Intellectual Property Organization
WLR	Weekly Law Reports
WR	Weekly Reporter
WZG	Warenzeichengesetz
z. B.	zum Beispiel
ZGE	Zeitschrift für Geistiges Eigentum
ZHR	Zeitschrift für das gesamte Handelsrecht und Wirtschaftsrecht
ZUM	Zeitschrift für Urheber- und Medienrecht
ZUM-RD	Rechtsprechungsdienst Zeitschrift für Urheber- und Medienrecht

www.ingramcontent.com/pod-product-compliance
Ingram Content Group UK Ltd.
Pitfield, Milton Keynes, MK11 3LW, UK
UKHW021906290926
8980IPUK00015B/1082

9 783631 649060